本书的出版受教育部人文社会科学研究青年基金
（项目编号：16YJC820003）资助

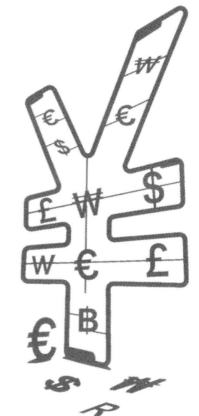

A Legal Study on the Financial Security and the Internationalization of CNY

人民币国际化与金融安全法律问题研究

陈欣 ／ 著

北京大学出版社
PEKING UNIVERSITY PRESS

图书在版编目(CIP)数据

人民币国际化与金融安全法律问题研究/陈欣著. —北京:北京大学出版社,2018.6
ISBN 978-7-301-29595-3

Ⅰ.①人… Ⅱ.①陈… Ⅲ.①人民币—金融国际化—研究 Ⅳ.①F822

中国版本图书馆 CIP 数据核字(2018)第 108953 号

书　　名	人民币国际化与金融安全法律问题研究 RENMINBI GUOJIHUA YU JINRONG ANQUAN FALÜ WENTI YANJIU
著作责任者	陈　欣　著
责任编辑	尹　璐
标准书号	ISBN 978-7-301-29595-3
出版发行	北京大学出版社
地　　址	北京市海淀区成府路 205 号　100871
网　　址	http://www.pup.cn　新浪微博　@北京大学出版社
电子信箱	sdyy_2005@126.com
电　　话	邮购部 62752015　发行部 62750672　编辑部 021-62071998
印刷者	北京大学印刷厂
经销者	新华书店
	965 毫米×1300 毫米　16 开本　15.25 印张　203 千字 2018 年 6 月第 1 版　2018 年 6 月第 1 次印刷
定　　价	49.00 元

未经许可,不得以任何方式复制或抄袭本书之部分或全部内容。
版权所有,侵权必究
举报电话:010-62752024　电子信箱: fd@pup.pku.edu.cn
图书如有印装质量问题,请与出版部联系,电话:010-62756370

目　录

绪　论 //001

第一章　货币国际化的理论基础和国际实践 //011
  第一节　国际货币的定义 //013
  第二节　主要国际货币国际化的路径 //015
  第三节　国际法视野下的国际货币体系 //038

第二章　人民币国际化的框架与法律机制 //051
  第一节　人民币汇率形成的法律机制 //053
  第二节　人民币国际化的现状与发展趋势 //067
  第三节　人民币在国际货币体系中的地位提升 //100

第三章　自贸试验区—"一带一路"战略与人民币国际化的法律制度构建 //107
  第一节　自贸试验区与人民币国际化法律制度的构建 //110
  第二节　"一带一路"战略与人民币国际化法律制度的构建 //122

第四章 人民币国际化与金融安全
——基于国内法律机制完善的考量 //133
第一节 人民币国际化与金融安全 //136

第二节 人民币国际化与系统性风险的防范 //154

第三节 人民币国际化与金融安全审查 //167

第四节 人民币国际化与政治风险保险 //171

第五章 人民币国际化与金融安全
——国际合作与协调 //175
第一节 货币金融安全的非正式国际机制 //177

第二节 国际货币金融组织与金融安全 //184

第三节 区域性货币金融合作与金融安全 //201

第四节 双边货币互换合作 //207

第五节 人民币国际化与金融安全的其他国际法律安排 //212

第六节 结语 //219

附　录 //221

参考文献 //227

后　记 //239

绪　　论

历史上，不同货币的区域化、国际化有不同的机遇和过程，但也有共性：一是相对强势的经济地位支撑相对强势的货币地位；二是适当的官方推动（包括国内政策及国际交往）至关重要。中国作为世界上第二大经济体和贸易大国，强大的经济实力是人民币走向国际化的坚实基础，而人民币对外币值的稳定则是人民币国际化的有利条件。过去十年，在通过贸易结算促进人民币国际化的基础上，我国货币当局推出其他政策措施，如重启人民币汇率形成机制改革、投资结算便利化、境外人民币离岸市场建设等，并通过 QDII、QFII、RQFII、沪港通等为人民币双向流出流入提供途径。

2013 年，习近平总书记提出建设"新丝绸之路经济带"和"21世纪海上丝绸之路"的战略构想。通过"一带一路"建设，将使我国与周边国家形成"五通"，其中重要的一点是"加强货币流通"。"一带一路"沿线国家或者和中国有着重要的政治和战略合作关系，或者是以中国为主要的经济伙伴，因而能够成为人民币区域化的重要地缘基础。而且，这些国家在对外贸易中多数长期依赖美元，它们和中国一样，具有推动本币结算、减少美元使用的共同利益。人民币区域化、国际化成为"一带一路"建设的重要组成部分与实施手段。另一方面，2013 年 8 月，国务院正式批准设立中国（上海）自由贸易试验区，2014 年 12 月，国务院决定新设广东、天津和福建三个自贸试验区，并扩大上海自贸试验区的范围。与改革开放初期所采用的"政策优惠型"模式不同，我国自贸试验区的目标并非打造"政策洼地"，而是先行先试，通过局部区域的制度创新，形成可推广、可复制的改革经验，其金融改革的内容与人民币国际化密切相关，包括外汇管理措施的便利化、资本账户开放、利率市场化及其他配套措施，并建立金融风险防范体系，蕴含我国对未来货币、金融重大改革与开放的战略思量。

然而，人民币国际化的瓶颈主要来源于两个方面，一是受制于国内不完善的金融市场；二是担心国际资本在国内市场的大规模进出给经济带来的冲击。人民币国际化的推进不可避免地需要逐步取消资本项目下的外汇管制，困难却在于如何将有效的政策反应通过立法的方式放在更合理的框架中。因此，本书试图在人民币国际化的背景下，探讨综合运用国内法与国际法律手段抵御和消除来自内部及外部的威胁和侵害，应对日益现实、严重的非传统安全威胁以确保金融主权不受侵犯、金融体系正常运行。

一、国内外研究现状与趋势

（一）货币国际化及人民币国际化法律制度研究现状与趋势

从国际学术界来看，由于主要国际储备货币如美元、欧元、英镑、日元等已实现国际化，因此，国外学者对货币区域化、国际化的研究主要涉及以下两个方面：

1. 发达国家货币国际化的经验总结。David M. Andrews（2006）指出，国际货币权力是一种国家因为在与其他国家的货币关系中处于优势而具有的影响他国行为的能力。Prakash Kannan（2009）认为，货币国际化是一个以效率为主导的过程，在全球开放的宏观经济发展背景下，不同国家货币在国际金融、贸易市场上受供求关系决定，进而通过市场竞争走向均衡（各国货币在国际交易中所占份额保持稳定状态）。货币国际化的动力根源于市场参与者对效率和利益的追求以及对交易风险的回避。政治经济学更强调货币国际化是重新分配国家间财富的动态过程，其背后是不同国家在政治、经济、外交等领域的竞争。Cohen（2012）认为，一种货币能否成功实现国际化，关键在于市场需求面的偏好能否被成功改变。为此，至少在货币跨境使用的初期阶段，国际市场上必须广泛存在着对该货币未来价值及其稳定性的信心。

2. 未来货币市场的发展和货币区域化。Edieth Y. Wu（2000）认为，美元、欧元、日元的优势地位在 21 世纪将受到新兴国家货币的挑战，而地区间（如东盟）的货币合作将导致国际货币格局的变化。

在国内，早期人民币国际化的研究主要关注于人民币如何实现自由兑换，并对人民币国际化的必要性、可行性和成本收益等问题进行了较为深入的探讨。1997 年东亚金融危机之后，尤其是欧元正式运行之后，以最优货币区理论为基础，一些学者开始关注东亚货币区域化对实现人民币国际化的重要性。同时，自贸试验区—"一带一路"战略提出时间虽短，但其推出后迅速成为学术界研究的焦点。

1. 人民币国际化的路径。巴曙松（2003）认为，人民币国际化是一个渐进的过程，人民币履行国际货币职能的扩展是逐步推进的。按照渐进国际化路径，人民币国际化必然从边贸中履行计价和交易媒介职能起步，进而不断扩大边贸计价的范围，在积累到一定的规模和信用之后转而到一般贸易中履行结算功能。这些过程基本上还是在国际贸易的推动下进行的，只有在国际贸易积累到相当的规模，国内金融市场也相当完善，以及人民币自由兑换即将实现时，人民币才可能真正扩展到作为国际金融市场上的借贷和投资货币,进而作为国际储备货币。李稻葵、刘霖林(2008)认为,人民币国际化可以采取双轨制,一是定向的、有步骤的、渐进式的与中国金融改革同步的资本项目下可兑换的进程同步,包括QFII、QDII和各种有步骤的资金对外开放等一系列措施。二是在境外,主要利用香港国际金融中心的优势,扩大以人民币计价的债券市场的规模,推进以人民币计价的股票市场,不断扩大以人民币计价的金融资产的规模以及交易水平。

2. 与人民币区域化、国际化相关的具体法律制度。比如,向雅萍(2013)梳理了我国针对人民币国际化颁布的规范性法律文件,提出我国应当改革外汇管理体制,加强人民币国际化各个环节立法,构建良好的区域货币合作法律环境。涂永前(2013)结合人民币跨境业务发展的实践,认为目前监管方式不能满足实际监管需要,政策间协调监管力度不够。我国应健全跨境人民币贸易项目、资本项目的业务操作规范,拓宽人民币回流渠道,并重点对跨境流动资本特别是国际游资进行监管。李仁真(2014)针对中欧货币互换协议作为新类型的货币互换协议,认为其有利于促进双边贸易与投资便利化、增强中欧金融市场应对金融危机的能力。中国应借助该协议的推动,深化货币体制改革,促进人民币离岸中心建设。柴瑜(2013)认为,由于全球化发展的不平衡性,国家之间经贸往来的深度与广度都存在着较大差异,特别是新兴经济体的发展使得原先发达国家与发展中国家之间的单向依赖关系即发展中国家对发达国家市场、技术、产品等领域的依赖,转变为多元化的、可能是发展中国家之间的相互依存关系,这就为发展中国家货币合作以及货币的区域化发展展现了一些新的地域上的可能性。

3. 自贸试验区——"一带一路"战略对人民币国际化的影响。韩龙(2014)认为,从上海自由贸易试验区设计和相关规定来看,试验区的金融改革对人民币国际化所需要的货币自由兑换、投融资以及风险对冲等改革的效果有限,必须防范上海自由贸易试验区的金融改革蜕变为在境内设立离岸人民币市场。王达(2015)认为,"一带一路"战略是长期以来中国所倡导的合作发展的理念在促进亚欧经济融合这一领域的具体体现。特别是亚投行的成立不仅有利于补充完善现行的国际融资体系,还对于推动全球经济再平衡和国际金融秩序改革具有至关重要的意义,能够降低对美元本位制的过度依赖并促进人民币的跨国流动。

(二) 人民币国际化与金融安全法律问题研究现状与趋势

国际学者有关货币国际化与金融安全的研究,主要是在金融自由化及国际贸易、投资、金融相互交织的背景下,针对具体领域探讨货币国际化后的风险问题。比如,Dong He 和 Robert N. McCauley (2010)认为,离岸市场的发展会给本国货币和金融稳定性带来风险,货币当局应将离岸市场对国内货币环境和金融风险的额外影响纳入考虑。Andrew Yianni 和 Carlos de Vera (2010)认为,虽然投资条约传统上强调资本的自由汇兑与转移,但越来越多的投资条约开始针对严重国际收支失衡及其他情况规定例外条款,不保证在出现此种情形下资本及利润可以按照市场汇率自由兑换。IMF 报告(2012)改变此前所坚持的放松资本管制的态度,一方面放宽资本账户的开放标准,另一方面鼓励在特定时期采取短期征税、对非居民存款的准备金要求等管制措施。

在国内,有关金融安全的研究主要集中在中国应对加入 WTO 可能面临的挑战、1997 年亚洲金融危机以及 2008 年美国金融危机爆发后的风险防范。比如,贺小勇(2002)针对我国加入 WTO 以及融入金融全球化进程加深的背景,指出我国需要以法律手段加强金融监管，维护国家金融安全。刘庆飞（2013）指出，2008年美国金融危机爆发后，对系统性风险的识别并在此基础上完善金融监管成为各国监管机构的共识。系统性金融风险的防范要求将其作为金融监管立法的基本目标，确定系统性金融风险的监管机构和监管规则。同时，随着新时期国家安全观内涵和外延的变化，也有学者开始注意到金融安全与人民币国际化之间的关系。宗良和李建军（2012）强调人民币国际化可能引起金融市场动荡或货币金融危机，并且我国的货币政策独立性也会因此受到挑战。

二、主要内容

本书以我国最新的国内改革和对外开放战略，即自贸试验区—"一带一路"战略为背景和依托，探讨人民币在从贸易结算货币向支付货币和投资货币以及储备货币发展过程中如何建立国内配套法律体系、国际合作体系，以防范金融风险，维护金融安全。除绪论外，本书包含五章。

（一）货币国际化的理论基础和国际实践

本章为背景性、基础性研究，旨在为后续研究提供基础理论与实践经验支持。据此，本部分研究：（1）货币国际化的理论、实现途径及影响。(2)总结世界主要货币国际化经验。通过对美元、德国马克和日元国际化背景、历程、程度，以及经验和教训等论述分析，总结货币国际化的共性、条件与经验，作为人民币国际化的参考。(3)国际货币体系面临的问题和未来的改革。

（二）人民币国际化的框架与法律机制

本章以人民币汇率制度，跨境贸易结算，直接、间接投资发展的实践为基础，针对其发展进程中遭遇的政策困境和法律障碍进行梳理和分析，探讨如何完善汇率形成机制、外汇管理法律制度，为人民币国际化提供稳定的制度供给。

（三）自贸试验区—"一带一路"战略与人民币国际化的法律制度构建

本章立足于人民币所面临的国际和区域货币格局，以及人民币国际化进展和现实基础，结合我国新时期自贸试验区—"一带一路"战略，分析当前形势下推进人民币国际化的措施和发展模式。（1）人民币国际化的国际、国内背景及遭遇的困境。（2）结合上海、天津、福建、广东自贸试验区关于人民币国际化及其风险防范的法律实践，分析账户管理措施的创新、限额内资本账户可兑换、宏观审慎监管机制等制度的优劣以及借鉴意义。（3）针对人民币跨境流动从贸易驱动型向资本输出型转化将带来人民币国际化模式的变化，探讨"一带一路"战略对人民币国际化的推进及"一带一路"背景下人民币国际化的风险防范。

（四）人民币国际化与我国关于金融安全的国内法实践

人民币跨境流通将带来管理难度增加、资本管制效率削弱等问题，同时，人民币形态的短期投机资本流动会影响我国金融体系的稳定运行。本章研究：（1）审视我国人民币跨境流动中暴露出来的突出问题，探讨相应的法律对策。（2）分析我国既有资本管制法律制度及其改革趋势，探讨如何在相关立法中纳入托宾税、临时性宏观审慎工具等价格型手段。（3）结合我国《外商投资法（草案）》、政治风险保险等，探讨与人民币国际化相关的国家安全审查机制和其他风险防范机制。

（五）人民币国际化与我国关于金融安全的国际法律安排

传统安全观到非传统安全观的转变，还反映在实现安全目标的手段上，国际合作与国际体制建设对维护国家安全的作用日益凸显。目前，我国参与的有关金融安全的国际法律安排主要包含双边货币互换协议，以应急储备为特征的区域货币合作，国际货币金融组织以及在国际投资条约、自由贸易协定中纳入金融安全安排。本章研究：(1) 针对 G20、IMF 等国际货币金融合作机制的现状，探讨未来国际货币合作改革的理论思路与现实路径。(2) 以东亚、金砖国家为例，分析区域货币合作的实践，探讨如何在区域层次建立货币金融秩序。(3) 我国双边货币互换协议的现有内容、功能及其发展趋势。(4) 结合阿根廷货币危机发生的主要原因（如金融服务贸易自由化、过早取消资本管制等），探讨在国际条约中引入金融安全安排的背景和制度渊源；考察我国国际投资条约、自由贸易协定的初步实践，从实体性条款和争端解决条款两方面设计中国式金融安全法律安排。

三、研究重点

1. 人民币国际化正处于从贸易结算货币向支付货币和投资货币发展的过程。在此进程中，汇率弹性增加、资本账户可兑换、离岸市场发展等均是与人民币国际化密切相关的问题，也是引发金融风险的重要因素。因此，本书重点研究如何识别不同风险并有针对性地形成系统的监管体系。

2. 2008 年美国金融危机爆发后，各国金融监管的重要发展趋势是，强调央行在维护系统性安全、宏观审慎管理方面的作用。就中国而言，中国人民银行的职责包括管理人民币及其流通、实施外汇管理、维护支付、清算系统的正常运行等与人民币国际化相关的事项，而现行《中国人民银行法》针对金融稳定问题仅有原则性规定。因此，本书重点研究如何借鉴金融监管改革的国际经验，强化央行在保障金融安全方面的作用，完善金融监管协调机制。

3. 目前，我国人民币国际化主要依靠贸易（包括金融服务贸易）与投资方式，因此，国际投资条约、自由贸易协定中的资本自由汇兑与转移例外安排、金融审慎例外安排对于我国防范金融风险极为重要。然而，我国仅在极少数国际投资条约、自由贸易协定中引入金融审慎例外条款，对资本自由汇兑与转移及其例外则在与不同国家签订的国际投资条约中有不同规定。另一方面，《外国投资法（草案）》第74条（外国投资金融领域国家安全审查制度）、第114条（转移）对此仅有原则性规定。因此，本书评估中国既有缔约实践，探讨在未来国际投资条约、自由贸易协定谈判时如何设计合理的例外安排，并与《外国投资法》《国家安全法》《外汇管理条例》等国内法律制度有机衔接。

第一章
货币国际化的理论基础和国际实践

19世纪后期近现代国际货币体系形成以来，世界各国之间的经济和贸易联系日趋密切，先后产生了英镑、美元、欧元和日元等具有国际影响力的货币，对各阶段世界经济和金融格局的发展和演变产生了重大影响，货币国际化成为经济强国对外扩大影响力的重要渠道。从实践经验来看，各国货币国际化的程度高低不同，并且不存在统一的国际化模式。影响一国货币国际化的因素不仅包括经济因素和政治因素，同时，立法对货币国际化也起到固化和推动的作用。

第一节 国际货币的定义

1971年，科恩从货币职能角度对国际货币进行定义，认为国际货币是货币国内职能向国外扩展的反映。当私人部门和官方机构出于各种目的将一种货币的使用扩展到该货币发行国以外的区域时，这种货币就发展到国际货币层次。[①] 帕特丽夏·波拉德（Patricia S. Pollard）在界定欧元作为一种国际货币时则指出，当一种货币成为国际货币，在官方层面，它被作为其他货币汇率盯着的锚，各国政府或央行将其作为外汇储备或干预市场的工具；在私人层面，该货币将被作为金融

[①] See Benjamin J. Cohen, *The Future of Sterling as an International Currency*, Macmillan: St. Martin's Press, 1971, pp. 13-23.

资产的计价，或者国际贸易中的计价单位。① 由此可见，科恩界定国际货币的概念侧重于地域范围，帕特丽夏的定义侧重于官方和私人两类货币持有、使用的主体。事实上，货币在国际范围发挥交易媒介、计价单位、价值储藏等职能会相互促进。例如，一国货币如果盯住某一国际货币，该国会倾向于持有国际货币作为外汇储备，并且通过增加或减少持有干预市场。

另一方面，《国际货币基金组织协定》中并无"国际货币"的定义，仅在第 30 条 f 款规定，如果基金组织认定一个成员国的货币事实上广泛用于国际交易支付，并且在主要外汇市场上广泛交易，那么该货币被定义为"可自由使用"货币。因此，"可自由使用"货币的概念关注的是货币的跨国实际使用和交易。此外，1992 年，IMF 在探讨日元国际化时，综合了此前学术界对国际货币特征的论述，提出：当一国货币被该货币发行国之外的国家的个人或机构接受并用作交换媒介、记账单位和价值储藏手段时，该国货币国际化就开始了。作为支付手段，国际货币在国际贸易和金融交易中被作为清算工具；作为记账单位，国际货币被用于商品贸易和金融交易的计价，并被官方部门作为汇率驻锚；作为价值储藏，国际货币被非居民选择金融资产时运用，包括官方部门拥有该种货币和以它计价的金融资产作为储备资产。②

---

① See Patricia Pollard, The Role of the Euro as an International Currency, *Columbia Journal of International Law*, Vol. 4, Spring, 1998, p. 395.

② See George S. Tavlas & Yuzuru Ozeki, The Internationalization of Currencies: An Appraisal of the Japanese Yen, IMF Occasional Paper, No. 90, 1992, p. 2.

第二节 主要国际货币国际化的路径

本节选择国际化路径和结果各不相同的美元、德国马克（及欧元）和日元作为研究对象，并从经济和制度的角度分析它们对人民币国际化进程的启示。

一、美元国际化的路径和作为国际货币的影响

（一）美联储的成立及其对美元国际化的影响

美联储成立于 1913 年。美联储对美元贸易票据进行购买和贴现的功能，使其在美元替代英镑成为贸易融资市场的主要货币过程中起到重要作用。① 美联储授权美国银行在贸易承兑汇票市场上进行交易。美元贸易承兑汇票是以美元计价的短期债务工具，并在银行的担保下承诺在指定日期支付既定款额。银行和投资者可以在汇票到期前在二级市场上按面值进行折现交易。同时，美联储在必要时会对美元承兑汇票进行贴现和购买，成为市场上的做市商和投资者，以保持价格稳定和市场流动性。② 由此，出现了以美元计价具有流动性的金融工具，一定程度发展了美元的国际需求。可见，法律制度的变革破除了美元

---

① 此前，美国缺乏国际贸易中的重要工具——银行承兑汇票的一级和二级市场，这制约了美元在国际事务中的作用。因为一个发达的银行承兑汇票市场可以促进用该国货币进行贸易融资，进而提升其作为计价货币的职能。然而与美国相比，当时在伦敦（以及柏林），银行买、卖、再贴现票据和银行承兑汇票的金融工具以及它们的二级市场都非常发达。一个直接的体现是美国的短期利率始终高于英国的贴现利率，但却缺乏竞争力，也就是说中央银行和贴现市场的不发达使美国在短期金融竞争中处于劣势。See Vincent P. Carosso, U. S. Banks in International Finance, in Cameron Rando & Bovykin V. I., *International Banking 1870-1914*, Oxford University Press, 1992, pp. 48-71.

② See Barry Eichengreen & Marc Flandreau, The Federal Reserve, the Bank of England and the Rise of the Dollar as an International Currency, 1914-1939.

国际化的桎梏。美联储的低利率政策和对承兑汇票的贴现机制又促使各国进出口商购买以美元计价的贸易承兑汇票。美国的经济优势和美元作为国际支付货币的发展，使美元成为主要的国际货币。

(二) 一战后到二战结束时的货币乱局

一战爆发后，各参战国出于战争融资的需要和对流动性的巨大需求，相继退出了金本位，以便于发行更多的货币，而这带来了巨大的通货膨胀。此时，英镑已不足以具备国际货币领导力，而其他国家暂时没有能力承担英国在金本位时期所担负的责任，导致国际金融秩序长期处于混乱状态。由于战争时期各国超发货币以及消费需求遭到抑制的双重影响，战后的国际社会仍面临着严重的通货膨胀。英镑、美元、德国马克等发达国家的货币事实上实行了由外汇市场，而不是黄金平价决定的浮动汇率。但浮动汇率引起了资本流动和对疲软货币巨大的投机压力，造成了 20 世纪 20 年代初的货币乱局（Monetary Chaos）。在这种情况下，有银行家和政治家发出了"重建金本位，恢复严格的固定汇率"的呼声。尽管主要发达国家仍然努力重建金本位，但英国已明显不再具有经济实力来充当与其战前相同的角色。而在战争中，德国元气大伤，作为英国主要竞争者的美国也尚未完全做好准备填补英国的空白，这也使得重建的金本位并不适合当时世界的经济状况，因为战前的固定汇率已经不能反映世界主要国家之间相对实力的变化。具体而言，英镑被高估，而美元和法郎被低估。① 由于金融市场的充沛，美联储在 1928 年提高利率，结果是，资本不再从

---

① 20 世纪 20 年代贸易和资本流动的繁荣使得一些贸易顺差国家，如法国积累了大量的外汇储备。美国则将其顺差循环利用，借贷给存在逆差的欧洲国家，如德国。但这些逆差国家并未将资本用于投资，而是将其用于消费。信贷的激增和资本市场价格的不断攀升为此后的经济危机埋下伏笔。See Barry Eichengreen, When Currencies Collapse: Will We Replay the 1930s or the 1970s, *Foreign Affairs*, Vol. 91, 2012, p.119.

美国流向赤字的国家。为了避免汇率受挫，各国央行纷纷提高利率，导致信贷市场紧缩，经济增长放缓，美国的出口也因此减少。美国经济在 1929 年夏天达到顶峰，到了秋天股票市场遭遇重创，到了 1930 年，绝大多数国家的经济进入衰退。①

1931 年 5 月，奥地利银行业陷入恐慌。投资者意识到，由于奥地利和德国金融系统的相似性，同样的情况也会在德国发生。德国政府为了避免资本外逃，采取汇兑限制，并且与国外银行家签订协议，暂时冻结德国的国际贷款，其中也包含英国的银行。由于对英国银行系统的担忧，投资者将资本撤离伦敦，导致英格兰银行储备的骤减。迫于经济压力，1931 年 9 月英国宣布放弃金本位，英镑急剧贬值，随后各国纷纷脱离金本位。② 英国脱离金本位、英镑贬值，挽救了英国经济，但打击了坚持金本位的法国、美国等国家的经济，并使以英镑作为储备的国家如法国、瑞典、荷兰、比利时等遭受了十分惨重的损失。同时，大萧条期间，为了解决自身的经济问题，各国纷纷采取了"以邻为壑"（Beggar-Thy-Neighbor）的政策，这使得国际贸易规模剧减，也使得经济萧条进一步恶化。大萧条伴随着全球范围的银行危机和金融混乱的出现。而在此期间，国际货币由以英镑主导过渡到以美元主导至少用了 30 年（一战后至 20 世纪 50 年代）。

（三）布雷顿森林体系下美元的国际地位

二战中，美国的工业部门不仅未遭受战争重创反而实际上得到加强，紧缺的美元成为二战后国际贸易中无可争议的优势货币。美国对世界的治理主要通过一系列国际制度来落实：政治与安全领域的联合

---

① See Barry Eichengreen, When Currencies Collapse: Will We Replay the 1930s or the 1970s, *Foreign Affairs*, Vol. 91, 2012, p. 119.

② Ibid., pp. 120-122.

国，军事领域的一系列双边与多边同盟体系（如北约、美日同盟、美韩同盟）。经济领域则包括涉及贸易议题的关贸总协定，涉及国际货币议题尤其是汇率问题的国际货币基金组织，负责德国战后赔款并在此后关注发展中国家减贫与发展的世界银行。同时，美国在泛美开发银行、国际清算银行、亚洲开发银行等机构中也发挥着实际上的领导作用。[①] 同时，在布雷顿森林体系下，美联储还实际承担了调节全球货币与流动性状况的功能。

二战后，由于战后重建的需要，在很长一段时间内，全球出现"美元荒"。面对这种情况，美国实施"马歇尔计划"，从1948—1951年，每年给予欧洲国家40亿—50亿美元的援助。然而，伴随20世纪60年代美国军事开支、各种援助和长期投资，庞大支出带来的国际收支逆差增加，美元为世界提供了国际清偿力，却不可避免又因逆差和贬值诱发对美元的信心危机。[②] 以此为契机，戴高乐总统领导的法国政府开始试图冲击美元在货币领域的领导权，法美甚至欧洲大陆和美国之间的货币冲突成为世界货币格局重构的导火线，并促成德国马克的崛起。1965年2月，戴高乐总统抨击了美元所享有的"过度特权"，采取对抗性的激进手段，要求美国提高黄金与美元之间的比价，并号召欧共体成员响应法国重返金本位的倡议。[③] 对此，德国政府曾探讨过与法国联手要求提高黄金价格的可能性。而美国表明不可能通过紧

---

① 以亚洲开发银行为例，虽然长期以来由日本人担任行长，但日本和美国在该行所占的股份与投票权十分接近，分列第一和第二，分别占有15.624%和15.514%的股份，拥有12.798%和12.710%的投票权。See Asian Development Bank Member Fact Sheet, at https://www.adb.org/sites/default/files/publication/27772/jpn-2015.pdf.

② See H. C. Eastman, Interdependence in the International Monetary System, *International Journal*, Vol. 39, 1984, p. 619.

③ See Michael D. Bordo, Dominique Simard, and Eugene White, France and the Bretton Woods International Monetary System: 1960 to 1968, in Jaime Reis (ed.), *The History of International Monetary Arrangements*, MacMillan, 1995.

缩国内经济的方式调节自身的国际收支失衡,并威胁撤回在外的驻军,由此,德美关系一直维持美国"保卫自由世界安全"背景下"货币换安全"的制度性结构。① 到了1971年,美国的黄金储备下降到了110亿美元,而美国政府的短期负债已经达到了250亿美元,美元信用迅速下降,美元危机再次爆发,国际金融市场再次出现抛售美元资产抢购黄金的浪潮。1971年8月,美国宣布关闭黄金兑换窗口。

这一决策从表面上看是割裂了美元和黄金的联系,但对美国而言,使美元不再受黄金约束,美元价格能够按美国财政部的意愿变动,同时也促使黄金慢慢退出国际货币事务,世界经济反而被推向纯美元时代。美国政府在美元与其他主要货币之间不设定固定汇率,因为如果设定固定汇率,美国就无法把美元价格作为工具,以实现其他目的。② 对私人机构来说,布雷顿森林体系在1971年的瓦解则导致了外汇风险转由私人机构承担(即外汇风险私人化)。外汇风险向私人部门的转移,反过来又对政府施加压力,促使政府放松跨境资本流动的控制手段和放松对银行活动的管制,这样,银行就可以将风险分散到外国资产,并使自身业务多样化。随着限制金融流动的国际壁垒的逐渐消失,各国监管当局和中央银行逐步发现,由于银行、投资公司、保险公司和养老基金所运行的空间日益国际化,他们将要面对其他国家的影响。③

---

① See Hubert Zimmermann, *Money and Security: Troops, Monetary Policy, and West Germany's Relations with the United States and Britain, 1950-1971*, Cambridge University Press, 2002.
② 参见〔英〕彼得·高恩:《华盛顿的全球赌博》,顾薇、金芳译,江苏人民出版社2003年版,第46页。
③ 参见〔英〕克恩·亚历山大、拉胡尔·都莫、约翰·伊特威尔:《金融体系的全球治理——系统性风险的国际监管》,赵彦志译,东北财经大学出版社2010年版,第20—21页。

(四) 牙买加体系下美元的国际地位

由于 20 世纪 70—80 年代美国在世界经济中份额的持续下滑，80 年代上半叶以来美国的国际收支持续逆差，1985 年以后美元对马克、日元的币值持续下降，这些都使美元的国际地位有所下降，与此同时马克、日元的国际地位有所上升。但由于美元在国际货币体系中已有的位置所产生的黏滞性，美元仍保持了它作为世界上最主要的国际货币的位置。而欧佩克（OPEC）仍以美元作为石油交易的计价货币，这是美元与黄金脱钩后，对美元信用十分重要的支持。因此，布雷顿森林体系瓦解后，美元仍在其中居核心地位，在没有其他可替代货币的情况下，各国只能使用美元作为相对稳定的参照系制定自身的汇率，国际社会对美元仍然存在依赖。特别是，多数发展中国家除采用盯住美元的固定汇率制度外，一般会保持大量美元储备，这又刺激了储备美元的需求。当然，随着美元地位的下降，世界进入储备货币多样化格局，这意味着与过去相比，汇率总体的不确定性大大提高。这不仅增加外汇储备管理的难度，也给国际投资、贸易等活动带来新的风险。而人民币国际化后，一部分对外经济活动将以人民币结算，减少了汇率风险，外汇储备规模也将随之降低。

2008 年美国次贷危机发生后，很多学者争论美元的国际货币地位是否会因此受到损害。无论如何，危机的发生在一段时间内，美元计价的金融资产不再那么受欢迎，美国金融市场的紊乱导致各国央行持有美国国债的兴趣也可能降低。但从较长的一段时间来看，金融市场的参与者纷纷"趋向安全港（fly to safety）"，选择美国债券，因为美国金融市场流动性更强，适合作为避风港，因此，美元汇率虽然在波动，却没有出现美元危机，也不存在对美元信心丧失的迹象。① 这种逻辑和现实的不一致，原因在于，尽管美元不如此前强势，但持有美元的经济利益仍然存在，而且很多国家国际贸易中倾向于采用美元借贷和结算，因此需要美元储备来满足偿还债务和融通贸易资金的需要。②

（五）美元离岸市场在美元国际化进程中的作用

美元离岸市场产生的历史背景主要是规避美国金融管制风险，促使资金流动国际化，提高资金使用效率。20世纪60年代中期，为了减少国际收支逆差，限制国内资本流出，美国国会通过了《利息平衡税法》，向购买外国债券的美国公司及个人征15%的税，并规定向外国用户贷款的美国银行也需缴税。其结果导致许多急需资金的企业和金融机构纷纷转而在伦敦发行欧洲美元债券和其他美元融资渠道，客观上促进了欧洲美元市场的形成和发展。由于经营欧洲美元的银行不受来自美联储有关存款准备金、利率、税制等方面金融监管，伦敦银行体系中离岸美元存款和贷款业务获得迅速增长，此后，20世纪70年代第一次石油危机的爆发再次推动欧洲美元市场的发展。中东战争爆发后，阿拉伯产油国大幅提高石油价格与以色列及其西方支持者抗衡。为避免美国的报复，阿拉伯产油国并不将巨额石油美元存入美国的商业银行，而不受美国政府管制的欧洲美元市场则为这些美元存款提供了理想的去处。另一方面，石油价格的暴涨，给一些缺乏美元外汇的石油消费国家带来货币支付的困扰，这些国家不得不开始大量借入美元。由于这一时期美国仍实行限制资本外流的各种措施并且采用

---

① See Lan Cao, Currency Wars and the Erosion of Dollar Hegemony, *Michigan Journal of International Law*, Vol. 38, 2016, p.59.
② See Barry Eichengreen, The Dollar Dilemma—The World's Top Currency Faces Competition, *Foreign Affairs*, Vol. 88, No. 5, 2009, pp.53-57.

紧缩银根、抑制通胀的货币政策，资金充足、利率较低的欧洲美元市场成为石油消费国进行贸易融资的最佳选择。①

由于上述原因导致的美元外流和美国金融服务业流失使美国认识到，需要改革以提高美国对欧洲美元的吸引力，美国的国际银行设施（International Banking Facility, IBF）于1981年应运而生。它通过法律允许在美国境内的银行通过设立单独账户的方式，使用其国内的机构和设备向非居民客户提供存款和放款等金融服务，并享受类似境外离岸市场那样比较宽松的政策，比如不受美联储规定的法定准备金率和贷款利率等条例的制约，可以不参加美国联邦存款保险等。② 此后，随着美元在岸市场管制的消失，IBF的作用慢慢削弱。

（六）美元作为国际货币的收益与责任

在金本位制和布雷顿森林体系下，充当国际储备货币的是具有内在价值、被国际公认为世界货币的黄金或与黄金保持固定比率的美元。而在牙买加体系下，美元与黄金的联系被切断，但其仍然承担着国际储备货币的职能。

1. 美元作为国际货币的收益

美元作为国际货币带来的利益主要是：作为驻锚货币，美元具有价值自动稳定属性，美国的国际收支也具有自动平衡属性。由于美元为其他国家所接受，美国企业从事国际贸易可以直接用美元结算，避免了外汇风险和汇兑成本，同时不需要为避免外汇风险进行套期保值。美元的输出也为美国银行及其他金融机构走向世界提供了便利。与本国货币并非国际货币的国家不同，由于美国的对外债务以美元计

---

① 参见白又戈：《从欧洲美元市场运作经验看香港发展人民币离岸市场之路》，http://www.yicai.com/news/2012/07/1871372.html.

② 参见乔依德、李蕊、葛佳飞：《人民币国际化：离岸市场与在岸市场的互动》，载《国际经济评论》2014年第2期，第102页。

价,所以美联储增发货币所导致的美元贬值不仅可为美国出口带来刺激,还有减轻外债负担的好处。而美国的货币政策对世界各国,尤其是新兴市场国家的经济,却有重大影响。这种影响产生的重要机制是美元在全球外汇市场的充盈度会反应在国际货币市场上,造成各国货币对美元汇率的波动,这种波动伴随着资金的流动。具体而言,当美元货币条件收缩时,美元相对稀缺,资金会从其他国家逆流至美国,从而影响到外汇储备不足、金融体系不够健全的国家;相反,当美元货币条件相对宽松时,美元将从美国流向其他国家,引起这些国家的流动性过剩,资产价格飞涨。[1]

另一方面,作为国际上存在的少数的驻锚货币,许多发展中国家特别是新兴市场国家,出于稳定本币币值、规范货币发行、维护本国货币的国际信誉的考虑,通常选择美元作为本国货币汇率盯住的锚,并保持相当数量的美元资产(主要是美国国债)。[2] 但是,储备这些美元资产的代价在于,它们相当于持有以外币表示的金融债权,其结果是为美国政府进行储蓄。而且,外汇储备的增加,意味着国内相应扩大的货币供应量以及随之产生的通货膨胀的压力,提高了国内货币政策的操作难度。

---

[1] 参见李稻葵、尹兴中:《国际货币体系新架构:后金融危机时代的研究》,载《金融研究》2010 年第 2 期,第 34 页。

[2] Fahri E. et al (2011) 认为,美元能长期保持国际储备货币的原因在于:(1) 美国国债(尤其是短期国债)的流动性,这主要源于美国国债市场的深度。在规模上唯一堪与美国国债相媲美的欧元区债券市场因为欧盟各国保留了财政主权而并没有实现一体化。(2) 美国短期国债的安全性(或者信用)。可能使得持有美国短期国债价值受损的因素,诸如美国的通货膨胀,美元的贬值,或者债务违约等都被认为实现的概率极低。美国的制度支撑和美国政府的财政能力使得美国国债的偿付并没有受到质疑。这在经济危机期间体现得尤其明显,因为美国国债可以在发生国际冲击的时候为其持有者提供保护,避免系统性风险发酵。作为世界上最大的经济体,美国的偿付能力是美国国债提供国际流动性的必要条件,特别是其公共部门动用资源保证国家负债价值的能力。See E. Farhi, P. O. Gourinchas & H. Rey, Reforming the International Monetary System, March, 2011, at http://conium.org/~pog/academic/FGR_march2011.pdf.

2. 美元作为国际货币的责任与美元霸权

理论上,美国在获取收益时,也应为维持国际货币体系稳定承担相应的责任。① 边缘国家将核心国家安全且具有流动性的资产作为本国储备,而开放的国际贸易体系、稳定的国际货币体系及国际安全体制等,则是核心国家必须提供的国际公共产品。作为发展中国家获得资本的主要来源,美元是全球金融联结的基础,如果发生国际金融危机,美国是具有解救功能的外部行为主体。

然而,布雷顿森林体系崩溃之后,美国在货币金融领域的地位并不如布雷顿森林体系时期那么牢固,其相对国力的下降导致责任与收益之间的矛盾,美国在履行稳定国际货币体系稳定方面显得力不从心。美元与欧元、日元等货币汇率波动频繁,20世纪80年代以来国际债务危机、货币危机和金融危机的频繁爆发说明美国没有能力或没有意愿维持全球金融稳定。② 世界银行副总裁林毅夫曾指出:"国际金融经济危机产生的原因是美元作为国际储备货币,加上美国国内政策的失误。"③ Fahri et al.(2011)以及 Obstfeld(2011)等根据当前世界浮动汇率的特征,提出当前的"特里芬难题"已经不只是经常项目失衡的问题,更多的表现为中心国家的财政赤字。他们指出,在60年代,"特里芬难题"表现为:随着世界经济增长,美联储持有的黄

---

① 美国政治经济学家查尔斯·金德尔伯格最先提出霸权稳定论。他在《萧条中的世界——1929—1939》(1971)一书中率先提出,20世纪30年代经济大危机之所以成为世界性的危机,是因为没有一个大国有能力或愿意承担制止危机的责任,停止以邻为壑的政策,特别是无人愿意充当阻止金融危机蔓延开来的最后贷款人的角色。因此,他认为世界经济必须有一个稳定者,其责任在于为剩余产品提供一个市场,保证资本流向可能的借方;在金融危机银行关闭的紧要关头,作为重新启动金融的最终借贷者而发挥作用。

② 例如,亚洲金融危机的发生及应对根源于亚洲国家在国际货币金融体系中所能获得的国际公共产品数量不足。美国虽然在国际货币金融领域存在明显优势,攫取了巨大的收益,但在关键时刻却逃逸了应该承担的责任。

③ 《第一财经日报》记者丁晓琴采访林毅夫时,林毅夫就"国际货币体系和全球金融危机"所作的评论。参见丁晓琴:《国际货币体系:缺陷、危机与多极化》,载《第一财经日报》2013年9月9日第A05版。

金和世界其他国家持有的美元数量之间的不匹配。而当前的全球储备是由美国公共债务构成,这意味着当前的难题表现为(用以支持美国短期国债的)美国财政能力和美国外债(其他国家持有的美元资产)之间的不对称性。随着美国在全球经济中份额的萎缩,其逐渐失去了用以满足世界其他国家对流动性资产的需求的财政能力,而在金融危机期间为世界提供恰好的流动性是储备货币发行国的职责。① 在目前中心—外围体系下,中心国家享受了更多的收益(例如铸币税和通货稳定),而外围国家则承担了更多的成本(例如资源输出、通货膨胀和金融危机)。这种收益与成本的不对等分配使得外围国家日益被边缘化。而作为中心国家的美国,在享受美元霸权带来收益的同时,却经常拒绝履行维持系统相容性的责任和义务,国际货币体系的不平衡使得全球金融体系处于不稳定状态中。②

二、德国马克(欧元)国际化的路径和启示

政府在选择货币国际化路径时,也往往受到国内政治的约束。货币国际化是政府根据国内外经济形势,逐步出台配套政策去除货币跨境流动的限制,并通过国内市场和制度建设激励国际市场对本国货币的国际需求。对进出口商而言,在国际贸易市场中推动本国货币国际化,可以降低交易成本和规避汇率风险。但如果该国的制造业生产更多的是专业化和差异化的产品,则往往享有一定程度的市场垄断权力,其质量、服务和消费者忠诚度,包括产品所占据的市场份额作用

---

① See E. Farhi, P. O. Gourinchas & H. Rey, Reforming the International Monetary System, March, 2011, at http://conium.org/~pog/academic/FGR_march2011.pdf.; M. Obstfeld, International Liquidity: The Fiscal Dimension, National Bureau of Economic Research, 2011, Working Paper 17379.

② 参见杨国庆:《危机与霸权——亚洲金融危机的政治经济学》,上海人民出版社2008年版,第71页。

更大，市场对价格的弹性更小，如商用飞机、精密仪器等。对金融机构而言，本国货币国际化可以获得巨额的面值租金①，更易于拓展国际业务。但同时资本账户开放和国内金融市场的开放也会带来激烈的国际竞争。因此，国内金融机构对国际化也有不同观点。国内金融机构能够从金融管制中获得垄断性收益，而金融市场开放后，原有国内金融机构不仅无法享受体制保护的好处，反而处于竞争劣势。即使资本账户开放和国内债券市场的发展为国内金融机构提供了更广泛的海外商业机会，但也意味着市场垄断权的丧失，面临更多的国内外竞争。因此，部分国内金融机构往往会反对利率市场化改革和外资机构市场准入。② 相反，如果国内资本市场发展成熟，国内金融机构具有竞争优势，则会倾向于将货币国际化作为拓展国际业务的机会，成为货币国际化的支持者。

（一）德国马克（欧元）国际化的路径

德国制造业即是德国马克国际化的重要影响力量。二战后，德国一直坚持低通胀目标的货币政策和制造业优先的经济增长理念，为其赢得了币值稳定和经济强劲的国际声誉。德国制造业从标准化生产转向了专业化和定制化的差异产品生产，德国制造的国际声誉和全球生产体系中的地位逐渐确立。德国机械设备制造业联合会（VDMA）甚至公开强调货币政策和货币稳定比政治化的汇率更重要。③ 这些生产专业特殊化产品的中小企业，成为促进德国马克在国际贸易计价和结

---

① 面值租金指货币发行国的金融机构通过发行本国货币的债券而获得的收益，以及货币国际化产生的海外金融服务需求给本国金融机构带来的收益。
② See Stephan Haggard & Sylvia Maxfield, The Political Economy of Financial Internationalization in the Developing World, *International Organization*, Vol. 50, No. 1, 1996, pp. 35-68.
③ See Daniel Kinderman, The Political Economy of Sectoral Exchange Rate Preferences and Lobbying: Germany from 1960-2008, and Beyond, *Review of International Political Economy*, Vol. 15, No. 5, 2008, p. 863.

算中大规模使用的微观主体。在当时,德国采取严厉的资本控制措施,这与德国央行担心大规模的资本流入会削弱其对货币政策的控制不无关系。同时,德国国内银行等金融机构长期受到政策保护,对实行的管制型金融体系存在依赖。德国管制型金融体系使德国银行拓展海外市场的动力很低,长期享受政府补贴,并游说政府维持资本控制,保护德国银行在整个德国政治和经济体系中的地位。[①] 但 1971 年 8 月,美国终止以美元兑换黄金的承诺后,出于保值和避险的需要,德国马克由于其稳定的币值和德国国内的低通货膨胀受到市场的热捧。

欧洲货币体系的建立则相当于从法律上和制度上保证和确立了德国马克作为国际货币的地位。欧洲各国的货币合作起始于 20 世纪 50 年代。1950 年欧洲国家在马歇尔计划的框架内构建了欧洲支付同盟(EPU),但该同盟是欧洲经济合作组织进行国际结算的机构,并非真正意义上的货币合作。1958 年由于英法等国宣布货币自由兑换,该同盟解散。此后,作为欧共体成立的纲领性文件,《罗马公约》虽然没有表示要建立货币联盟,但将汇率确定为公共利益(common interest),并通过货币委员会向各国政府提供货币事务的建议。1970 年,卢森堡财政大臣维尔纳向欧共体理事会提交了《关于在共同体内分阶段实现经济和货币联盟的报告》,该报告建议从 1971 年到 1980 年分阶段实现欧洲货币一体化。然而 20 世纪 70 年代动荡的金融形势以及欧共体国家发展程度的巨大差异,使得维尔纳计划几乎完全落空。1973 年 4 月,欧洲货币合作基金(EMCF)成立,并确定了欧洲记账单位(EVA)。1979 年 3 月,欧洲货币体系成立,包括欧共体的 8 个

[①] 参见刘玮:《国内政治与货币国际化——美元、日元和德国马克国际化的微观基础》,载《世界经济与政治》2014 年第 9 期,第 150 页。

成员国：法国、德国、意大利、比利时、丹麦、爱尔兰、卢森堡和荷兰，在一定范围内固定各国间的货币汇率，共同对美元浮动。欧洲货币体系创建了欧洲货币单位（ECU），以代替 EVA。由于马克币值的稳定和其在构成埃居的"货币篮子"中占据优势的权重，欧洲货币体系所规定的成员国货币汇率与埃居固定，在实际运行中变成了与德国马克固定，并且成员国有义务要维护这一固定汇率。这降低了德国马克与其他欧洲国家货币间的汇率易变性，外汇交易者使用德国马克的成本大大降低。马克具有的这一优势使其从 20 世纪 80 年代中后期开始，逐步取代美元成为欧洲外汇市场中最重要的"工具货币"（Vehicle Currency），而在这之前，美元一直是欧洲外汇市场交易中能够承担这一职能的唯一货币。1992 年《马斯特里赫特条约》第一篇共同条款（B）款联盟目标规定："通过加强经济和社会的协调和建立经济和货币联盟，包括最终引入本条约规定的单一货币……"1999 年 1 月，欧元正式发行，并于 2002 年 1 月进入流通，埃居以 1∶1 的兑换比例全部转换为欧元。

在欧元流通后，欧洲央行对欧元在全球的跨国流动起到重要作用。欧洲央行是欧洲经济一体化的产物，根据 1992 年《马斯特里赫特条约》规定而设立，是世界上第一个管理超国家货币的中央银行，主导利率、货币储备与发行，也是共同货币政策的制定者、实施者、监督者。欧洲央行的职责和结构以德国联邦银行为模式，独立于欧盟机构和各国政府之外，主要任务是维持欧元购买力，保持欧元区物价稳定。当然，欧元区货币政策的权力虽然集中了，但具体执行仍由欧元区成员国央行负责。欧元区各国央行仍保留自己的外汇储备，欧洲央行的储备则由各成员国央行根据本国在欧元区内的人口比例和国内生产总值的比例来提供。随着欧盟在全球经济、贸易、金融地位中的提高，欧元的国际货币职能进一步增强。

(二) 德国马克（欧元）国际化的启示

欧洲一体化进程的极大推进，尤其是欧元的出现为各国解决金融动荡和金融危机提供了进行区域货币合作的新思路。在欧元区，各国货币按协定汇率被欧元替代，市场内流通单一的联盟共同货币。欧元取消了联盟内的汇率风险，但也意味着各国央行不能通过宏观经济政策影响汇率从而保护本国经济。欧元的诞生表面上宣告德国马克退出了历史舞台，但实际上反而进一步放大了原先德国所拥有的"国际货币权力"。首先，欧元的治理模式和货币政策理念完全是德国化的。在《马斯特里赫特条约》的谈判中，德国坚持欧洲央行的独立性，使其不受成员国和欧盟行政机关的政治影响。① 在实施统一货币的谈判中德国坚持两个条件：一是保持欧洲中央银行的独立性，不允许其直接为成员国债务提供融资；二是通过《稳定与增长公约》严格限制成员国对内和对外举债的规模。在这种情况下，成员国想获取额外的资金只有两种方法：一是提高税率或者开辟新税种，以征税的方式解决资金问题；二是提高本国的劳动生产力，通过赚取贸易盈余来获得收入。其他成员国之所以最终仍然同意了德国提出的苛刻条件，主要是因为实施统一货币后其他成员国事实上可以"免费"使用德国在资本市场上拥有的良好信誉，借此筹集到十分"廉价"的资金。其次，德国工业的竞争力被大大强化。欧元的引入实质上等于让德国获得了相对"便宜"的汇率，同时为"德国制造"彻底地消除了因成员国之间货币"竞相贬值"所带来的风险，保证了德国经济的强劲增长。欧债危机后，德国强烈反对发行统一欧元债券和允许欧洲中央银行充当最

---

① 但这种在区域内统一货币和货币的制度设计也存在缺陷，这种制度设计使得欧元区成员国失去了货币与汇率政策这两项重要的宏观调控手段，在面临全球经济衰退时，成员国只能依赖财政刺激政策，导致债务规模非理性扩张。

终贷款人角色，直接从一级市场购买成员国债券，其原因在于会侵蚀德国的融资能力和对其他成员国融资能力的控制权。[①] 从这个意义上讲，德国通过欧元，在一定程度上实现了仅仅依靠马克无法实现的对国际货币市场的影响力。

三、日元国际化的路径和启示

（一）日元国际化的路径与缺陷

1. 日元国际化的路径——贸易推动型

日元国际化起步于 20 世纪 70 年代，这一时期正是金本位与固定汇率制度瓦解，信用本位与浮动汇率制度确立，以及金融自由化、全球化迅速发展的时期。20 世纪 70 年代末，日本迅速摆脱了第三次石油危机的冲击，经济实力大大增强，国内资本日益充足，日本对外贸易由逆差转为顺差，并在 80 年代初积累了大量外汇储备，而贸易立国的战略决定了日本经常项目持续顺差。在日元升值预期下，资本以出口预收款等途径流入日本，对此，日本加强了外汇管制，如购买出口票据和旅行支票，对非居民自由日元账户余额实行限额管理等。种种外汇管制使正常的经常项目交易变得不便，在经常项目开放、贸易额不断加大的背景下，管制效果不佳。1980 年 12 月，日本颁布实施新的《外汇法》，将资本交易从此前的"原则上禁止"改为"原则上自由"，并允许政府基于国际收支平衡或汇率管理目的施以最小限度的控制。

80 年代竹下内阁上台之后，其政策目标之一是谋求与经济实力相适应的政治地位，而提高日元在国际上的地位便是实现其对外战略的

[①] 参见赵柯：《货币国际化的政治逻辑——美元危机与德国马克的崛起》，载《世界经济与政治》2015 年第 5 期，第 136—140 页。

重要手段。但日元升值削弱日本商品与服务的国际竞争力,由此产生日元升值萧条。同时,为遏制"日元升值萧条",日本政府采取扩张性的财政与货币政策。1992年IMF的报告指出,对于日元是否实现国际化,还不能得出明确的结论。其支持因素包括日本刺激通货膨胀的实践、金融市场监管和资本流动的逐步放宽,以及日本在全球出口份额特别是工业产品出口份额的增加。日本与亚洲国家贸易的增长表明日元在亚洲区域占有更大的份额。然而,仍然有些因素制约了日元的国际化。日本金融市场在某些方面较为薄弱,例如国债市场并不活跃,商业票据市场刚刚开发,欧洲日元投资仍存在限制,政府回购市场十分复杂,这些因素制约了日元作为计价和价值贮存的功能。[①] 此后,国际资本流入与经济政策扩张致使国内流动性过剩,推动日本房地产、股票等资产价格上涨,通过金融加速器的扩张效应发挥作用,进一步助推了经济繁荣与资产价格膨胀,由此加剧产业空心化与经济、金融泡沫等问题。在经济政策转向紧缩时,直接引发日本经济、金融泡沫破灭,进入"失去的十年"。

1996年12月,日本首相桥本宣布对日本的金融市场全面放松管制,计划通过消除现存的壁垒和障碍使日本的金融市场和金融体制能够更有竞争力和效率。1998年4月,新的《外汇与外贸法》正式生效,基本上实现了外汇业务领域、资本交易领域、外商直接投资领域以及东京离岸市场的全面自由化,只保留了很少的例外,国内外资本真正实现无约束的国际流动。[②] 但推动日元国际化的举措,同时也给日本金融市场稳定带来负面影响。一系列资本自由化举措,使日本资

[①] See George S. Tavlas & Yuzuru Ozeki, The Internationalization of Currencies: An Appraisal of the Japanese Yen, IMF Occasional Paper, No. 90, 1992, p.41.

[②] See Shinji Takagi, Internationalising the Yen, 1984-2003: Unfinished Agenda or Mission Impossible? BIS Papers, No. 61, 2011.

本市场开放程度达到和美国、欧洲相当的水平。开放促使跨境短期资本流动规模迅速增加，而长期投资资金没有获得明显的鼓励，加剧了日本股市和不动产的泡沫。

日本政府曾指出，日元国际化进展缓慢，主要是受20世纪90年代以来日本经济长期停滞、日元信用降低等因素的影响。加上贸易、资本等国际交易中进行货币选择的制度、惯例等因素的作用，国际社会对日元使用的需求很低。[①] 日本财政部在1999年对日元国际化提出，应提高海外交易及国际融资中日元使用的比例，提高非居民持有的以日元计价的资产的比例，特别是提高日元在国际货币制度中的作用及在经常交易、资本交易和外汇储备中的地位。[②] 伊藤隆敏等分别于2007年和2009年两次对日本出口企业的定价行为进行了实证调查和计量分析。结果显示，日本出口企业对计价货币的选择主要取决于六个因素，即出口路径为企业内交易还是经由综合商社、贸易对象国货币的外汇避险成本、出口市场竞争程度及本企业产品的差异化程度、有无以美元计价交易为基础的产品集群、将美国作为最终出口地的亚洲生产网点的生产销售结构、对于统一计价货币是否制定明确的外汇战略等，从中可揭开日本出口贸易以日元计价份额较低的原因。[③] 从日本对外贸易流向看，日本主要进口中间品和原材料，并向以美国为主的发达国家市场出口成品。由于矿产、油气等大宗商品都是以美元计价，而日本贸易结构又严重依赖于美欧出口市场，在与这些货币主导国的贸易中进行货币替代非常困难。由于日本没有对国内金融体

---

① 转引自刘瑞：《日元国际化困境的深层原因》，载《日本学刊》2012年第2期，第100—101页。

② 参见姜波克、张青龙：《货币国际化：条件与影响的研究综述》，载《新金融》2005年第8期，第6页。

③ 转引自刘瑞：《日元国际化困境的深层原因》，载《日本学刊》2012年第2期，第102页。

制进行深入改革，却开放了资本账户，使得离岸市场成为日本金融机构逃避监管和套利的场所，日本的离岸市场和在岸市场之间形成了"再贷款"的游戏，即日本金融机构将资金借给伦敦或香港的分支机构，由分支机构贷给日本国内企业的海外机构，离岸市场的资金多数是从在岸市场转移取得，该市场中外国资金鲜少介入。这种方式推动的日元国际化显然并无实质作用。

从日本对外进行证券投资的区域来看，虽然日本于1997年提出了"亚洲战略"，但其对亚洲进行证券投资的规模和占比远低于对欧美国家的投资。截至2010年末，日本对亚洲进行的证券投资，虽然规模增至1996年的1.34倍，但所占份额从8.42%降至2.68%，同期对美证券投资的占比从24.96%上升至34.02%，对欧洲证券投资所占比重虽从57.85%降至34.29%，但仍居首位。从计价货币看，以美元计价的对外证券投资余额在日本对外证券投资总额中所占的比重从2003年的43.42%降至2010年末的41.52%，以欧元计价的对外证券投资从20.21%大幅降至13.54%，以日元计价的对外证券投资则从26.62%小幅升至28.51%。日元计价占比仍较低。此外，以国债这一主要流通产品为例，截至2011年6月末，日本的国债余额为738.28万亿日元，其中国内投资者持有94.3%，海外投资者仅占5.7%。[①]

2. 日元国际化的缺陷与教训

由此可见，包括日本在内的东亚经济体采取的是出口导向型的经济增长模式，虽然它们在原材料或半成品等方面建立直接贸易联系，并形成相互依赖的交易网络，但由于最终成品的销售地以美国、欧洲为主，所以东亚各国对美贸易主要以美元计价；并且东亚各国、各地

---

① 转引自刘瑞：《日元国际化困境的深层原因》，载《日本学刊》2012年第2期，第105页。

区货币多同美元挂钩，且外汇市场发育尚未成熟，所以东亚内部贸易也多以美元计价。日本当年在日元国际化问题上，采用的是贸易输出＋离岸市场的方式，国内日元市场同样维持相对控制且资本市场发展不平衡，最终制约了日元的国际化。童香英（2010）曾通过构建基于货币职能的货币国际化函数分析作为交换媒介职能、记账单位职能和储藏手段职能的日元的国际化程度，并指出，日元参与交换媒介职能的能力疲弱，无法发挥实质性的作用，从而对记账单位职能和储藏手段职能构成了消极的影响，使得日元在价值贮藏的官方用途即外汇储备的地位不稳固甚至具有趋于下降之势。[①]

（二）日元在亚洲区域的货币合作

1997年9月，日本大藏省官员榊原英资曾建议由日本与亚洲各国共同建立一个亚洲货币基金（AMF），该基金总额达1000亿美元，其中由日本出资一半，中国、韩国以及东盟十国也参与共同出资。这一基金的目的是为遭受金融危机冲击的国家和地区提供救援，使各国在遭受攻击时可以随时从这个基金中获得大量资金，迫使投机者对亚洲国家金融市场无法下手。受金融风暴冲击的东亚国家希望国际金融领域有"多元化"局面，故对日本倡议建立亚洲货币基金感兴趣，但支持程度不同，如马来西亚、印尼、泰国比较积极，新加坡虽表示支持，但认为应与IMF衔接，韩国和中国的反应则比较谨慎。同时，多数亚洲国家铭记日本曾经推行的"大东亚共荣圈"给亚洲人民带来的苦难，对日本在亚洲扮演"领袖"角色十分反感。[②] 而美国政府不希望日本在亚洲金融危机中发挥领导作用。1997年9月，在香港举行

[①] 参见童香英：《货币职能全视角下的货币国际化：日元的典型考察》，载《现代日本经济》2010年第5期，第38页。

[②] 参见李维刚：《日元国际化：进程、动因、问题》，载《日本学刊》2001年第2期，第90页。

的 IMF 和世界银行年会中，各国围绕建立 AMF 的讨论非常激烈。AMF 意味着遭受金融危机的国家可以从另一条途径获得资金从而绕过 IMF，从而使美国缺少一条通过条件性救援给亚洲国家施加压力的途径。美国坚持救援资金全部由 IMF 和其他多边机构提供，尽管亚洲国家不相信多边机构能够提供足够的资金，但美国在此次年会上还是成功封杀了日本的 AMF 提议。

美日两国对此问题交锋的最大转折点是 1997 年 11 月的 APEC 副财政部长会议，这次会议确定美国在处理亚洲金融危机中的主导地位。此次会议亚太地区共有 14 个国家和地区参加，达成 IMF 主导的亚洲地区金融合作协议——《马尼拉协议》。协议的内容之一为不设立亚洲基金，当有关国家和地区出现经济危机时，由 IMF 制定救援计划并出资救援。如果危机仍无法解决，再由各国和地区出资补充，双边贷款作为 IMF 提供贷款的第二道防线。会议认为，《马尼拉协议》确定亚洲金融危机的方向——由 IMF 主导，其他参与的成员可在必要的时候提供备用的信贷。由于《马尼拉协议》已经为解决亚洲金融危机提供足够的支持，因此不必再采取进一步的措施。此后，马尼拉框架小组成立，用于填补日本 AMF 提议失败留下的解决危机问题的真空，在金融危机中发挥第二道防线的作用。

四、小结

从货币国际化发展历程来看，美元在布雷顿森林体系时代国际化程度达到顶峰，其后地位逐步下降，目前仍是全球最有影响力的国际货币；德国马克在布雷顿森林体系后崛起并保持上升势头，此后成为欧元的核心；日元虽然在 20 世纪 70—80 年代崛起，但此后受经济实力因素影响地位有所下降。未来一段时间内，美元仍将在未来充当主要的储备货币。它将不再像以前那么强势，正如美国经济不如以前那么强势一样。在短期，欧元会增加一定的市场份额，特别是在欧洲和欧洲附近。① 也有学者认为，由于美国、欧元地区和金砖国家相互之间的贸易和投资在国际贸易和投资中举足轻重，它们共同决定和维持了全球金融稳定并促进贸易和经济的发展。②

从美元、德国马克、日元国际化的历史中可以看出，国际贸易结算是弱势货币挑战强势货币的突破口，一国货币在国际化的初期通常是该国国际贸易的规模直接决定了该国货币的国际需求。依托国际贸易的真实需求，本国货币国际化可以得到坚实的支撑。在以贸易和直接投资形成的交易系统或网络中，某一国货币使用频率增加，交易量扩大，从而通过该货币自身的自我强化机制形成交易惯性。从货币国际化的背景来看，美元成为国际货币有其特殊的国际背景，其国际化的过程依赖的是一个全球性的汇率制度安排，即二战后的布雷顿森林体系，支持这一体系的基础是美国强大的政治经济实力。布雷顿森林体系就是一种重要的全球性货币制度安排，它以政治协议的形式规定了美元与黄金挂钩，其他货币与美元挂钩，从而"锁定"了美元在该体系下的中心货币地位。然而，对美国而言，美元的双重法律属性使得美国货币对内与对外政策目标经常产生矛盾：美国既不能忽视本国货币的国际职能而单纯考虑国内目标，又无法同时兼顾国内外的不同目标；既可能因抑制本国通胀的需要而无法充分满足全球经济不断增长的需求，也可能因过分刺激国内需求而导致全球流动性泛滥。③

---

① See Barry Eichengreen, The Dollar Dilemma—The World's Top Currency Faces Competition, *Foreign Affairs*, Vol. 88, No. 5, 2009, pp. 68.

② See Mansoor Dailami & Paul R. Masson, Toward a More Managed International Monetary System, *International Journal*, Vol. 65, Spring, 2010, p. 395.

③ 参见贺小勇：《全球金融危机爆发的法律思考——以国际货币体系缺陷为视角》，载《华东政法大学学报》2009年第5期，第50页。

由此，单一储备货币国需要在维持国内均衡和为世界提供流动性之间作出权衡，其选择的结果进入牙买加时代后，国际货币体系始终遵循了多元化的发展趋势。① 美元和英镑基于强大的经济、政治实力和货币使用惯性，仍然保持国际核心货币地位。欧元体系则是一种区域性的货币制度安排，它"锁定"了欧元作为区域性超主权货币的地位，而退出欧元体系的成本异常高昂。更多的新兴工业化国家则是通过推动货币完全可兑换和国内金融自由化来扩张货币国际化的版图。欧元与美元的竞争一定程度上限制了美国对美元特权的滥用，使国际货币金融格局趋于均衡。其问世对世界上其他地区的货币金融合作和一体化起到重要的示范效应，为国际货币金融格局的积极变革开辟了新道路。当然，无论是美元、欧元或英镑等货币，对以主权货币充当国际货币的国际货币体系而言，其稳定性和持续性是有条件的。美元主导下的国际货币体系会面临"特里芬难题"，而欧元模式下货币联盟财政主权的缺失也会导致货币体系的不稳定。这两种体系下的不均衡在遇到特定的触发事件时，很容易引起国际收支危机或其他类型金融危机。

最后，国际货币制度安排能够产生反市场的力量，对其地位形成"锁定"效应，无论是一战后的英镑，抑或是布雷顿森林体系崩溃后美元国际地位的维持，均是如此。这种锁定效应在货币成熟期能够促进市场对该货币的路径依赖，并延迟由于国力或市场原因出现的衰落。而在一国货币成长为国际货币的初期，则能强化并提高该货币的

---

① See Barry Eichengreen, *Exobitant Privilege: The Rise and Fall of the Dollar and the Future of the International Monetary System*, Oxford University Press (Reprint Edition), 2011, p. 8.

地位。① 目前，人民币已成为 IMF 特别提款权货币篮子的组成货币，可以预计，这一制度安排将有利于人民币在国际货币体系中地位的提升。

第三节　国际法视野下的国际货币体系

一国的货币主权作为国家主权的组成部分，指国家在国内享有发行和管理本国货币、执行货币政策的权力，以及在国际上选择适合本国的汇率制度，平等地参与处理国际货币金融事务。随着国家之间经济相互依赖程度的不断提高，金融活动和金融市场相互关联性的日益增强，金融创新和新的金融工具的频频出现，国家在行使本国货币主权时可能对周边国家和世界经济产生影响。由此产生的国际货币制度，主要依据各国在国际经济中的相对实力形成。它不可避免地具有"被动性"，即对各国货币金融关系事实和已有做法的承认，同时，它的权威性也会由于各国相对实力变化而受到挑战。因此，国际货币体系最早的反映形式是约定俗成的国际货币惯例与做法，并以此发展成具有约束力的现代国际货币制度，而国际货币组织则是针对国际货币体系的固化、协调与监督。

一、近代国际货币体系的演变

从全球层面看，汇率制度设计的主要目的是为国际贸易和投资提

---

① See Gerard Alexander, Institutions, Path Dependence, and Democratic Consolidation, *Journal of Theoretical Politics*, Vol. 3, No. 13, 2001, pp. 249-270; Paul Pierson, Increasing Returns, Path Dependence, and the Study of Politics, *American Political Science Review*, Vol. 94, No. 2, 2000, pp. 251-267.

供稳定的价值尺度。根据国家汇率主权是否受到限制或者受到何种程度的限制,近代国际货币体系演变过程先后经历了4种形态,即国际金本位制度、布雷顿森林体系、旧牙买加体系和新牙买加体系(2007年至今)。

(一) 国际金本位制下的国际货币体系

维也纳会议(1815年)之后到一战之前,世界经济经历了古典自由主义时期。其在货币金融关系中的体现是金本位制。金本位制并不由条约规制,更多是基于习惯国际法的准则。[①] 在国际金本位制下,黄金充当国际货币,具有无限法偿的性质,是国际货币制度的基础,全球货币供应量的增加受到新开采黄金产量的影响。各国货币之间的汇率由各自的含金量比例决定,黄金可以在各国间自由输出输入,在"黄金输送点"的作用下,国际收支平衡自动地由黄金的流出流入、货币供应量的增加减少、价格的上涨下跌以及由此带来对进出口的影响来调节。[②] 当一国国际收支发生逆差,外汇汇率上涨超过黄金输出点,黄金外流,货币流通量减少,通货紧缩,物价下降,从而提高商品在国际市场上的竞争能力。商品输出增加,输入减少,导致国际收支恢复平衡;反之,当国际收支发生顺差时,外汇汇率下降低于黄金输入点,黄金流入,货币流通量增加,物价上涨,商品输出减少,输入增加,最后导致国际收支恢复平衡。在金本位制下,国际支付是自由的,这是实行金本位制度的各国允许黄金自由输入和输出的必然结果。一战爆发标志着古典自由主义时代的结束,打开了民族主义和强调国家主权的时期,国际法规则对国家的限制被彻底放松。在经济和

[①] See H. G. Petersmann, The Legal Evolution of the International Monetary System Since Bretton Woods, *German Year Book of International Law*, Vol. 25, 1982, p. 377.

[②] See Dominick Salvatore, The International Monetary System: Past, Present, and Future, *Fordham Law Review*, Vol. 62, 1994, p. 1982.

货币领域,各国强调货币民族主义甚至发起货币战争。一战之后,全球在国际联盟体系规则的约束下短暂地恢复和平,在古典自由主义时期享有"货币特权"的英国在1925年短暂地恢复金块本位制。接着,国际金本位制在1929—1933年经济大危机冲击下瓦解。[①] 国际金本位制度彻底崩溃之后,国际货币制度陷入十几年的混乱期,此时的国际货币关系主要由原有的殖民版图划分,主要的货币集团有英镑集团、美元集团和法郎集团,世界上出现了以英镑、美元和法郎为中心的不同货币区,国际货币关系更多地通过双边支付或清算协议进行。国际货币体系的混乱和金融形势的持续动荡对二战的爆发起了推波助澜的作用。

(二)布雷顿森林体系

二战后,国际货币体系存在三项分不开的问题:预防外汇汇率的急剧变化、避免货币体系的崩溃和便利国际贸易体系的恢复和平衡增长。对此,美国和英国在1943年4月6日和7日分别提出"怀特计划"和"凯恩斯计划"。这两个建议均是以多边性作为基础。[②] 凯恩斯建议建立多边体系处理全球货币交易,所有央行间的交易都通过它们在国际清算同盟的账户进行清算。账户内的货币单位被命名为"班科"(Bancor),班科以黄金计值,同时也考虑各国货币与班科的关系。对于实质性的收支失衡,国际清算同盟可以要求该国改变汇率。英国等欧洲各国不愿意接受怀特计划下严格的固定汇率制的原因主要在于,他们认为英镑在1925—1931年的金块本位制是造成英国在该时期高失业率的主要原因。[③] 怀特计划建议成立国际稳定基金处理经济

[①] See H. G. Petersmann, The Legal Evolution of the International Monetary System Since Bretton Woods, *German Year Book of International Law*, Vol. 25, 1982, pp. 377-378.

[②] See Arthur Nussbaum, International Monetary Agreements, *American Journal of International Law*, Vol. 38, 1944, p. 256.

[③] See Raymond F. Mikesell, The International Monetary Fund (1944-1949): A Review, *The International Conciliation*, Vol. 27, 1949, p. 832.

和货币问题，该机构应拥有足够的资源和权力帮助各国实现金融稳定。怀特计划对该基金的目标、资本构成、权力和运营提供了最初的设想。更重要的是，基金的货币单位称为"尤尼塔"（Unita），包含137 又 1/7 大粒金（grains of fine gold），相当于 10 美元。各国的汇率应与黄金或尤尼塔挂钩，未经 4/5 成员国的同意不得调整汇率。此外，各国还应成立机构为战后重建和发展、复兴和救援提供资金。[①]

此后，1944 年 7 月，45 个国家或政府的经济特使在美国新罕布什尔州的布雷顿森林召开了联合国货币金融会议（简称"布雷顿森林会议"），通过了以"怀特计划"为基础制定的《国际货币基金协定》和《国际复兴开发银行协定》，确立了以美元为中心的国际货币体系，即布雷顿森林体系。1945 年 12 月，参加布雷顿森林会议的 29 国代表在《布雷顿森林协定》上签字，正式成立国际货币基金组织（IMF）和世界银行。这些国际组织的主要目标是防止两次世界大战间所犯的经济错误，包括 20 世纪 20 年代汇率大幅波动以及 20 世纪 30 年代竞争性贬值带来的教训。[②] 由此，《国际货币基金协定》规定，国际货币基金组织的宗旨是：

（1）通过设置一常设机构就国际货币问题进行磋商与协作，从而促进国际货币领域的合作；

（2）促进国际贸易的扩大和平衡发展，从而有助于提高和保持高水平的就业和实际收入以及各成员国生产性资源的开发，并以此作为经济政策的首要目标；

（3）促进汇率的稳定，保持成员国之间有秩序的汇兑安排，避免

[①] See The U. S., Postwar International Monetary Stabilization, *Federal Reserve Bulletin*, Vol. 29, 1943, pp. 504-506.

[②] See IMF History: Cooperation and Reconstruction (1944-71), at http://www.imf.org/external/about/histcoop.htm.

竞争性通货贬值；

（4）协助在成员国之间建立经常性交易的多边支付体系，取消阻碍国际贸易发展的外汇限制；

（5）在具有充分保障的前提下，向成员国提供暂时性普通资金，以增强其信心，使其能有机会在无须采取有损本国和国际繁荣的措施的情况下，纠正国际收支失调；

（6）根据上述宗旨，缩短成员国国际收支失衡的时间，减轻失衡的程度。

另一方面，布雷顿森林体系还确定了美元与黄金挂钩，其他货币与美元挂钩的"双挂钩"制度，即美国公布美元的含金量，1美元的含金量为0.888671克，美元与黄金的兑换比例为1盎司黄金＝35美元。其他货币按各自的含金量与美元挂钩，确定其与美元的汇率。各国货币对美元的汇率，只能在法定汇率上下各1%的幅度内波动。若市场汇率超过法定汇率1%的波动幅度，各国政府有义务在外汇市场上进行干预，以维持汇率的稳定。若会员国法定汇率的变动超过10%，必须得到国际货币基金组织的批准。[1] 布雷顿森林体系下，美元作为储备货币，对其他IMF成员国而言，短期的失衡由IMF提供贷款解决，而严重失衡则由会员国向IMF申请调整汇率平价来解决。但对于美国而言，美元作为储备货币，它无须市场操作，可以直接用美元购买进口产品，美国并不需要用其资产弥补收支账户逆差。[2]

---

[1] 布雷顿森林体系主要内容包括：建立一个永久性的国际金融机构，即国际货币基金组织，以促进国际政策的协调；实行以黄金—美元为基础的、可调整的固定汇率制；实行国际收支调节；取消对经常账户交易的外汇管制，但仍对国际资金流动进行限制。

[2] See Gregory A. Baldwin, Reform of the International Monetary System, *Cornell International Law Journal*, Vol. 6. 1972, p. 83.

（三）牙买加体系

20 世纪 60 年代后，在一系列美元危机的冲击下，布雷顿森林体系于 70 年代初彻底崩溃。① 1976 年 1 月，IMF 的国际货币制度临时委员会在牙买加首都金斯敦召开会议，达成了《牙买加协议》。根据此协议，IMF 于 1976 年 4 月制定了《IMF 协定第二修正案》（以下简称"1976 年《IMF 协定》"）。1976 年《IMF 协定》首次提到了"国际货币体系"，但并未出现在第 1 条"宗旨"中，而是出现在第 4 条第 1 款："鉴于国际货币体系的根本宗旨是提供一个促进国与国之间货物、服务和资本的交换以及保持经济健康增长的框架，且主要目标之一是确保金融和经济稳定所必要的有序基础条件得以持续发展，因此，各成员国应承诺与基金组织和其他成员国合作，以保证有序的汇兑安排，并促进形成一个稳定的汇率制度"（国际货币体系的措辞还出现在第 4 条的第 2 款、第 4 款、第 8 条第 7 款等）。② 由此可见，IMF 的职责范围扩展到"国际货币体系"，它的作用在于监督国际货币体系的运行和促进该体系被广泛接受。③ 1978 年 4 月 1 日，1976 年《IMF 协定》获得法定的 60% 以上的会员国和 80% 以上多数票通过而正式生效，从而形成了国际货币关系的新格局——牙买加体系——并持续至今。

牙买加体系为国际货币关系提供了最大限度的弹性，它没有建立稳定货币体系的机构，没有制定硬性的规则或自动的制裁办法，各国政府可以根据自己的考虑和责任来履行他们的义务。这样既无本位货币及其适度增长约束，也无国际收支协调机制的体系，被称为"无体

---

① See IMF History: The End of the Bretton Woods System (1972-81), at http://www.imf.org/external/about/histend.htm.
② 有学者认为 IMF 第一、第二修正案均未出现对 1944 年《IMF 协定》第 1 条的修改，体现了 IMF 对起草者的尊重。See Joseph Gold, International Monetary System, International Monetary Fund, and International Monetary Law, *Recueil des Cours*, Vol. 174, 1982, p. 128.
③ Ibid., p. 138.

系的体系"。它与布雷顿森林体系的区别在于，后者成员国负有条约上的硬性义务维持法定汇率的稳定。而前者，虽然 IMF 仍要求成员国通过创造有秩序的基本的经济和金融条件，避免反常的货币混乱，以保证汇率的稳定，但在这方面，各成员国基本不再负有"硬性"的义务。例如，1976 年《IMF 协定》第 4 条第 2 节第 2 项规定，IMF 会员国可以自由选择汇率安排，可以根据特别提款权或黄金之外的另一种共同标准来确定本国货币的价值，也可以通过合作安排使本国货币同其他会员国的货币保持比价关系，还可以选择其他安排。从实践来看，各会员国实行的汇率制度多种多样，有浮动汇率制，有固定汇率制，也有其他汇率形式。

此后，各国政府对汇率的干涉较之布雷顿体系并未消失，而是愈演愈烈，既包括缓和每日的波动，也包括扭转波动的趋势。牙买加体系之所以从布雷顿森林体系的固定平价汇率制转向自由汇率制，主要是源于以下共识：平价汇率体系易于造成僵化，会使会员国即便在国际收支严重失衡的情况下也仍然无法及时调整汇率，阻碍会员国对国际收支平衡的调整，无助于整个汇率体系的持久均衡与稳定。

（四）IMF 关于汇率安排的准则

汇率安排是 IMF 重点关注的事项之一。1976 年《IMF 协定》将 1944 年《IMF 协定》第 4 条规定的会员国为促进"汇率稳定"而进行合作的义务，修改为会员国通过合作以促进"汇率体系的稳定"，其目的在于汇率体系的稳定而非具体汇率的稳定。同时，1976 年《IMF 协定》一方面允许会员国选择其希望的汇率安排，另一方面也为会员国规定了相应的汇率义务，这些义务集中体现在：

尤其是，各成员国应该：

（1）尽量以自己的经济和金融政策达到促进有秩序的经济增长这个目标，既有合理的价格稳定，又适当照顾自身的状况；（2）努力通过创造有秩序的基本的经济和金融条件和不会产生反常混乱的货币体系以促进稳定；（3）避免操纵汇率或国际货币体系来妨碍国际收支有效的调整或取得对其他成员国不公平的竞争优势；（4）奉行同本款所规定的保证不相矛盾的外汇政策。

在该段中，第1、2项使用的是"尽量""努力"等措辞，涉及成员国的国内经济政策，并无强制约束力，但第3、4项规定的成员国义务则是强制性的。

另一方面，1976年《IMF协定》添加了一项内容，即由IMF对会员国的相关政策实行监督。1976年《IMF协定》第4条第3款第1项规定，IMF应监督国际货币体系以保证其有效运行，监督各会员国是否遵守该条第1节规定的义务；第2项规定，为了履行上述职能，IMF应对各会员国的汇率政策进行严密的监督，并应制定具体原则，为会员国的汇率政策提供指导。根据这一要求和授权，IMF制定了1977年《汇率政策监督的决议》（以下简称"1977年《决议》"）。1977年《决议》由三部分组成。第一部分是一般原则，基本上是对1976年《IMF协定》第4条特别是其第3节的重述和说明。第二部分是指导会员国汇率政策的三项原则：（1）要求会员国应避免为妨碍国际收支的有效调整或取得对其他会员国不公平的竞争优势而操纵汇率或国际货币；（2）要求会员国在必要时应干预外汇市场，对付失序状况；（3）要求会员国在采取干预政策时应考虑其他会员国的利益。

第三部分是IMF汇率监督政策的原则，即如果会员国出现以下情况，IMF应视为需与会员国讨论：（1）会员国对外汇市场进行持续、大规模的单向干预；（2）会员国存在以国际收支为目的、长时间的短期官方或准官方放贷；（3）（a）会员国出于国际收支目的，实行或大幅强化或长期维持对经常交易或支付的限制或鼓励措施；（b）会员国出于国际收支目的，实行或大幅修改对资本流入或流出的限制或鼓励措施鼓励或阻止资本流动的货币政策和其他国内金融政策；(4) 会员国的汇率表现与影响竞争和长期资本流动的要素等的基本经济和金融状况无关。

IMF "第4条磋商"是在各成员国和 IMF 间进行，该磋商涉及对成员国经济和经济政策的综合分析。分析由 IMF 职员和成员国的监管机构磋商后出具，并由 IMF 执行委员会展开讨论。"第4条磋商"认识到，审慎的经济政策才能促进汇率稳定，同时，这些政策应通过市场操作的手段进行。[1] 最后，磋商由 IMF 经济与金融政策委员会进行评价。但成员国并无义务接受 IMF 的评估，它仅仅是传递信号，鼓励成员国校准国内政策，避免收支失衡危机的发生。然而，1997 年亚洲金融危机发生后，IMF 注意到一国经济政策对于日益一体化的金融市场的影响，它认为监督应该同时关注国家间以及对地区的影响，市场对该国政策的反馈，各个国家在地区的地位以及是否是对地区或全球具有系统重要性。[2]

2007 年 6 月，为了应对在全球化趋势下，各国国内政策间的相互影响，基于建立一个多边的纠正一国汇率失衡的协调机制，IMF 执行董事会通过了《对会员国政策双边监督的决议》（以下简称"2007 年《决议》"），作为对 1977 年《决议》的修改。[3] 2007 年《决议》由三个部分和一个附件组成。其中，第一部分规定了 IMF 实施双边监督

---

[1] See Ross B. Leckow, The International Monetary Fund and Strengthening the Architecture of the International Monetary System, *Law & Policy in International Business*, Vol. 30, 1999, p. 130.

[2] See IMF, Report of the Managing Director to the International Monetary and Financial Committee on Progress in Strengthening the Architecture of the International Financial System and Reform of the IMF(Sep. 19, 2000), para. 16, at http://www.imf.org/external/np/omd/2000/02/report.htm.

[3] See Sitikantha Pattanaik, Global Imbalances, Tanking Dollar, and the IMF's Surveillance over Exchange Rate Policies, *Cato Journal*, Vol. 27, No. 3, 2007, p. 300.

的原则；第二部分根据 1976 年《IMF 协定》第 4 条第 1 款的要求，规定了指导会员国实施汇率政策的原则；第三部分规定了监督程序；附件则明确了汇率操纵的含义。

1. 引入"外部稳定"概念并将其作为统领原则

2007 年《决议》在第一部分"IMF 实施双边监督的原则"中，明确规定监督的重点是会员国采取的对目前或未来的外部稳定可能产生重要影响的政策，IMF 在监督中评估这些政策是否有利于外部稳定，并就实现此目标所需的政策调整向会员国提出建议。外部稳定是指不会或不太可能导致破坏性汇率变动的国际收支状况。基金组织在对每个成员国进行双边监督时，汇率政策总是监督内容，货币、财政和金融部门政策（既包括这些政策的宏观经济方面，也包括与宏观经济有关的结构方面）也是如此。

同时，2007 年《决议》明确指出，会员国实施的国内经济和金融政策如果确实能促进国内稳定，则 IMF 认为这些政策也在促进外部稳定。而促进国内稳定是指以下两种情形：(1) 以促进合理价格稳定下的有序经济增长为目标努力实施国内经济和金融政策，同时适当考虑具体国情；(2) 致力于促成有序的经济和金融基本条件以及不会造成无常破坏的货币制度，以此促进稳定。

2. 明确"汇率操纵"的含义

1977 年《决议》和 2007 年《决议》都规定了出于两种目的的两类操纵行为：一类是操纵汇率，另一类是操纵国际货币体系。两者要么是为了妨碍国际收支的有效调整，要么是为了取得对其他会员国不公平的竞争优势。对于为取得对其他会员国不公平的竞争优势而操纵汇率的行为，2007 年《决议》明确规定应具备以下构成要件：

(1) 该会员国存在操纵汇率的客观行为。这种操纵行为既可能造成汇率变动，也可能阻止汇率变动。也就是说，汇率操纵行为实际上影响了汇率水平的变动。特别值得注意的是，2007年《决议》将汇率操纵与"根本性汇率失调"联系起来，为此，2007年《决议》规定只有满足以下两个条件，该会员国才会被认为是为取得对其他会员国不公平的竞争优势而操纵汇率的：(A) 该成员国是为了造成汇率低估的根本性汇率失调而实施这些政策，并且 (B) 造成这种失调的目的在于扩大净出口时，该成员国才会被认为是为取得对其他成员国不公平的竞争优势而操纵汇率。也就是说，汇率操纵通过实施旨在影响汇率水平并且实际影响了汇率水平的政策，造成构成汇率严重偏差的汇率低估，并以此扩大净出口。

(2) 操纵必须符合1976年《IMF协定》规定的主观意图。根据2007年《决议》的规定，只有在IMF认定一会员国在操纵其汇率且这种操纵是出于1976年《IMF协定》第4条第1节第3项规定的以上目的时，该会员国才被认为是违反了1976年《IMF协定》第4条第1节第3项的规定。也就是说，对于实施了操纵汇率行为的某个会员国，只有在IMF认定这种操纵是出于"为妨碍国际收支的有效调整或取得对其他会员国不公平的竞争优势"的目的而实施时，才被认为是违反了1976年《IMF协定》第4条第1节第3项的规定。

(3) IMF对会员国的汇率操纵行为进行评估要依据证据，且在存在合理怀疑的情况下不能作出不利于会员国的判定。2007年《决议》规定，IMF有责任根据所有可获得的证据，包括通过与有关成员国进行磋商，客观地评价成员国是否在履行第4条第1款规定的义务。对于成员国就其政策目的所作的任何陈述，在存在合理怀疑的情况下基金组织不作出不利于成员国的判定。[①]

二、国际货币体系的现状及未来发展趋势

当前国际货币体系并不稳定，金融危机频繁爆发，多国存在持续的经常项目不平衡和汇率失调，资本流动失控以及货币汇率剧烈波动。而引起这些不稳定的根源在于：缺乏全球性的调节机制或货币体系中的主要国家未采取审慎策略；无论是资本输出国还是资本输入国，对跨境资本流动都缺乏综合的监管框架；系统流动性风险的预防机制不足；以及所谓的安全资产的供给存在结构性的挑战。[②] 2008 年美国金融危机的爆发，使得由 2001 年美联储扩张性货币政策所带动的全球经济扩张和资产价格上涨戛然而止，全球经济随之进入周期性的调整过程。在此背景下，美国经济在去杠杆化和私人部门资产负债表修复的过程中一度陷入技术性衰退和经济低迷，但却在 2013 年企稳并于 2014 年开始进入复苏周期，与此形成鲜明反差的是深陷主权债务危机的欧元区国家以及结构性改革乏力、增长前景黯淡的日本。欧元区的制度性缺陷使得其在应对 2010 年爆发的主权债务危机时缺乏良策，欧洲中央银行于 2015 年 3 月开始实施的总规模高达 1 万亿

---

① 参见 IMF：《基金组织执董会通过对成员国政策双边监督的新决定》，PIN No. 07/69（2007 年 6 月），http://www.imf.org/external/np/sec/pn/2007/pn0769.htm。同样在 2007 年，IMF 首次开展多边磋商，参与方包括中国、欧元区、日本、沙特阿拉伯和美国。在此基础上，2012 年 7 月，IMF 执董会批准了关于双边和多边监督的新决定，即《综合监督决定》，以改进 IMF 对汇率政策开展监督职责的能力，使第 4 条磋商既是双边监督的工具，也成为多边监督的工具，更系统性地覆盖成员国国内经济金融政策对全球经济的溢出效应。参见 IMF：《基金组织总裁克里斯蒂娜·拉加德关于加强基金组织监督的声明》，新闻发布稿第 12/262 号，http://www.imf.org/zh/news/search? type = Press + Release&datefrom=1994-01-01&dateto=2018-06-18&query=12%2F262》。

② See The Strategy, Policy and Review Department, in consultation with the Finance, Legal, Monetary and Capital Markets and Research Departments, Strengthening the International Monetary System: Taking Stock and Looking Ahead (Reza Moghadam), IMF Working Paper, March 23, 2011, p. 1.

欧元的全面量化宽松政策，日本同样一直奉行量化宽松政策但效果甚微。新兴市场国家的经济形势也不容乐观。一方面，未遭受危机直接冲击的广大新兴市场国家在全球经济总量中的占比曾一度超过了发达国家，对全球经济增长的贡献度的提高也使得其在全球经济治理中的地位和话语权有所提升；另一方面，以金砖国家为代表的广大新兴市场国家也面临着前所未有的问题与挑战——全球经济增速下降、巨额国际资本进出、国内结构性改革压力增大、大宗商品价格走低等。

然而，对于新兴市场国家而言，经济形势的不乐观还来源于美元等主权货币充当国际信用货币所造成的流动性的错配。这些流动性进入新兴市场后可能在这些国家造成两个错配，一是流动性与实体经济的错配，二是货币的错配。发展中国家得益于发达国家量化宽松所带来的资本流入，在危机后的一段时间获得了较快的复苏和发展，但随着美国量化宽松的退出，又回归低潮。① 如前所述，美国利用货币金融权力，通过过度发行货币和汇率贬值来促进经济增长及为其经常项目赤字融资的行为越来越多地被其他国家所诟病，与其作为主要国际储备货币发行国的地位背道而驰。新兴市场国家需要打破发达国家对全球市场的分割状况，充分利用资本市场的发展和融合加入到全球市场的竞争和合作中。

---

① 参见上海发展研究基金会全球金融治理课题组：《全球金融治理：挑战、目标和改革——关于2016年G20峰会议题的研究报告》，载《国际经济评论》2016年第3期，第28页。

第二章

人民币国际化的框架与法律机制

如前所述，人民币国际化是当前国际货币体系改革的重要组成部分。但与此同时，货币国际化是一个渐进的过程，其国际地位的取得更是政策推动与市场选择相结合的结果。近二十年来，中国政府密集出台一系列政策、法规推动人民币国际化。本章从法律视角对已有的人民币汇率形成机制、资本跨境流动的政策、立法以及人民币国际化的其他配套机制进行梳理，针对其发展进程中遭遇的政策困境和法律障碍进行分析，为未来人民币国际化的平稳推进提出法律对策。

第一节 人民币汇率形成的法律机制

汇率形成机制是一国货币当局对本国汇率变动的基本方式所作的一系列安排。由于各国经济、金融条件不同，并不存在对所有国家都适合的汇率形成机制，即使对某一具体国家而言，也不存在固定不变的最优汇率形成机制，而是取决于该国经济、金融发展的实际情势。

一、人民币汇率形成机制的历史沿革

我国人民币汇率形成机制经历了国民经济恢复时期、计划经济体制时期、改革开放后经济转型时期、2005年汇率形成机制改革至今等阶段。

(一) 国民经济恢复时期的人民币汇率

1948年12月，中国人民银行成立，并发行统一的货币——人民

币。人民币自发行之日起,即未以黄金作为发行储备。1948年12月,新华社发表了《中国人民银行发行新币》的社论,指出:"解放区的货币,从它产生第一天开始,即与金银脱离关系。"1949年1月,天津首先公布人民币对资本主义国家货币的汇率。当时因各地区物价水平不一致,各地区中国人民银行在中央统一政策和管理下,以天津口岸的汇率为标准,根据当地具体情况,公布各自的外汇牌价。1950年3月,全国财政经济会议后,国内金融政策、物价日趋稳定。1950年7月,随着经济秩序的逐步恢复和全国财经统一制度的建立,人民币实行全国统一的汇率,由中国人民银行总行公布。① 由于正值新中国成立初期,国内经济十分困难,以及美国等西方发达国家对新中国采取政治上孤立、经济上封锁、军事上包围的策略,因此,在这一时期,我国外汇资源紧缺,为迅速恢复国民经济,我国建立外汇集中管理制度,人民币完全由中国人民银行根据经济、政治需要来对其进行调整。从1949年到1952年间,人民币汇率调整频繁。

(二)计划经济体制时期统收统支、高度集中的外汇管理阶段

自1953年起,我国进入社会主义建设时期,国民经济实行高度集中的计划管理体制,国内金融物价保持基本稳定。鉴于对私营进出口商的社会主义改造完成,对外贸易由外贸部所属的外贸专业公司按照国家规定的计划统一经营,外贸系统采取了进出统算、以进贴出的办法。由于人民币没有规定含金量,因此对布雷顿森林体系下的发达国家的汇率不是按两国货币的黄金平价来确定,而是以物价作为基础计算,汇率调节的主要依据是物价。1964年起还采取了对一部分进口商品加成的办法,即外贸为用货部门的进口商品作价,按进口成本加

---

① 参见吴念鲁、陈全庚:《人民币汇率研究》(修订本),中国金融出版社2002年版,第6页。

价103%，以进口盈利弥补出口亏损，不需要再用汇率来调节进出口贸易。在这种条件下，人民币汇率主要用于非贸易外汇兑换的结算上，按国内外消费物价对比。为了维护人民币的稳定，有利于内部核算和编制计划，人民币在原定汇价的基础上，参照各国政府公布的汇率制定，只有在外国货币发生升值或贬值时，才作相应的调整。1955年3月，新币代替旧币，直到1971年11月，人民币汇率在近16年时间里基本保持为2.4618人民币/美元的水平。1968年我国在国际结算中试行人民币汇价结算，人民币汇率的高低直接影响着对外商品的价格、外汇收支和外商的盈亏。[1]

1973年，我国对人民币汇率进行了改革，将制定人民币汇率的原则改为参照国际货币市场汇率变化情况随时调整。制定人民币汇率的依据和方法也发生改变，由过去的"物价对比法"改为"一篮子货币"计算方法。汇率改革的原因在于，1971年布雷顿森林体系崩溃，在牙买加体系下，主要发达国家纷纷采取浮动汇率，汇率波动频繁。为了保持人民币对主要贸易伙伴货币的相对稳定，选取有一定代表性的与中国贸易相关的若干种可自由兑换的货币，按其重要程度及政策上的需要，根据其在国际市场的变化情况，加权计算出人民币汇率，并对"一篮子货币"中采取各种货币的权重视情况作一些变动。从1973年3月到1984年先后作过7次调整。在这一时期中，由于中国对外推行人民币计价结算的目的是为了保值，所以在制定汇价的指导思想上把人民币汇价定高。[2] 此后，人民币汇率出现长期严重高估，贸易与非贸易单一汇率制度已无法适应进出口贸易发展的要求，并导

---

[1] 参见杨帆：《人民币汇率制度历史回顾》，载《中国经济史研究》2005年第4期，第59—60页。

[2] 参见杨希天等编著：《中国金融通史（第6卷）：中华人民共和国时期1949—1996》，中国金融出版社2002年版，第103—104页。

致出口亏损而经营进口反而赚钱的不合理现象。

(三) 改革开放后经济转型时期

1. 改革开放后的汇率制度 (1982—1993 年)

随着中国改革开放政策的推行，国际货币波动、外贸在国民经济中作用增大以及国际市场多样化的趋势继续存在，另一方面，中国经济又面临在 20 世纪 70 年代未曾发生的国内通货膨胀和新形式的国际资金流动。1979 年 3 月，国务院批转中国人民银行《关于改革中国银行体制的请示报告》，决定成立国家外汇管理总局。在此之前，一直没有设立专门的国家外汇管理机关。中国银行长期作为国家特许的外汇专业银行，根据国家授权，履行国家外汇管理工作的职责。报告发布后，中国银行从中国人民银行分设出来，中国银行是国家指定的外汇专业银行，负责统一经营和集中管理全国的外汇业务。1983 年 9 月，国务院作出《关于中国人民银行专门行使中央银行职能的决定》，明确中国人民银行是国务院领导下统一管理全国金融的国家机关，研究和作好全国金融的宏观决策，保持货币稳定。[①] 1980 年 12 月，国务院发布《外汇管理暂行条例》；1996 年 1 月，国务院发布《外汇管理条例》。

自 1981 年 1 月 1 日起，试行人民币对美元的贸易内部结算价，规定贸易内部结算价按照 1978 年全国平均换汇成本 2.53 人民币/美元加上 10% 的出口利润计算，最后为 2.8 人民币/美元。人民币汇率在改革开放初期形成了贸易内部结算价和官方牌价汇率并存的双重汇率制度。贸易内部结算价限于进出口贸易外汇的结算，而官方汇率主要适用于旅游、运输、保险等劳务项目和经常转移项目下的侨汇等外

[①] 参见贺力平：《人民币汇率体制的历史演变及其启示》，载《国际经济评论》2005 年第 7—8 期，第 38 页。

汇结算。80年代中期以后，中国经济体制改革集中在放开价格、转换企业经营机制、改善政府职能和培育各种市场、下放企业进出口自主权等，这个时期同时也是中国积极申请加入GATT/WTO的时期，整个国民经济被逐步纳入世界经济运行的轨道。在这样的形势下，人民币汇率实行管理浮动，是人民币汇率制度历史演变过程中的重要转折点。国际货币基金组织在其1987年的年度报告中指出：中国已通知基金组织，1986年1月起人民币汇率实行管理浮动，以取代原来盯住一篮子货币的汇率制度。

实行管理浮动后，人民币汇率呈下跌趋势，一方面是为了消除人民币币值的历史性高估，另一方面也反映了国民经济发展中各种基本要素对外汇供求的影响。1986年7月5日人民币汇率一次性下调到1美元兑换人民币3.72元，跌幅为15.8%，以适应国内价格放开，换汇成本提高，进出口逆差，外汇储备减少，人民币的对内和对外价值有所下降的需要。经历了较长时间的稳定后，1989年12月15日，人民币汇率大幅度下调到1美元兑换人民币4.72元，跌幅为21.2%。其主要原因是，国内价格进一步放开、货币投放量过多、通货膨胀明显，而且又即将面临外债偿还高峰和进口设备大修期限，急需大量外汇，只有大幅度下调汇率才能使人民币汇率接近人民币所代表的真实价值，并且达到限制进口、扩大出口、增加外汇收入的目的。1990年11月，人民币汇率再作一次性下调，由1美元兑换人民币4.72元调到1美元兑换人民币5.22元，跌幅为9.57%，并将该汇率水平维持到1991年4月9日。1991年4月9日，人民币汇率继续下调到1美元兑换人民币5.27元。这次汇率下调的主要原因与上次汇率下调大体相似，只是程度上有所加深。值得注意的是，从1986年1月至1991年4月，人民币汇率的管理浮动显得机械而生硬，呈趋于下跌的阶梯状态。这种状态的出现，是与传统计划体制下追求稳定的观念和汇率管理水平的低下不无关系的，而且容易引起社会经济生活的震荡。

此后，人民币汇率在下调的总趋势下有升有降，不断微调，呈现出平缓而连续的变化轨迹。本阶段人民币汇率的决定和变化，反映出人民币汇率制度从单一计划管理转向计划与市场共同发挥作用的深层次变革，具有这样几个特点：(1) 汇率的安排逐步从盯住一篮子货币迈向管理浮动，表现出较高的弹性；(2) 多重汇率并存，外汇的公开牌价、调剂价和黑市价相互影响，相互制约；(3) 人民币汇率依然高估，突出地反映为人民币汇率公开牌价与外汇市场调剂价之间的差额；(4) 人民币汇率的管理浮动在一定程度上体现了外汇市场的供求关系，但国家的计划管理和美元的汇率涨落还主要决定着人民币的汇率水平。

同时，在这一阶段中国的外汇管制有所放松，外汇市场开始发育。1985年11月，深圳成立境内第一家外汇调剂中心。从1986年起，国家允许在外商来华投资企业之间进行外汇调剂，之后又允许在外商来华投资企业与国内企业，国内企业与国内企业之间进行外汇调剂，同时按规定让一些居民参与外汇调剂。1988年3月起各地普遍设立外汇调剂中心，增加留成外汇比例，扩大外汇调剂量，放开调剂市场汇率，实行官方汇率和调剂市场汇率并存的"双轨制"。到1988年底，全国共有90个外汇调剂中心，成交额大约63亿美元，从而使我国的外汇市场初具规模。1992年全国80%以上的外汇交易是在外汇调剂市场达成的，外汇调剂价已成为人民币公开牌价之外的一种汇率安排，并且较好地反映了我国外汇市场的供求关系。[①]

[①] 参见《人民币汇率制度的历史演进——1986年1月至1993年12月》，http：//changsha.pbc.gov.cn/changsha/130060/2927600/130064/2360802/index.html。

2. 改革开放后经济转型时期的人民币及外汇管理体制（1993—2005年）

1993年10月，国务院发布《关于进一步改革外汇管理体制的通知》，决定从1994年1月1日起，对外汇管理体制有步骤地进行改革，实现汇率并轨，实行以市场供求为基础的、单一的、有管理的浮动汇率制，由中国人民银行前一日银行间外汇交易市场形成的价格，每日公布人民币对美元交易的中间价，并参照国际外汇市场变化，同时公布人民币对其他主要货币的汇率。该通知提出，我国外汇管理体制改革的长期目标是实现人民币可兑换，首先实现经常项目（主要包括贸易和非贸易项下的经营性支付）下人民币可竞争，取消经常项目正常对外支付用汇的计划审批；① 实行银行结汇和售汇制，取消外汇留成和上缴；建立银行间外汇交易市场，改进汇率形成机制；禁止外币在境内计价、结算和流通；改革和完善收、付汇核销管理；实现经常项目下人民币可兑换；取消外汇收支指令性计划，国家主要运用经济、法律手段实现对外汇和国际收支的宏观调控。1996年12月，中国接受《国际货币基金组织协定》第8条，实行人民币经常项目下的可兑换。

人民币汇率管理方式的改变，一方面是由于前几年汇率大幅度下调，人民币汇率的历史性高估在很大程度上得到纠正；另一方面是随着改革开放的推进，政府对汇率强制性的干预减少，市场对汇率的灵活调节增多，而且在实践中已取得较好的效果。1993年11月，十四届三中全会通过了《中共中央关于建立社会主义市场经济体制若干问题的决定》。该决定中再次明确要求："改革外汇管理体制，建立以市

---

① 国务院1997年《关于修改〈中华人民共和国外汇管理条例〉的决定》增加1条作为第5条，规定"国家对经常性国际支付和转移不予限制"。

场供求为基础的、有管理的浮动汇率制度和统一规范的外汇市场，逐步使人民币成为可兑换货币。"

此外，1993年12月，国务院作出《关于金融体制改革的决定》，确立中国人民银行作为独立执行货币政策的中央银行的宏观调控体系，从1994年起实行汇率并轨，建立全国统一的外汇交易市场，外汇指定银行为市场的交易主体。中国人民银行根据宏观经济调控的要求，适时吞吐外汇，平抑汇价。1994年4月全国统一的外汇市场——中国外汇交易中心暨全国银行间同业拆借中心（简称"交易中心"）成立并正式运行。其为中国人民银行直属事业单位，主要职能是：提供银行间外汇交易、人民币同业拆借、债券交易系统并组织市场交易；办理外汇交易的资金清算、交割，提供人民币同业拆借及债券交易的清算提示服务；提供网上票据报价系统；提供外汇市场、债券市场和货币市场的信息服务；开展经人民银行批准的其他业务。[①] 从此，中国外汇市场由带有计划经济色彩的外汇调剂市场发展到符合市场经济要求的银行间外汇市场的新阶段。它的建立统一了人民币市场汇价，彻底改变了市场分割、汇率不统一的局面，奠定了浮动汇率制的基础。1997年6月，在外汇交易中心基础上，成立全国性银行间债券市场。

（四）2005年汇率体制改革至今的人民币汇率形成机制

1994年1月至2005年7月阶段的人民币汇率制度实际上是盯住美元的汇率制度，而且在实践中逐步异化为"管理有余，浮动不足"的固定汇率制度。而与此同时，国民经济的发展速度较快，特别是中国的经常项目和资本项目双顺差持续扩大，外汇储备到2005年6月末达7110亿美元，居世界第二。主要发达国家要求人民币升值的呼

[①] 参见《中国外汇交易中心简介》，http：//www.pbc.gov.cn/jinrongshichangsi/147160/147171/147361/147424/2818911/index.html。

声越来越强烈,并借机指责中国操纵人民币汇率进行不公平贸易和输出通货紧缩。① 例如,2003 年 2 月,日本在西方 7 国财长会议上提交对人民币汇率不满的报告,美国和欧盟 15 国也积极呼应。随后,主要发达国家强烈要求人民币大幅度升值和改革人民币汇率制度,甚至威胁要对中国进行严厉的制裁。

汇率安排属于国家经济主权,因此我国根据市场经济的规律和国民经济发展的要求调整人民币汇率。2005 年 6 月 26 日,中国总理温家宝在第六届亚欧财长会议上明确提出人民币汇率制度改革的三大原则:一是主动性,即主要依据我国经济改革和发展的需要,决定改革的方式、内容和时机。汇率改革要充分考虑经济稳定、经济增长和社会就业的影响,考虑金融体系状况和金融监管水平,考虑企业承受能力和对外贸易等因素。二是可控性,即人民币汇率的变化在宏观管理上既要推进改革,又不能失去控制,避免出现金融市场动荡和经济大的波动。三是渐进性,就是有步骤地推进改革,不仅要考虑当前的需要,而且要考虑长远的发展,不能急于求成。②

1. 汇率形成机制

此后,中国人民银行于 2005 年 7 月 21 日发布《关于完善人民币汇率形成机制改革的公告》,指出:为建立和完善我国社会主义市场经济体制,充分发挥市场在资源配置中的基础性作用,建立健全以市场供求为基础的、有管理的浮动汇率制度:(1) 自 2005 年 7 月 21 日起,我国开始实行以市场供求为基础、参考一篮子货币进行调节、有管理的浮动汇率制度。人民币汇率不再盯住单一美元,形成更富弹性

---

① 迫使人民币升值,标志着中国对外经济摩擦从微观层面向制度层面扩散,制度性因此在中国经济发展中越来越受关注。参见曹凤岐:《人民币汇率形成机制研究》,载《金融研究》2005 年第 1 期,第 45 页。

② 参见《温家宝总理在第六届亚欧财长会议开幕式上的讲话》,载《人民日报》2005 年 6 月 27 日第 4 版。

的人民币汇率机制。(2)中国人民银行于每个工作日闭市后公布当日银行间外汇市场美元等交易货币对人民币汇率的收盘价,作为下一个工作日该货币对人民币交易的中间价格。(3)2005年7月21日19时,美元对人民币交易价格调整为1美元兑8.11元人民币,作为次日银行间外汇市场上外汇指定银行之间交易的中间价,外汇指定银行可自此时起调整对客户的挂牌汇价。(4)现阶段,每日银行间外汇市场美元对人民币的交易价仍在人民银行公布的美元交易中间价上下千分之三的幅度内浮动,非美元货币对人民币的交易价在人民银行公布的该货币交易中间价上下一定幅度内浮动。(5)人民银行将根据市场发育状况和经济金融形势,适时调整汇率浮动区间。同时,人民银行负责根据国内外经济金融形势,以市场供求为基础,参考篮子货币汇率变动,对人民币汇率进行管理和调节,维护人民币汇率的正常浮动,保持人民币汇率在合理、均衡水平上的基本稳定,促进国际收支基本平衡,维护宏观经济和金融市场的稳定。

首先,汇改之后,由于人民币汇率不再盯住任何一种单一货币,而是以市场供求为基础,参考一篮子汇率变动,有利于提高人民币汇率形成机制的市场化程度;其次,有管理的浮动汇率增强了人民币汇率对资源配置的价格信号作用,有利于理顺外汇供求关系和促进国际收支平衡;再次,人民币汇率弹性化,有利于企业转换经营机制和提高抗风险能力;最后,人民币汇率政策的务实与灵活性,也有利于缓解中国大陆与美国、日本、欧盟等国家和地区的经济贸易摩擦与纠纷。

2. 汇率中间价的形成基础

在人民币汇率中间价形成机制上,2005年7月21日,中国人民银行发布《关于银行间外汇市场交易汇价和外汇指定银行挂牌汇价管理有关事项的通知》(银发〔2005〕183号),明确规定,每日银行间外汇市场美元对人民币交易价,在中国人民银行公布的美元交易中间价上下0.3%的幅度内浮动。人民币汇率中间价作为基准汇率,主要起到引导市场预期、稳定市场汇率的作用。

此后,人民币汇率制度改革在全球金融危机时期出现了短暂的停滞,2010年6月,中国人民银行新闻发言人称,根据国内外经济金融形势和我国国际收支状况,人民币汇率形成机制改革重启,进入了二次汇率改革时期。中国人民银行和国家外汇管理局为促进人民币汇率市场机制的形成采取了若干措施,其中,中国人民银行《关于银行间外汇市场交易汇价和外汇指定银行挂牌汇价管理有关问题的通知》(银发〔2010〕325号)进一步完善了人民币兑美元汇率中间价的形成方式,规定:"中国外汇交易中心于每日银行间外汇市场开盘前向银行间外汇市场做市商询价,并将做市商报价作为人民币兑美元汇率中间价的计算样本,去掉最高和最低报价后,将剩余做市商报价加权平均,得到当日人民币兑美元汇率中间价,权重由中国外汇交易中心根据报价方在银行间外汇市场的交易量及报价情况等指标综合确定",并且"每日银行间即期外汇市场人民币兑美元的交易价可在中国外汇交易中心对外公布的当日人民币兑美元汇率中间价上下0.5%的幅度内浮动。"

2012年4月,中国人民银行公告银发〔2012〕年4号文,将人民币兑美元汇率的每日浮动幅度从原来的0.5%提高至1%,外汇指定银行为客户提供当日美元现汇买卖价的最大差幅由当日汇率中间价的1%扩大至2%。2014年3月中国人民银行发布公告,决定自同年3月17日起,银行间即期外汇市场人民币兑美元交易价浮动幅度由1%扩大至2%,同时,外汇指定银行为客户提供当日美元现汇买卖价的最大差幅由2%扩大至3%。

2015年8月11日,人民币兑美元中间价报价较前一日大幅下调

1000个基点，报6.2298元，为单日最大跌幅。中国人民银行在声明中提出，"为增强人民币兑美元汇率中间价的市场化程度和基准性，中国人民银行决定完善人民币兑美元汇率中间价报价。"在2015年8月之前，人民币兑美元汇率日内波动幅度是中间价上下2%。改革前，中间价与市场价格之间更多体现为"中间价指导市场价格"，当央行中间价确定后，当日银行间外汇市场价格也将围绕央行中间价上下波动，对市场价格有着"锚定"作用，而市场供需对中间价的影响则有限，因此中间价变动长期以来被视作政策信号。但这种方式容易发生人民币汇率中间价偏离市场汇率幅度较大，影响中间价的市场基准地位和权威性。此次定价机制改革最大的变化，是要求做市商每日向外汇交易中心报出的中间价要参考上日银行间外汇市场收盘汇率，央行对这一报价方式的明确，意味着市场价格对中间价的影响作用将提升，中间价对市场价的"锚定"作用弱化，其市场化程度和基准作用提升。长远来看，中间价将会逐步成为"对市场潜在汇价供需的真实反映"。由此，央行一定程度退出常态化的市场干预，央行的角色从"价格制定者"转变为"价格监督者"。① 但同时，调整后的机制仍可"结合上日国际主要货币汇率变化及外汇供求情况进行微调"，对于"微调"没有明确或固定的标准，这就仍为未来可能出现的政策干预保留了一定的操作空间。

然而，在人民币面临一定程度的经济基本面所决定的贬值压力时，仅仅参照"收盘价"容易导致市场参与者助推人民币持续贬值，甚至出现超调。因此，2015年12月，中国人民银行明确宣布实行

---

① 夏园园、宋晓玲将中国人民银行公告银发〔2012〕年4号文作为时间节点，分析人民币汇率日间波幅扩大对境内外汇市场人民币定价权的影响，认为中国境内银行间外汇市场具有一定人民币定价权，并且境内人民币日间波动幅度的扩大强化了境内人民币定价权。参见夏园园、宋晓玲：《境内银行间外汇市场人民币汇率定价权研究》，载《金融论坛》2014年第3期，第45—52页。

"收盘价+篮子货币"的定价机制,收盘价主要反映市场供求的方向,而参考篮子货币汇率制度则反映海外经济形势的变化,即当日中间价由前日收盘价和保持货币篮子在 24 小时内稳定这两个因素共同决定,避免贬值压力突然迅速释放对我国金融体系的过度冲击。2017 年伊始,我国主要经济增长和出口增速加快,美元汇率对其他主要货币升值明显,但同期人民币兑美元仅有微弱变化。这一不符合经济状况和国际汇市变化的趋势,主要根植于外汇市场的顺周期性,市场主体受到非理性预期的影响,放大单边市场预期并自我强化。为此,2017 年 5 月,我国将中间价报价模型由"收盘价+一篮子货币汇率变化"调整为"收盘价+一篮子货币汇率变化+逆周期因子",逆周期因子由各报价行根据经济基本面变化、外汇市场顺周期程度等自行设定。① 这一新机制有效地抑制了外汇市场的羊群效应,人民币汇率报价机制的规则性、透明度和市场化水平得到进一步提升。

(五)银行间人民币外汇市场

如前所述,1994 年外汇体制改革后,我国一直实行强制结售汇制度,要求除少数经批准可保留的外汇收入外,企业和个人手中外汇必须卖给外汇指定银行,外汇指定银行则将高于国家外汇管理局批准头寸额度之外的外汇在市场卖出,央行充当最后的买方,处于垄断地位,人民币外汇市场缺乏开放性和流动性。2002 年 4 月,我国银行间外汇市场增加欧元/人民币交易,并以此作为做市商制度试点。2005 年 11 月,外汇管理局发布《银行间外汇市场做市商指引(暂行)》,标志着在银行间人民币外汇市场正式引入做市商制度。2010 年 12 月,国家外汇管理局发布正式的《银行间外汇市场做市商指引》,并在 2013 年 4 月完成修订,降低做市商准入门槛。目前,银行间人民币外

---

① 参见中国人民银行:《中国货币政策执行报告》(2017 年第二季度),第 18—20 页。

汇市场包括即期、远期、外汇掉期和货币掉期四类人民币外汇产品，共有人民币对美元、欧元、日元、港币和英镑 5 个本外币交易货币对。

2014 年 12 月，国家外汇管理局发布了《国家外汇管理局关于调整金融机构进入银行间外汇市场有关管理政策的通知》，该通知指出，境内金融机构经国家外汇管理局批准取得即期结售汇业务资格和相关金融监管部门批准取得衍生产品交易业务资格后，在满足银行间外汇市场相关业务技术规范条件下，可以成为银行间外汇市场会员，相应开展人民币对外汇即期和衍生产品交易，国家外汇管理局不实施银行间外汇市场事前入市资格许可。该通知实施后，参与主体扩大至全部境内金融机构，证券、信托、保险公司等均可进入银行间外汇市场。该通知还规定，经银行业监督管理部门批准设立的货币经纪公司（含分支机构），可以在银行间外汇市场开展人民币对外汇衍生产品交易、外汇对外汇交易、外汇拆借等外汇管理规定的外汇经纪业务，国家外汇管理局不实施事前资格许可。2015 年 11 月 25 日，香港金融管理局等首批境外央行类机构在中国外汇交易中心完成备案，境外央行类机构开始正式投资我国银行间外汇市场。境外机构的加入，一方面有利于提高离岸市场人民币资金的流动性，推进人民币国际化，另一方面丰富境内外汇市场参与主体类型，能够提高境内市场的开放程度。

二、人民币国际化背景下汇率制度的选择

人民币要实现国际化，自由浮动汇率制度应当是人民币汇率形成机制改革的最终目标。但作为发展中国家和新兴市场经济国家，人民币汇率制度的选择历来都体现了较强的国家政策导向，其需要达到的目标也是多重的。现阶段中国贸易顺差规模大幅下降，人民币汇率也结束了单边升值的趋势，并在某些时间段涨跌相间，这表明人民币汇率水平在一定程度上具备进入均衡区域的基础。2015 年 9 月，国务院发布《关于构建开放型经济新体制的若干意见》，是党中央、国务院在新时期推进新一轮高水平对外开放的重大战略举措，是适应引领经济新常态、主动应对外部环境变化的新决定。① 其中，对于人民币汇率制度改革，该意见指出，将有序扩大人民币汇率浮动区间，增强人民币汇率双向浮动弹性。另一方面，2015 年 5 月，国际货币基金组织的评估指出，人民币在过去一年的实际有效汇率大幅升值，当前人民币币值不再被低估。IMF 对成员国货币汇率的评估结论被认为极具权威性，也是成员国作出决策的重要依据。从 IMF 在 2011 年对人民币作出"严重低估"的评估，到 2012 年的"中度低估"，乃至 2015 年的"未被低估"，标志着 20 世纪 90 年代末亚洲金融危机爆发以来，IMF 首次不认为人民币被低估。② 可以预见，完善人民币汇率市场化形成机制将是未来很长时间我国汇率制度改革的方向，其重点包括完善汇率的决定基础、避免汇率形成机制的扭曲、健全和完善外汇市场，从而将汇率水平的决定权交由市场，使得汇率水平可以有效反映市场上的供需关系。

第二节　人民币国际化的现状与发展趋势

对比主要国际货币的国际化路径，类似美元和英镑，凭借世界领

---

① 参见王晓：《构建开放型经济新体制立意深远》，载《国际商报》2016 年 5 月 17 日第 A1 版。

② 参见《IMF 立场迎来重大改变，宣布人民币不再被低估》，http://www.chinadaily.com.cn/interface/toutiao/1138561/2015-5-27/cd_20831079.html，2015 年 6 月 4 日访问。

先的政治基础、经济实力,借大国之势甚至以国际协议确定其国际货币体系中心货币的地位,在目前的国际金融舞台已经很难实现。20世纪80年代以来,货币国际化更大程度是借助于经济全球化的进程,在经常项目、资本项目及利率、存款保险制度等配套机制中展开。1998年,尽管中国在应对亚洲金融危机过程中发挥了关键作用,但由于实力有限,中国仍然只是参与者,并未因此建立起国际贸易和金融秩序的话语权。2008年国际金融危机爆发,中国开始在经济领域,包括货币金融领域,已由国际体系参与者向建设者转变,将稳步提升其在世界经济多边机制中的重要性和话语权。①

一、经常项目项下的跨境人民币流动

IMF 的宗旨之一是协助成员国建立经常项目交易的多边制度,《IMF 协定》第 8 条规定,除第 7 条第 3 节(b)(稀少货币的兑换限制)及第 14 条第 2 节(过渡措施)的规定外,各会员国未经基金同意,不得对国际经常往来的付款和资金转移施加限制。任何会员国对其他会员国所持有的本国货币结存,只要申请国说明此项结存系最近经常性往来中所获得或为支付经常性往来所必需,该会员国应予购回。接受上述《IMF 协定》第 8 条的会员国必须承担经常项目自由兑换的强制性义务。作为 IMF 成员国,我国于 1996 年 12 月接受《IMF 协定》第 8 条义务,实现经常项目可兑换。值得注意的是,在《IMF 协定》框架下,成员国要求居民持有的外汇按市场价格强制卖给本国货币当局,并不属于第 8 条禁止的外汇管制的范畴。因此,即使在中

---

① 参见唐永胜、李冬伟:《国际体系变迁与中国国家安全战略筹划》,载《世界经济与政治》2014 年第 12 期,第 32 页。

国接受《IMF协定》第8条义务后，很长时间一直实行强制结售汇，①直至2008年《外汇管理条例》修订第13条出台，②才在法律上取消了该规定，但实践中则一直延续到2012年。③强制结售汇的弊端十分明显，它导致企业不能按市场预期自主经营自有外汇，只能卖给外汇指定银行，需用外汇时，又需从银行购汇，人为增大了企业的运营成本。而目前所实行的意愿结售汇，允许出口企业保留更多经常项目外汇收入，同时能够避免企业在需要外汇时从其他途径（包括不合法途径）取得外汇。

由此可见，对于经常项目项下人民币的跨境流动，关键并不在于放开管制，而在于如何使流动更为便利。2009年7月，跨境贸易人民币结算试点从上海市和广东省四城市（广州、深圳、珠海、东莞）起步。经2010年6月和2011年8月两次扩大试点，跨境贸易人民币结算境内地域范围扩大至全国，业务范围涵盖货物贸易、服务贸易和其他经常项目，境外地域范围没有限制。2012年6月起，境内所有从事货物贸易、服务贸易及其他经常项目的企业均可选择以人民币进行计价结算。2013年7月，经常项目跨境人民币结算业务办理流程进一步简化，相关业务办理效率切实提高。2013年12月，人民币购售业务由额度管理调整为宏观审慎管理，有力地支持了货物贸易人民币结算业务发展。2014年3月，人民银行会同相关部委下放了出口货物贸易重点监管企业名单审核权限，简化了管理流程。2014年6月，在全国范围内开展个人货物贸易、服务贸易跨境人民币结算业务，支持银行

---

① 强制结售汇制度由1994年中国人民银行《结汇、售汇及付汇管理暂行规定》首先规定，并为1996年国务院发布的《外汇管理条例》确定。
② 2008年修订的《外汇管理条例》第13条规定："经常项目外汇收入，可以按照国家有关规定保留或者卖给经营结汇、售汇业务的金融机构。"
③ 2012年4月16日，国家外汇管理局刊文指出，涉及强制结售汇的规范性文件被宣布废止、失效或修订。

业金融机构与支付机构合作开展跨境人民币结算业务。2014年11月，跨国企业集团开展经常项目跨境人民币集中收付业务。2015年9月，国务院发布《关于构建开放型经济新体制的若干意见》，指出："扩大人民币跨境使用，推进本币互换合作，进一步扩大经常项目人民币结算规模，支持跨国企业集团开展人民币资金集中运营业务。在涉外经济管理、核算和统计中使用人民币作为主要计价货币。加快人民币跨境支付系统建设，进一步完善人民币全球清算体系。"

二、资本项目项下的跨境人民币流动

（一）资本账户的概念

资本账户是国际收支平衡表中用来记录国际资本流动的一个账户，具体登记资本的流入和流出，即一国或地区同其他国家和地区的金融资产交易，表现为一国或地区对外金融资产和负债的变动情况。资本账户反映金融资产在国家和地区之间的转移，即国际资本流动。2009年IMF《国际收支和国际投资头寸手册》（第六版）采取与联合国、欧盟委员会、OECD、IMF和世界银行集团的主持下2008年制定和发布的新的《国民账户体系》一致的措辞，"资本账户"指居民与非居民之间的资本转移和非生产非金融资产的取得与处置，"金融账户"指金融资产与负债以及发生于居民与非居民之间的交易，包括直接投资、证券投资、金融衍生产品和雇员认股权、其他投资和储备资产5类，金融账户包含在本书资本账户的范畴内。2014年4月，我国外汇管理局修订并发布《涉外收支交易分类与代码（2014版）》，以IMF《国际收支和国际投资头寸手册》（第六版）作为编制国际收支统计数据的制度基础，"资本账户"在我国国际收支管理中被称为"资本与金融账户"，指交易编码为涉外收支交易分类与代码中以5、

6、7、8和部分以9开头的交易编码,包括资本账户、直接投资、证券投资及金融衍生工具、其他投资以及境内外汇收支交易及其他特殊交易。但本书在措辞上仍继续使用"资本账户"这一通行术语进行探讨。

按与生产、贸易的关联程度,国际资本流动可分为实质性资本流动和虚拟性资本流动,实质性资本流动能带来商品和生产要素的流动,如外国直接投资的流入,在弥补国内资本短缺的同时,还能带来相应的技术、设备和管理经验。虚拟性资本流动则属于不以生产、贸易等经济活动为基础,脱离实质性经济活动的国际资本流动,如大部分外汇交易、居民个人和金融机构从事的资本交易以及货币市场交易等。① 这种不受实质经济规律约束的虚拟资本的大规模无序流动对实体经济的影响巨大。

(二) 资本账户可兑换

资本账户开放包括两个方面的内容:一是资本账户项目下的货币可兑换,即国家对居民和非居民资本交易的支付和转移不予限制,本国居民为了实现资本项目下的投资或交易,允许将本国货币自由兑换成国际通用货币转移到国外,允许在国外投资的本金或在国外金融市场上融得的外币资金调回国内并自由地兑换成本币;对非居民来说,则是可以将持有的外币自由地兑换为本国货币,非居民在本国投资的本金或在本国金融市场上融得本币资金也可以自由地兑换为外国货币而转移到国外。二是资本市场的开放,即国内货币、证券等交易市场的对外开放。IMF 2014年《汇兑安排与汇兑限制年报》,从技术角度将资本项目分为13类,包括资本市场证券、货币市场工具、基金、

---

① 参见陈高翔:《论托宾税与国际资本流动》,载《税务研究》2005年第10期,第9页。

衍生产品、商业信贷、金融信贷、保证、担保和金融支持工具、直接投资、投资清算、不动产交易、个人资本项目交易、针对商业银行和其他商业信贷机构的特殊规定和机构投资者，并按各国资本账户管制的状态分为可兑换和存在资本管制。① 我国只在其列举的13类资本交易管制中的商业信贷分项不存在对资本交易的限制。除此之外，我国都程度不同地在其他类别上存在IMF界定的资本交易限制。

（三）国际上资本项目管制实践的发展

1. IMF对资本流动自由化的推动

在实行金本位制时期，由于各国货币可以自由兑换成黄金，在黄金自由输出入的前提下，一国货币实际上可以不受限制自由兑换成其他国家的货币，因此，不存在资本账户开放问题。但在布雷顿森林体系下，由于多数成员国担心，如不保留资本项目下的外汇管理权，本国经济将会受到国际游资的冲击，且控制资本转移，也是许多成员国对本国货币供应实行管制的重要环节。② 因此，对于国际资本流动，成员国无须IMF同意，仍可实行管制。③ 到了20世纪60年代早期，IMF的大多数国家都采用强有力的国家监管机制来管理汇率政策，并降低系统不稳定性。例如，为了减少美国投资者投资欧洲美元工具的投机行为，美国政府通过实行利息平衡税对国际货币市场施加严格的监管。

这种状况一直维持到20世纪80年代前。此后，由于技术进步促进了欧洲市场及离岸金融中心的发展，使得人们能够避开外汇交

---

① See IMF, Annual Report on Exchange Arrangements and Exchange Restrictions, October, 2014, pp. 77-78.
② 参见陈安主编：《国际经济法学》（第六版），北京大学出版社2013年版，第340页。
③ 《IMF协定》第6条第3款"资本转移的管制"规定，成员国可以采取必要的管制，以调节国际资本流动。

易的各种管制限制,资金流动逐渐频繁。① 资本项目管制开始被认为弊大于利,它所导致的寻租行为,使其难以真实反映金融市场的变化。资本项目管制存续的时间越久,所伴随而来的金融结构的扭曲就越严重。② 1979 年,英国取消全部汇兑管制,1980 年,日本取消对资本转移的限制。澳大利亚和新西兰分别在 1983 年和 1985 年取消大多数资本管制,1986 年,荷兰取消剩余管制措施。1989 年,通过取消为居民到海外购买证券创设的市场,法国和丹麦基本上实现了全面的自由化。意大利取消了强制性存款的规定,这种规定不鼓励居民以各种形式到海外投资。1989 年到 1990 年间,奥地利、爱尔兰取消大多数管制,挪威、瑞典对资本流动实行自由化。1991—1994 年,继续对资本转移实行管制的工业化国家开始取消这些汇兑限制。奥地利在 1991 年,芬兰在 1991—1992 年,希腊、冰岛、爱尔兰、挪威、葡萄牙、西班牙和瑞典在 1992—1993 年采取了广泛的自由化措施。1993 年,希腊只剩下对期限不到 1 年的存贷款账户实行管制,但在 1994 年完全废除。同样在 1994 年,爱尔兰取消对长期资本流动施加的汇兑管制,并在 1994 年底前取消类似的对短期资本转移实行的所有管制。③

到 20 世纪 90 年代中期,认为对资金流动的管理限制会引起金融动荡以及使经济增长扭曲的观点成为主流。到 1994 年底,冰岛取消剩余的管制,所有工业国家的货币被认为在进行资本转移时都是可兑换的。但对发展中国家而言,资本管制可以减少短期投机行

---

① 1961 年,OECD 颁布《资本自由流动指令》,并在此后多次修改。但是,考虑到 IMF 没有监督资本自由流动的权力,该指令强调不改变 OECD 成员国在 IMF 或其他多边国际安排中的义务。

② See Jacob A. Frenkel, Morris Goldstein, The International Monetary System: Developments and Prospects, *Cato Journal*, Vol. 8, No. 2, 1988, p. 295.

③ 参见罗平编译:《货币可兑换和金融部门改革——国际货币基金组织的分析框架及作法》,中国金融出版社 1996 年版,第 92 页。

为，降低金融市场的脆弱性，降低经济主体过度的冒险行为，引导资本市场的合理构成，给予国内金融系统足够的时间在外部压力较小的情况下发展。资本管制能够纠正市场的不完善，其在市场自由发挥其作用的过程中是不可或缺的一环。① 相应地，IMF 也随之展开讨论，即 IMF 是否应该对成员国的跨境资本流动的监管拥有管辖权，以达到减少甚至取消这些监管的目的。

IMF 理事会下属的一个临时委员会就这一观点进行了研究，并在 1997 年向理事会建议 IMF 修改协定条款，来取消其成员国对资本控制的管辖权。该委员会指出，强调一个开放、自由的资本流动体系对世界经济来说是有益的。基金组织的条款应该进行修订，将促进资本账户开放作为基金组织的具体目标，并赋予基金组织适当的权力来管理资本流动；管辖权的范围需要仔细进行定义，并通过过渡条款和批准政策使其具有充分灵活性。②

随后，1997 年 9 月 21 日，该委员会重申了它的观点，一个开放、自由的资本流动体系，在稳健的宏观经济政策和稳定的金融体系的支持下，能够提高经济福利以及促进世界经济的繁荣兴旺。委员会采纳了《资本流动自由化宣言——基于对协定相关条款的修改》，并认为基金组织条款的修订将是促进资本流动有序开放最有效的手段，这与基金组织在全球货币体系中的角色一致。宣言声明如下：

> 为布雷顿森林体系协议增加新篇章的时机已经成熟。私人资本流动对国际货币体系的作用日益重要，由此可证，一个日益开

---

① See Duncan E. Williams, Policy Perspectives on the Use of Capital Controls in Emerging Market Nations: Lessons from the Asian Financial Crisis and a Look at the International Legal Regime, *Fordham Law Review*, Vol. 70, 2001, pp. 575, 601.

② See IMF, Communique of the Interim Committee of the Board of Governors of the IMF (Apr. 28, 1997), at http://www.imf.org/en/news/articles/2015/09/14/01/49/pr9722.

放、自由的体系对世界经济极其重要。通过促进储蓄向其最具生产力的用途进行流通,资本流动就能够实现投资、发展和繁荣的增长。在现今全球化的时代,以合理形式推出,有完善的国家政策、坚实的多边监管体系和金融的支持,资金流动的自由化将是一个有效的国际货币体系的基本元素。①

2. 亚洲金融危机后对资本流动自由化的态度变化

1997 年亚洲金融危机使人们重新思考资本流动自由化。多数亚洲国家在 20 世纪 90 年代初就取消资本控制,亚洲金融危机的证据却显示资本流动自由化容易导致金融动荡。另一方面,进入 20 世纪 90 年代,外汇市场和金融衍生品市场进入突飞猛进的时代,许多创新性的产品未受监管。这些产品具有很强的逐利性和脆弱性。1998 年 4 月 16 日,该临时委员会宣称:"危机的发生并不能抹杀资本流动对危机前亚洲国家经济进步所起到的积极推动作用。但它引发了对循序渐进的资本开放的思考,健康的宏观经济态势和合理的汇率制度不可或缺,国内完善的金融部门也需要起到关键作用,并建立有效的监督框架。"②

3. 2008 年美国金融危机后国际社会对资本流动自由化的重新思考

2008 年美国金融危机爆发后,在国际上资本账户开放标准进一步放宽。与墨西哥、阿根廷或亚洲金融危机中资本外逃不同,美国金融危机之后,无论是 IMF 还是新兴市场国家,都开始关注资本流入,它在带来投资和经济增长的同时,也带来对宏观经济和金融稳定的挑

---

① IMF, Communique of the Interim Committee of the Board of Governors of the IMF (Sep. 21, 1997), at http://www.imf.org/en/news/articles/2015/09/14/01/49/pr9744.

② IMF, Communique of the Interim Committee of the Board of Governors of the IMF (Apr. 16, 1998), at http://www.imf.org/en/news/articles/2015/09/14/01/49/pr9814.

战。资本流入的原因主要在于新兴市场国家经济基本面的不断完善和增长预期，与发达国家推行宽松货币政策所带来的强烈对比，这些新兴市场国家需要应对的是货币的升值。2009年4月，联合国国际货币和金融体系改革专家委员会即建议："在没有更好的风险缓解制度的情况下，对发展中国家来说，特别重要的是警惕那些使它们面对更大风险和变化无常的措施，例如不适当的资本和金融市场自由化。发展中国家应利用它们掌握的所有工具，包括价格干预、数量限制和谨慎监管，以帮助管理国际资本流动。"①

2010年2月，IMF发布《资本流入：管制的作用》报告，基于对全球灾难性金融危机后宏观经济和财政政策框架的重新评估，探讨在什么情况下对流入新兴市场经济体的资本进行管制，可以有效地构成政策工具包的一部分，以解决资本骤然增加在经济或金融方面引起的关切问题。但IMF的建议还是把资本管制作为最后的选择："如果经济的运行已经接近潜能，如果拥有足够的储备，如果汇率没有被低估，而且如果流动很可能是暂时的，那么，把资本管制作为管理资本流入的政策工具包的一部分是合理的。"②

2011年2月，IMF发布《管制资本流入的近期实践——交叉的主题和可能的政策框架》。③ 该报告列举了巴西2009年10月对组合证券投资流入征税以减少套期交易，并在2010年10月两次增加对外债

---

① The United Nation, Recommendations of the Commission of Experts of the President of the General Assembly on Reforms of the International Monetary and Financial System (note by the President of the General Assembly).

② IMF Staff Position Note: Capital Inflows: The Role of Controls(Feb. 19, 2010), at http://www.un.org/ga/search/view_doc.asp?symbol=A/63/838&referer=http://www.un.org/ga/president/63/interactive/uneconference.shtml&Lang=Ehttp://www.imf.org/external/pubs/ft/spn/2010/spn1004.pdf.

③ See IMF Strategy, Policy, and Review Department, in consultation with Legal Monetary and Capital Markets, Research, and other Departments, Recent Experiences in Managing Capital Inflows-Cross-Cutting Themes and Possible Policy Framework, at http://www.imf.org/en/News/Articles/2015/09/28/04/53/pn1142.

流入征税，以及对金融衍生品交易提高保证金要求。2011年1月，巴西对银行在现货市场的空头交易增加准备金要求。2010年6月，印度尼西亚要求无论是一级市场还是二级市场的购买者，无论是居民或是非居民，至少要持有央行票据1个月以上，同时提高了央行票据的限期。2011年3月和6月，印度尼西亚两次提高外国货币存款的准备金要求，2011年3月，对银行的短期对外借款施加30%的资本金要求。韩国、土耳其和泰国也有类似的操作，韩国、秘鲁、南非和泰国还通过取消投资上限等方式促进对外投资。IMF指出，资本管制措施在特定条件下，能够缓解由于资本流入带来的宏观经济和金融稳定风险；未区分居民和非居民的资本管制措施更为合理，反之只能在其他措施都已采用或不现实的情况下实施；采用资本管制措施的前提条件是，保证资本流动是通过受到监管的金融机构进行。应该说，IMF仍然支持资本的自由流动，对于资本管制措施采取谨慎接受的态度。在这份报告中，IMF同时指出，资本控制措施也存在负面影响，会减慢新兴经济体资本市场发展的速度。通过资本管制措施缓和汇率波动有时候会适得其反，甚至带来市场的激烈反应，例如触发资本外逃以及随之而来的市场混乱。

2012年12月，IMF发布的《资本流动自由化及其管理》也指出，资本流动的风险包括资本迅速的涌入和突然地退出，各国应从货币、财政和外汇政策上作出应对。在这些政策未能奏效的情况下，资本管制措施仍然是有效和合理的。这些措施不能替代货币、财政和外汇政策，并且应保证其具有针对性、透明度和临时适用。该报告同时提到IMF针对国际资本流动的监督较之经常项目交易更为有限。为此，IMF的主要职责仅仅是提供建议，并且增进和各国监管机构的紧密联系和合作。①

---

① See IMF, The Liberalization and Management of Capital Flows: An Institutional View, at http://www.imf.org/external/np/sec/pn/2012/pn12137.htm.

4. 资本项目管制路径的改变

"托宾税"是詹姆斯·托宾在 1971 年首次提出的,他认为商品和劳动对国际价格波动的反应比流动资金慢得多,因此商品和劳务价格的变动速度要远远慢于金融资产价格的变动速度。资本不会流向那些需要投资的地方,而是流向能够迅速赢利的地方。针对全球货币交易征收轻微的税收,可以起到减少市场短期投机行为最终抑制市场波动的效果。托宾税被形象地比喻成"投向过快前进的金融列车轮子下的沙子"[①]。

托宾税有狭义和广义之分。狭义托宾税仅指对资产交易直接课税的税收形式,广义的托宾税则包括其他旨在提高短期资本流动成本的措施,常见的形式有对居民直接借入外债制定较高的无息准备金要求,或是规定上述外债准备金在中央银行的滞留期。例如,20 世纪 80 年代末,宽松的财政政策在一定程度上导致智利经济过热,智利当局采取紧缩性货币政策后,国内较高的利率水平刺激了短期国际资本的流入。1991 年 7 月,智利开始实行选择性管制,对国外借贷征收 20% 的无息准备金;要求国外直接投资和间接投资必须满足一定的持有期限;对国内企业的国外融资情况进行严格管理;要求银行对资本交易进行详细汇报。[②] 早期,托宾税仅仅针对外汇交易,但目前已发展到针对所有金融交易行为的金融交易税及特殊类型的证券交易

---

① J. Tobin, A Proposal for International Monetary Reform, *Eastern Economic Journal*, Vol. 4, No. 3/4, 1978, pp. 153-159.
② 智利于 1971 年开始推进经常项目和资本项目自由化,并在 1977 年实现经常项目可兑换后,采取激进的资本项目开放模式,实施金融自由化,快速取消了对金融体系的诸多管制。由于缺乏相配套的审慎监管措施,银行对外借款增长过快,促使债务危机爆发。1982 年,智利政府重新加强了资本项目管制并获得 1986—1992 期间年均 6% 的增长,这期间重新恢复资本项目开放。参见陈阳、管媛媛、熊鹏:《浮动汇率制度下资本项目开放国际经验与启示》,载《北方经贸》2007 年第 6 期,第 100—103 页;陈高翔:《论托宾税与国际资本流动》,载《税务研究》2005 年第 10 期,第 10 页。

税等。①

（四）资本项目开放与人民币国际化

1. 我国资本项目开放的必要性

资本项目开放有可能使一国面临宏观经济风险。当一国形成国际资本净流入时，由于该国银行可贷资金量和货币供给量的增加，对该国宏观经济产生了扩张性冲击，国内需求旺盛，经济通货膨胀的压力增大，同时导致本币实际汇率升值，恶化经常项目收支。当该国形成国际资本净流出时，则随着银行可贷资金量的减少，对宏观经济产生收缩性冲击。因此，实行资本管制政策的目的是为了防止国际游资不受监控的进出，避免对本国经济和金融非对称性的冲击和破坏。

在改革开放的初期，资本管制可以防止资本自由流动对国内经济改革带来的不利影响。由于商品价格存在黏性，资本市场的调整速度和反应速度要快于商品市场，因此，在国内经济不稳定的情况下不适宜过早地实行资本自由流动。但在目前，随着我国对外经济联系的日益增多，希望跨境流动的资金量远远大于目前合法渠道所允许的数额，大量资金借助虚假贸易等经常项目下，或经由地下钱庄等非法途径流动。特别是随着国际货物贸易和服务贸易的扩大和多样化，很多资本项目下的交易与经常项目有关，由于人民币经常项目下可兑换的实现，客观上使资本项目下汇兑管制的难度增加，避开外汇管制的资本违规流动现象日益突出。例如，在不同企业之间，可以通过进出口货款的预售和延付等方法，将资本项目交易伪装成经常项目交易，逃避管制，从而实现资本非正常流动行为。如在预期人民币升值情况下，一是可以通过无真实贸易背景的预售货款，形成资金流入；二是

---

① 参见杨峰、刘先良：《论我国金融交易税收制度的完善——以欧盟法借鉴为中心》，载《法律科学》2015 年第 2 期，第 152—161 页。

在国内融资渠道受限的情况下,部分企业将融资性外汇资金混入预售货款;三是试图通过延付货款达到资金融通、资金转移、规避风险甚至套利投机等目的,通过连续的预售和延付行为,即可形成资本流入。这些资金量的激增,给宏观调控的有效实施带来困难,而资本项目开放有助于使原本隐蔽的跨境资本流动透明化,降低企业、个人持有人民币的交易成本,使市场主体的经济活动合法化、公开化。此外,我国近年来外汇占款多、货币被动投放、流动性过剩、通胀压力大,只有疏通资金正常的流动渠道,允许企业、个人持有更多外汇对外投资,才能有效地缓解压力。①

2. 资本项目开放与人民币国际化

对于资本项目开放,IMF 从宏观角度总结了 4 个基本条件,包括自主有力的央行、健全的宏观经济政策框架、完善的金融机构和及时准确的信息披露制度。② 姜波克在对拉丁美洲、东欧一些国家的经验、教训深入研究的基础上,早在 1999 年即提出人民币资本项目可兑换的一般条件:稳定的宏观经济状况,一定的经济发展水平(经济规模和竞争力),国内金融体系的深化,微观经济主体的塑造,高效、稳健的金融监管,合适的汇率制度和汇率水平,外汇短缺的消除和可维持的国际收支结构,合适的货币自由兑换的顺序。他提出,在计划经济向市场经济的转型过程中,平稳地实现货币的自由兑换是有前提条件的。换言之,货币自由兑换在改革顺序中不是放在前位,而是排在

---

① 外汇储备的增加迫使央行通过外汇占款渠道投放大量基础货币,导致我国通货膨胀压力逐渐增大。为了抑制通胀,央行不得不在公开市场以发行中央银行票据的方式来进行冲销。由于央行票据一般年限较短,同时外汇占款又长期居高不下,迫使央行通过"发新债还旧债"来应付到期央行票据的还本付息,而这直接导致了央行票据冲销效率的下降,迫切需要寻找其他手段应付由于外汇占款过多引起的通胀压力问题。参见胡磊:《人民币汇率制度与资本项目管制的"双退出战略"研究》,载《上海金融》2007 年第 5 期,第 58—59 页。

② See Eichengreen Barry & Mussa Michael, Capital Account Liberalization and the IMF, at http://www.imf.org/external/pubs/ft/fandd/1998/12/eichen.htm.

企业产权制度改革、财税体制改革、外贸制度改革、货币稳定机制的建立、实行价格改革、金融市场的适当发育、经济结构改善和劳动生产率的提高之后。① 否则，货币自由兑换将导致很大的代价，并可能引发经济乃至社会危机。

实践中，资本项目开放是人民币国际化必然要求的技术性条件，一种货币如不能自由兑换，其在国际范围内的接受程度将受到一定限制。而且，在资本项目不可兑换的情况下，人民币作为储备货币的功能几乎不可能实现。因为作为储备货币的一个基本条件是该货币可兑换，以用来支持流动性的需求。某些央行可能愿意将一小部分储备投资于流动性和可兑换性较差的资产类别（如人民币），但实践中这个比例会非常小。② 此外，对于企业或个人，持有一个不可自由兑换的货币显然会面临更多的不确定性和风险，从而增加货币持有的潜在成本。反之，一国货币在实现可兑换后，其流动性会大大增加，从而能够鼓励非居民使用和持有人民币，持有和使用人数越多，与之相关的货币交易成本越低，将进一步促进该货币的使用，从而形成一种正反馈过程。

3. 我国资本账户可兑换的现状

1993年11月，党的十四届三中全会指出加快金融体制改革，逐步使人民币成为可兑换货币。1996年我国实现人民币经常项目可兑换之后，资本项目可兑换的进程却比较缓慢，主要原因之一是受亚洲金融危机的影响。亚洲金融危机爆发的根本原因在于，危机爆发国家和地区在经济高速增长过程中，各种经济矛盾激化和普遍存在经济缺陷，但一些爆发危机的国家和地区过早实现资本项目可兑换是促成和

---

① 参见姜波克：《人民币自由兑换和资本管制》，复旦大学出版社1999年版。
② 参见马骏、徐剑刚等：《人民币走出国门之路——离岸市场发展与资本项目开放》，中国经济出版社2012年版，第123页。

加深危机的一个重要原因。

　　此后，2001年12月，中国正式加入世界贸易组织，标志着中国对外开放进入了新阶段。2003年10月，党的十六届三中全会通过《关于完善社会主义市场经济体制若干问题的决定》，重新提出资本账户开放问题，提出"要在有效防范风险前提下，有选择、分步骤放宽对跨境资本交易活动的限制，逐步实现资本项目可兑换"。2006年3月，国家"十一五"规划纲要进一步指出："完善有管理的浮动汇率制度，逐步实现人民币资本项目可兑换"。这是我国首次将人民币资本项目可兑换问题纳入国民经济和社会发展五年规划。2007年10月，党的十七大报告再次强调"逐步实现资本项目可兑换"。2011年3月，国家"十二五"规划纲要提出："完善以市场供求为基础的有管理的浮动汇率制度，推进外汇管理体制改革，扩大人民币跨境使用，逐步实现人民币资本项目可兑换。"2012年11月，党的十八大报告提出"健全促进宏观经济稳定、支持实体经济发展的现代金融体系，加快发展多层次资本市场，稳步推进利率和汇率市场化改革，逐步实现人民币资本项目可兑换"。2013年10月，党的十八届三中全会进一步强调"推动资本市场双向开放，有序提高跨境资本和金融交易可兑换程度，建立健全宏观审慎管理框架下的外债和资本流动管理体系，加快实现人民币资本项目可兑换"。其实质是在有效防范风险的前提下，逐步实现资本项目可兑换，维护金融稳定和金融安全。

　　（1）直接投资人民币结算

　　在跨境贸易人民币结算试点深入开展的基础上，我国无论是外国直接投资还是对外直接投资的人民币结算都已基本放开。2010年，人民银行按照风险可控、稳步有序的原则，开展了人民币境外直接投资个案试点，2011年1月，中国人民银行发布《境外直接投资人民币结算试点管理办法》,境内机构可以使用人民币进行对外直接投资,使用人民币资金通过设立、并购、参股等方式在境外设立或取得企业或项目全部或部分所有权、控制权或经营管理权等权益。

2011年10月,中国人民银行与商务部分别发布《外商直接投资人民币结算业务管理办法》《关于跨境人民币直接投资有关问题的通知》,境外投资者可以通过跨境贸易人民币结算、境外发行人民币债券及汇出境外的人民币利润和转股、减资、清算等渠道获得的人民币,开展直接投资活动,但不得直接或间接用于在中国境内的有价证券、金融衍生品投资以及委托贷款。2013年9月,境外投资者可以使用人民币在境内设立、并购和参股金融机构,直接投资项下的人民币结算延伸到金融领域。2014年10月,中国人民银行发布《关于明确外商直接投资人民币结算业务操作细则的通知》,直接投资跨境人民币结算业务办理流程进一步简化。2014年11月,符合一定条件的跨国企业集团可以开展跨境双向人民币资金池业务。国家外汇管理局2015年2月发布的《关于进一步简化和改进直接投资外汇管理政策的通知》,规定从该年6月1日起,取消直接投资项下外汇登记核准,改由境内外投资主体直接到银行办理境内外直接投资项下的外汇登记。

(2)人民币境外信贷业务

我国对外债的认识经历了一个不断探索和完善的过程。1987年颁布的《外债统计监测暂行办法》,将外债定义为"用外国货币承担的契约性还款任务",并未提及人民币外债。此后,随着人民币外债的出现,国家发改委和外汇管理局提出了全口径外债管理的概念,由外汇管理局负责全口径外债管理的框架建设。2009年之后,中国人民银行为了推动跨境人民币结算业务发展,提出跨境贸易人民币结算项下涉及的人民币对外负债不纳入现行的外债管理,对本、外币外债差别化管理，对人民币外债没有规模限制。2011年10月，中国人民银行出台《关于境内银行业金融机构境外项目人民币贷款的指导意见》，允许具备国际结算业务能力、具有对外贷款经验的银行，在接入人民币跨境收付信息管理系统后，开展境外项目人民币贷款业务。

2015年8月，国家外汇管理总局印发《跨国公司外汇资金集中运营管理规定》（以下简称《规定》），与2014年6月起实施的试行办法相比，突破在于将此前在上海自贸区等区域试点的外债宏观审慎管理政策推广至全国，试点外债比例自律管理，即取消跨国公司外债规模审批，改为按照企业净资产的一定比例自行决定对外发债，但目前仅限于在跨国公司。根据《规定》，跨国公司成员企业借用外债实行比例自律，主办企业可全部或部分集中成员企业外债额度；外债结汇资金可依法用于偿还人民币贷款、股权投资等；企业办理外债登记后可根据商业原则自主选择偿债币种。对于跨国公司外债总规模，《规定》中给出的上限是净资产×融资杠杆率×宏观审慎调节参数，目前跨国公司外债上限为净资产的1倍，同时需满足资产负债率不超过75%这一条件。在简化账户开立要求方面，《规定》允许跨国公司资金集中运营A类成员企业经常项目外汇收入无须进入出口收入待核查账户，符合条件的跨国公司主办企业可异地开立国内、国际外汇资金主账户；简化外汇收支手续方面，允许经常项目和资本项目对外支付购汇与付汇在不同银行办理；在完善涉外收付款申报手续方面，建立与资金池自动扫款模式相适应的涉外收付款申报方式，允许银企一揽子签订涉外收付款扫款协议等。另一方面，2015年3月起，国家外汇管理局又在深圳前海、江苏张家港、北京中关村三个区域进行针对各类企业的外债宏观审慎管理试点。注册在这三个区域的企业，借用外债实行比例自律管理，即外债余额不超过其上年末经审计的净资产的2倍，且要满足资产负债率不超过75%。相比较而言，上海自贸区的外债宏观审慎管理政策不仅针对各类企业（并不局限于跨国公司），且没有对资产负债率的要求。

此外，在外债数据统计上，为了充分体现人民币国际化进程，防范外债风险，2015年开始，人民银行、外汇管理局按照国际货币基金组织的"数据公布特殊标准（SDDS）"调整了我国外债数据口径，公布了包含人民币外债在内的全口径外债数据。① 这种方式的演变也体现了对人民币国际化认识的变化。虽然原有的本、外币差别化管理可以鼓励和推动国内机构借用人民币外债，但人民币国际化更多的应依靠市场的自然选择，而不是通过本、外币债务差别化管理实现。

（3）跨境证券投资

目前，我国跨境双向证券投资主要通过QFII（合格外国机构投资者）和QDII（合格境内投资者）实现。QFII和QDII制度是在人民币没有实现完全可自由兑换、资本项目尚未开放的情况下，允许境内主体投资境外证券市场的过渡性制度。其意义在于有限地突破一些目前法律上或政策上的限制，在现有的制度框架下实现有限的资本流动，适应和满足内地资产与投资市场发展的需求，并取得资本流动进一步开放的经验。

其中，QFII制度是指允许境外基金管理机构、保险公司、证券公司以及其他资产管理机构等合格境外机构投资者在取得证监会批准及外汇管理局额度批准后，汇入一定额度外汇资金，并转换成人民币，通过严格监管的专门账户投资本地证券市场②，所取得的资本利

---

① 参见国家外汇管理局：《人民币国际化与我国外债管理》，http://forex.cnfol.com/rmbts/20150804/21217947.shtml。

② 2012年《关于实施〈合格境外机构投资者境内证券投资管理办法〉有关问题的规定》第8条规定："合格投资者在经批准的投资额度内，可以投资于下列人民币金融工具：（一）在证券交易所交易或转让的股票、债券和权证；（二）在银行间债券市场交易的固定收益产品；（三）证券投资基金；（四）股指期货；（五）中国证监会允许的其他金融工具。合格投资者可以参与新股发行、可转换债券发行、股票增发和配股的申购。"

得、股息等可转为外汇汇出的制度。2002年11月,中国证监会与中国人民银行共同发布了《合格境外机构投资者境内证券投资管理暂行办法》,并于2003年5月批准瑞士银行成为我国首家QFII。该暂行办法对QFII的资格条件、资金汇出入等都进行了比较严格的规定。2006年8月,中国证监会、中国人民银行和国家外汇管理局共同颁布了《合格境外机构投资者境内证券投资管理办法》,放宽了长期投资机构的资格标准,允许QFII分别为自有资金和客户资金开立证券账户,增加运作便利。2009年,国家外汇管理局颁布QFII外汇管理规定,提高QFII投资额度上限,同时增加QFII开立资金账户的便利,放松QFII资金锁定期和汇出入限制。2012年7月,证监会发布《关于实施〈合格境外机构投资者境内证券投资管理办法〉有关问题的规定》,简化QFII审批程序,降低资格要求,放宽开立证券账户限制,扩大投资范围,完善对QFII投资运作的监管。[①]

2011年,证监会、中国人民银行和外汇管理局联合发布《基金管理公司、证券公司人民币合格境外机构投资者境内证券投资试点办法》,人民币合格境外机构投资者业务正式运作。2013年3月,《人民币合格境外机构投资者境内证券投资试点办法》(以下简称《试点办法》)发布,扩大试点机构类型,放宽投资范围限制,允许机构根据市场情况自主决定产品类型,明确RQFII投资持股比例,简化申请文件以便利试点机构的投资运作。具体而言,此前试点主体仅限于基金

---

① 截至2018年4月24日,共有287家境外合格机构获得共994亿美元投资额度。参见《合格境外机构投资者(QFII)投资额度审批情况表(截至2018年4月24日)》,http://www.safe.gov.cn/wps/portal/! ut/p/c5/04_SB8K8xLLM9MSSzPy8xBz9CP0os3gPZxdnX293QwMLE09nA09Pr0BXLy8Pw6AQQ6B8pFm8s7ujh4m5jwFQ3t3AwNPEyd_PwznQ0MDTmIDucJB9-PWD5A1wAEcDfT-P_NxU_YLcCIMsE0dFADOAqLI! /dl3/d3/L2dJQSEvUUt3QS9ZQnZ3LzZfSENEQ01LRzEwODRJQzBJSUpRRRUpKSDEySTI! /? WCM_GLOBAL_CONTEXT=/wps/wcm/connect/safe_web_store/safe_web/glxx/hgjwjgtzzmd/node_glxx_jwjg_store/d6dc31004dc4fb3ea76aa7a46e1b18c9。

管理公司、证券公司的香港子公司,《试点办法》颁布之后,主体包括境内商业银行、保险公司等香港子公司或注册地及主要经营地在香港地区的金融机构。此前投资范围仅限于发行债券类产品或 A 股 ETF 产品,《试点办法》颁布之后,投资范围包含在证券交易所交易或转让的股票、债券和权证,在银行间债券市场交易的固定收益产品、证券投资基金、股指期货等,还可参与新股发行、可转换债券发行、股票增发和配股的申购。但单个境外投资者对单个上市公司的持股比例,不得超过该上市公司股份总数的 10%,所有境外投资者对单个上市公司 A 股的持股比例总和,不得超过该上市公司股份总数的 30%,战略投资的持股不受上述比例限制。RQFII 的基本管理框架和操作程序,如有关部门分工、托管人制度等,力求与 QFII 制度保持一致。① 但其与 QFII 的区别则在于,RQFII 由于使用的货币是人民币,因此可直接投资于境内市场,且不存在 QFII 制度中外汇账户开立与资金结汇的业务环节,而 QFII 先要在额度允许范围内将美元兑换成人民币,再进行境内投资。

2004 年 9 月,中国保监会和中国人民银行联合发布《保险外汇资金境外运用管理暂行办法》。随后我国先后出台了《商业银行开办代客境外理财业务管理暂行办法》《合格境内机构投资者境外证券投资管理试行办法》《保险资金境外投资管理暂行办法》等规章。2006 年 7 月,中国工商银行推出第一款 QDII 产品。2007 年 6 月,证监会颁

---

① 截至 2018 年 4 月 24 日,共有 196 家人民币境外合格机构获得共 6148 亿人民币的投资额度。参见《人民币合格境外机构投资者(RQFII)投资额度审批情况表(截至 2018 年 4 月 24 日)》,http://www.safe.gov.cn/wps/portal/!ut/p/c5/04_SB8K8xLLM9MSSzPy8xBz9CP0os3gPZxdnX293QwML7zALA09P02Bnr1BvI2c_E_1wkA6zeGd3Rw8Tcx8DAwsTdwMDTxMnfz8P50BDA09jiLwBDuBooO_nkZ-bql-QnZ3m6KioCACk6Xh-/dl3/d3/L2dJQSEvUUt3QS9ZQnZ3LzZfSENEQ01LRzEwODRJQzBBJSUpRRUpKSDEyNTI1!/?WCM_GLOBAL_CONTEXT=/wps/wcm/connect/safe_web_store/safe_web/glxx/hgjwjgtzzmd/node_glxx_jwjg_store/10830c8049dc6f179d02bfed8ff4845d。

布《合格境内机构投资者境外证券投资管理试点办法》及配套规则，正式开展证券经营机构的合格境内机构投资者业务试点。① 商业银行、证券公司（基金公司）和保险公司分别向中国银监会、中国证监会和中国保监会申请 QDII 资格，各机构在获得 QDII 资格后，通过其境内代理银行向外汇管理局申请投资额度，并建立一个二级账户，该账户资金流程接受外汇管理局的监控。接着 QDII 机构按照批准的规模，在境内公开发行外汇 QDII 产品（如基金、集合计划），并委托托管人托管，待投资者认购完后将资金汇出境外，运用基金财产投资于境外证券市场。

2014 年 4 月，中国证监会颁布《沪港股票市场交易互联互通机制试点若干规定》，批准开展香港与上海证券交易所的互联互通机制试点（沪港通），方便内地投资者直接使用人民币投资香港市场，境外人民币资金投资国内市场，便利人民币在两地的有序流动，促进香港成为离岸人民币业务中心。从机制设定来看，上海证券交易所和香港联合交易所建立技术连接，内地和香港投资者可以通过当地证券公司或经纪商买卖规定范围内的对方交易所上市的股票。沪股通的股票范围是上海证券交易所上证 180 指数、上证 380 指数的成分股，以及上海证券交易所上市的 A＋H 股公司股票；港股通的股票范围是香港联合交易所恒生综合大型股指数、恒生综合中型股指数的成分股和同时在香港联合交易所、上海证券交易所上市的 A＋H 股公司股票。在投

---

① 截至 2018 年 4 月 24 日，共有 144 家合格境内机构获得共 983.33 亿美元投资额度。参见《合格境内机构投资者（QDII）投资额度审批情况表（截至 2018 年 4 月 24 日）》，http://www.safe.gov.cn/wps/portal/!ut/p/c5/04_SB8K8xLLM9MSSzPy8xBz9CP0os3gPZxdnX293QwML7zALA09P02Bnr1BvI2c_E_1wkA6zeGd3Rw8Tcx8DAwsTdwMDTxMnfz8P50BDA09jiLwBDuBooO_nkZ-bql-QnZ3m6KioCACk6Xh-/dl3/d3/L2dJQSEvUUt3QS9ZQnZ3LzZfSENEQSNTDEySTI!/?WCM_GLOBAL_CONTEXT=/wps/wcm/connect/safe_web_store/safe_web/glxx/hgjnjgtzzmd/node_glxx_jnjg_store/c84f5d004ce4176e89b78dfd3fd7c3dc。

资者操作的便捷程度上,"沪港通"充分借鉴了市场互联互通的国际经验,采用较为成熟的订单路由技术和跨境结算安排,为投资者提供更加便捷、高效的证券交易服务。①为防止资本异常流动,"沪港通"对跨境投资总额度和每日额度进行了非常保守的限制。试点初期,对人民币跨境投资设置每日额度,实行实时监控。其中,沪股通总额度为3000亿元人民币,每日额度为130亿元人民币;港股通总额度为2500亿元人民币,每日额度为105亿元人民币。无论是每日限额还是总投资额度,相对于沪港两地市场交易额和市值都相对有限。此外,2015年7月,上海黄金交易所与香港金银业贸易场宣布正式开通"黄金沪港通"。内地和香港两大主要黄金市场启动互联互通,有助于提升"上海金"在亚太乃至全球的竞争力,争取人民币黄金的定价影响力。

在汇兑管理上,QDII、QFII以及沪港通制度虽然是资本账户开放的试点,仍然采取传统的模式。例如2016年2月,外汇管理局颁布的《合格境外机构投资者境内证券投资外汇管理规定》中,对于资本汇出,合格投资者可在投资本金锁定期满后,分期、分批汇出相关投资本金和收益。合格投资者每月累计净汇出资金(本金及收益)不得超过其上年底境内总资产的20%。同时,外汇管理局可以根据我国经济金融形势、外汇市场供求关系和国际收支状况,对合格投资者资金汇出时间、金额及汇出资金的期限予以调整。

三、人民币离岸市场

如前所述,跨境贸易人民币结算是目前人民币国际化进程实现较

---

① 参见巴曙松、张信军:《沪港通对跨境资本流动的影响》,载《中国金融》2014年第18期,第48页。

为彻底的领域。但要扩大跨境贸易人民币结算规模，存在两个基础问题：一是激发外国出口商接受人民币的意愿；二是解决外国进口商的人民币来源。而离岸市场有助于这两个问题的解决。离岸货币市场是在货币发行国管辖权之外提供便利和专门经营该货币交易的场所。在国内金融市场资本账户管制无法满足外国居民的投融资需求时，需要离岸市场开辟人民币获取通道和投资渠道。在我国未全面放开资本账户的情况下，离岸人民币市场为人民币提供一个进出自由且能为非居民提供人民币汇兑、结算和投融资服务的场所。

（一）人民币离岸市场的发展现状

目前，人民币离岸市场通常设立在法律规制体系完善、金融市场基础设施稳健的国家，全球已经形成的一定规模的人民币离岸市场是中国香港、中国台湾、新加坡和伦敦。2014年3月，中国银行在北京向全球首发"离岸人民币指数"，这是中国银行继2013年推出"跨境人民币指数"后，向市场推出的又一个综合反映人民币国际化水平的指数。中国银行离岸人民币指数主要跟踪人民币在离岸金融市场上的资金存量规模、资金运用状况、金融工具使用等方面的发展水平，共设置五类指标，分别对应人民币行使价值储藏货币、融资货币、投资货币、储备货币及交易货币等五项国际货币职能，加权计算后反映人民币在国际金融市场上的综合发展水平。[1] 2018年4月，中国银行发布2017年四季度离岸人民币指数，结果为1.25%，而2014年3月刚推出时为1.07%，人民币在离岸金融市场使用水平持续提升。[2] 由此可见，随着人民币境内外汇率变动一致性的增强，人民币在境内与境

---

[1] 参见《中国银行全球首发"离岸人民币指数"》，http://news.xinhuanet.com/fortune/2014-03/12/c_126254602.htm。

[2] 参见《中国银行发布2017年四季度离岸人民币指数（ORI）》，http://www.boc.cn/aboutboc/bi1/201804/t20180413_11986097.html。

外离岸市场一定程度上形成资金循环。

以香港为例，2003年11月，香港银行开始试办个人人民币业务，业务范围只限于方便个人消费，不涉及投资等资本项目交易。试办的人民币业务范围包括：存款，香港参加行可为香港居民开立自由提存的人民币存款账户，存款期限及利率由银行自行厘定；兑换，参加行可为存户办理人民币与港币的兑换，每人每天可兑换不超过等值20,000元人民币。非存户现钞兑换每人每次不超过等值6,000元人民币；汇款，参加行可为存户把人民币由香港汇入内地同名银行账户，每人每天汇款不超过50,000元人民币。[①] 2005年11月，推出人民币支票业务，2007年，香港人民币债券开始发行。2009年，人民币跨境贸易结算业务在离岸市场推出；香港金管局在2010年2月就监管原则及操作安排作出重要诠释，厘清两项基本原则：第一，人民币资金进出内地的跨境流动须符合内地的法规和要求，而内地企业办理相关业务是否符合这些法规要求由内地监管当局和银行负责审核；第二，人民币流进香港以后，只要不涉及资金回流内地，银行可按本地法规、监管要求及市场因素发展人民币业务。

2010年7月，中国人民银行与香港人民币业务清算行中国银行(香港)有限公司签署新修订的《香港银行人民币业务的清算协议》，并与香港金融管理局就扩大人民币贸易结算的安排，签订补充合作备忘录。该协议放宽对人民币兑换、机构开户、转账、境内外人民币账户连通等方面的限制，推进了香港作为离岸人民币业务平台的发展。根据清算协议，企业及其他非个人客户将能够在香港银行开设人民币存款账户，而且个人和企业相互之间也将可以通过银行自由进行人民

[①] 2005年11月，中国人民银行同意，香港个人人民币现钞兑换的限额将由每人每次不超过等值6,000元人民币提高至20,000元人民币，而香港个人存户把人民币汇到内地同名账户的限额则由每人每天不超过50,000元人民币提高至80,000元人民币。

币资金的支付和转账。其中，企业获准开设人民币存款账户的规定，增加了香港人民币存款数量，有利于促使香港推出包括债券、结构性存款及保险产品等在内的人民币产品。当时，银行业和市场人士都反映，通过贸易结算交易而积聚的离岸人民币资金除存款外出路不多，发展人民币贷款和其他金融产品的空间也有限。由于在海外没有广泛使用人民币的经济或金融体系，离岸人民币不可能完全与在岸市场分隔而自我循环使用。① 2014年11月，香港居民兑换人民币不再有每日兑换上限的限制。截至2015年月底，香港人民币存款为9724亿元，连同存款证（1209亿）在内，总存款金额为10933亿元人民币。②

在香港离岸市场的另一项业务是人民币债券。2007年1月，央行首次规定境内金融机构经批准可在香港发行人民币债券。6月，中国人民银行与国家发展改革委联合发布了《境内金融机构赴香港特别行政区发行人民币债券管理暂行办法》。7月，国家开发银行赴港发行首笔约50亿元人民币债券，首开内地金融机构赴境外发行人民币债券之先河。2010年2月，香港金管局宣布放宽发行人民币债券的限制，香港人民币发债融资规模增加，发债主体包括政策性金融机构、商业银行、一般性企业、跨国企业及国家财政部门，发债主体来源地也呈现国际化趋势。2011年1月，中国在世界银行持有的股份随2010年4月宣布的投票权重组而增加，成为世行中仅次于美国、日本的第三大股东，世界银行于香港首次发行人民币债券，总额为人民币5亿元。③ 由此可见，在香港离岸市场，以人民币计价的金融产品并非股

---

① 参见陈德霖：《打造全球离岸人民币中心》，载《中国金融》2014年第20期，第44页。

② 参见朱念：《香港人民币存款升1.8%，为今年以来最快升幅》，http://www.chinanews.com/ga/2015/07-01/7377566.shtml。

③ 参见张明：《"点心债券"将变大餐》，载《中国外汇》2011年第3期，第63页。

票和其他证券产品，而是投资收益较低的债券，香港的人民币金融产品的流动性和深度远远不及其存款规模。

(二) 人民币离岸市场与人民币国际化

由于没有金融外汇管制，离岸市场形成的人民币资金价格能够较好地反映当地市场供求情况，例如，香港人民币离岸市场已形成自己的人民币基准汇率和利率。这一汇率和利率一定程度能对人民币在岸市场发挥影子价格的作用，当两者存在利差时，在香港离岸人民币市场与大陆在岸人民币市场之间，会出现规模较大的离岸在岸套汇套利活动。利用离岸市场与在岸市场人民币对美元现汇汇价的差异，以及持续的人民币汇率升值预期，两地的金融机构与企业可以从中套汇。而利用离岸市场与在岸市场的利率差异，在人民币不断升值过程中，以港元举债的做法非常普遍，因为以贬值货币举债具有吸引力，这些资金多以高收益率的影子银行产品为渠道。当然，境内外市场主体的跨市场套利活动，有利于促进人民币汇率形成机制更充分地反映"两种资源"和"两个市场"，推进人民币资金价格的市场化改革。随着人民币汇率形成机制的改革，离岸与在岸人民币汇率价差不断收窄，特别是2015年8月我国央行完善人民币汇率中间价报价后，离岸人民币汇率甚至一度反超在岸汇率出现"倒挂"走势，也显示前述汇率制度改革在一定程度上取得成功。

此外，央行出台的一系列政策，如放开境外央行和主权基金等大型金融机构投资中国内地银行间债券市场的额度限制；允许境外人民币清算行和参加行、境外央行、国际金融组织、主权基金等机构参与境内银行间债券市场的回购交易；允许境内人民币代理行、境外人民币清算行以及境外人民币参加行为货物贸易、服务贸易和直接投资项下的跨境人民币结算需求办理人民币即期、远期和掉期购售业务等。

这些政策，能够逐步、有序地加强在岸和离岸市场的互通，对加强两地互动、缩小汇率差有积极作用。由此可见，人民币离岸市场一直紧随着人民币国际化的进程。经由在成熟的金融市场建立离岸市场的经营活动，中国货币当局还可以评估国内和海外市场对人民币汇率灵活性和可兑换性的反应。而中国的企业和金融机构也可获取实践经验，通过离岸市场上以人民币标价的各种产品来管理他们的资金和投资需求，在有别于国内法律环境下使用人民币，适应国际金融市场的竞争。

离岸市场的发展提高了本国央行准确界定和调控货币供应量，衡量和控制银行信贷的难度，由此对本国货币和金融稳定性构成的风险亟须管理。美联储和其他主要储备货币经济体应对离岸市场的经验表明，可以通过有效的政策安排管理这些风险。① 2016 年 1 月，央行对境外金融机构（不包括境外央行和央行类金融机构）在境内金融机构存放执行正常存款准备金率政策。② 其目的在于建立对跨境人民币资金流动进行逆周期调节的长效机制，以完善宏观审慎政策框架；抑制跨境人民币资金流动的顺周期行为；提高跨境机构持有人民币的成本，冻结部分在岸人民币的流动性；引导境外金融机构加强人民币流动性管理，防范宏观金融风险。同时，离岸人民币市场对国内宏观政策存在挑战，开征存款准备金可以推高离岸人民币融资成本，抑制针对人民币的投机行为。

四、人民币国际化的配套制度

人民币国际化还需要其他相关制度的推动，使之与人民币国际化

---

① See Dong He & Robert N. McCauley, Offshore Markets for the Domestic Currency: Monetary and Financial Stability Issues, BIS Working Papers, No. 320, Sept. 2010.

② 2014 年 12 月，央行曾发布《中国人民银行关于存款口径调整后存款准备金政策和利率管理政策有关事项的通知》，当时，存款准备金率暂定为零。

的要求相适应，共同构成推动人民币国际化的制度框架和人民币国际化后的制度保障。这些制度安排需要遵循前瞻性和安全性的统一，从而避免因追求人民币国际化的政策目标而对国内金融市场、经济环境带来不必要的冲击。就人民币投融资而言，在利率、汇率等市场价格信号的引导下，境内外企业会基于利润的最大化，自主选择资源配置包括资本配置的方式和场所。如前所述，资本项目开放是人民币国际化的必要条件，但国内利率和汇率形成机制如果尚未市场化，资本项目的开放不仅为投资者带来套利和套汇的双重机会，而且会造成人民币自由流动的表面繁荣，一旦人民币市场汇率机制形成，升值预期消失，那么人民币国际化的进程可能放缓、停滞甚至倒退。① 同时，资本项目可兑换带来的巨额国际资本流动必然对国内金融体系形成较大的冲击，中央银行必须构建起更为强健的货币政策执行体系以有效调控国内宏观经济，其中利率价格水平是主要的货币政策手段，而且在一国宏观调控体系中扮演重要角色的商业银行必须具备经营管理市场利率的能力才能更好地管控风险。由此可见，国内汇率与利率的市场化以及国内金融市场的深化，是一国完全开放资本账户的前提条件。

(一) 利率市场化改革

准确反映资金供求状况的利率水平也是稳定人民币汇率预期，促进人民币国际化的有效手段，可以避免国内与国际金融市场之间存在双重资金价格为国内外资金提供投机空间，干扰人民币汇率预期。

我国有关利率市场化改革的设想首先出现在 1993 年中共十四届三中全会通过的《关于建立社会主义市场经济体制若干问题的决定》和国务院《关于金融体制改革的决定》。此后 10 年间，我国的利率市

---

① 参见向雅萍：《人民币国际化的法律路径探析》，载《河北法学》2013 年第 5 期，第 123 页。

场化改革得到了稳步推进。1995年《中国人民银行关于"九五"时期深化利率改革的方案》正式提出了利率市场化改革的基本思路。1996年6月，我国放开了银行间同业拆借市场利率，实行由拆借双方根据市场资金供求自主确定拆借利率。1997年6月，银行间债券市场正式启动，并放开了债券市场债券回购和现券交易利率。1998年3月，改革再贴现利率及贴现利率的生成机制，放开了贴现和转贴现利率，同年9月还放开了政策性银行金融债券市场化发行利率，将金融机构、农村信用社贷款利率幅度放宽。1999年，中国人民银行颁布了《人民币利率管理规定》，首次从部门规章的角度明确金融机构具有一定的利率制定权，包括中央银行负责制定中央银行利率，各金融机构依据央行规定制定货币市场利率及贷款浮动利率等。2000年9月，我国放开外币贷款利率和300万美元（含300万美元）以上的大额外币存款利率，300万美元以下小额外币存款利率仍由人民银行统一管理。2002年3月，中国人民银行将境内外资金融机构对中国居民的小额外币存款，纳入人民银行小额外币存款利率管理范围，实现中外资金融机构在外币利率政策上的公平待遇。2004年，再次扩大贷款利率浮动区间，商业银行、城市信用社贷款利率浮动区间扩大到基准利率的0.9—1.7倍，农村信用社贷款利率浮动区间扩大到基准利率的0.9—2.0倍。2012年6月，中国人民银行将金融机构存款利率浮动区间的上限调整为基准利率的1.1倍，将金融机构贷款利率浮动区间的下限调整为基准利率的0.8倍，随后7月调整为基准利率的0.7倍。2013年7月，中国人民银行宣布全面放开金融机构贷款利率管制，取消金融机构贷款利率0.7倍的下限，由金融机构根据商业原则自主确定贷款利率水平，进一步发挥市场配置资源的基础性作用。2013年10月，《中共中央关于全面深化改革若干重大问题的决定》再次提出"完善人民币汇率市场化形成机制，加快推进利率市场化，健全反映市场供求关系的国债收益率曲线"。① 2014 年 11 月、2015 年 3 月和 5 月，中国人民银行先后三次下调金融机构贷款及存款基准利率；同时结合推进利率市场化改革时间表，将金融机构存款利率浮动区间的上限上浮至存款基准利率 1.2 倍、1.3 倍，再至 1.5 倍。2015 年 10 月，中国人民银行宣布对商业银行和农村合作金融机构等不再设置存款利率浮动上限限制，意味着我国利率市场化改革基本完成。

(二) 银行破产与存款保险制度

存款保险是一项基础性金融制度，无论对推进利率市场化，还是建立完备的市场化风险补偿和推出机制，发展多层次金融机构都十分重要。随着银行利率全面市场化，银行将在信贷方面提供更有吸引力的资金价格。存款保险制度、中央银行最后贷款人与金融监管当局的审慎监管制度，是维护金融安全的三道重要防线。② 存款保险制度在确保存款人基本利益、维护社会安定的前提下，实现金融机构退出机制，保证了银行业市场化效率，并通过处置问题银行规则的适用完善金融机构的市场退出机制。从东南亚金融危机可以看出，政府缺乏市场效率的隐性担保，是促成金融危机的原因之一。2009 年 6 月，在总结各国存款保险制度和 2008 年金融危机经验教训的基础上，巴塞尔委员会和国际存款保险机构协会（IADI）联合发布《有效存款保险制度核心原则》，强调应当在银行系统稳健的情况下尽快建立存款保险制度；存款保险制度在设计上应当遵循全面覆盖、充分保护绝大多数存款人、赋予必要职能、确保及时偿付及防范道德风险等原则；并在

---

① 国债收益率曲线在市场化金融体系中具有不可替代的基础性作用，利率市场化的主要基础条件，就是存贷款利率完全放开后，要有完整合理的定价和调控参考，而国债收益率曲线则是主要依据。同时，人民币国债收益率曲线还可以提升人民币的市场透明度，提高人民币的国际竞争力。

② 参见中国人民银行金融稳定分析小组：《中国金融稳定报告》(2015)，中国金融出版社 2016 年版，第 131 页。

问题银行的风险监测、风险控制、风险处置和维护金融稳定等方面发挥重要作用。同时，存款保险制度能够分担货币当局的危机救助压力，使其专注于稳健性货币决策，有利于达成宏观经济目标。2015年5月，《存款保险条例》正式施行，涵盖在我国境内设立的商业银行、农村合作银行、农村信用合作社等吸收存款的银行业金融机构，规定存款保险基金的来源、存款保险基金管理机构的职责，标志着我国改变传统政府隐性担保模式，正式建立市场化的存款保险制度。

五、人民币国际化的困境

国际上，除了特殊的欧元模式（若干主权国家采用同一货币）之外，在英镑、美元和日元成为国际货币的过程中，贸易结算推动货币国际化的方式被证明是失败的，这种模式会导致长期依赖跨境贸易渠道输出货币可能带来的严重制约。因此，无论是美国的"马歇尔计划"还是日本的"黑字还流计划"，主要通过贷款支持、对外援助、资本输出等方式提高本国货币的国际地位。在我国人民币国际化的进程中，同样面临这一困境。美元仍然是我国跨境贸易结算的主要货币。其原因在于，美国、欧元区、英国和日本等国际货币的发行国是中国的主要贸易伙伴，这部分贸易难以推行人民币结算；在亚洲地区，贸易中使用人民币计价的比重虽然有所提高，但由于结算货币的选择往往显示出对"历史"路径依赖和惯性的特征，且美国和欧洲是最主要的消费市场及最终需求市场，美元、欧元依然占据明显的优势地位。[①] 再者，在国际市场，进口商相对出口商在计价、结算货币的选择上具有主导权，随着贸易结算的放开以及程序的简化，我国进口

---

① 参见许祥云、吴松洋、宣思源：《成本美元定价、东亚生产体系和出口标价货币选择——日元区域化的困境及启示》，载《世界经济研究》2014年第11期，第23页。

商在进口时会倾向于选择人民币付款,以避免汇率变化带来的不确定性。由此,货物出口采用美元、欧元等外币结算和进口采用人民币结算产生的货币错配,导致了迄今为止人民币跨境贸易结算的"跛足"特征以及外汇储备的加剧累积。

由此可见,人民币作为贸易计价和结算货币的职能较为显著,这更多是取决于人民币在经常项目下没有法律障碍,但真正成熟的境外货币规模的积累,则须进一步创新境外人民币金融产品,增加境外人民币投资渠道,增加境外持有人民币者的投资收益,提升境外居民持有人民币意愿。张妍、黄志龙(2015)曾对 2010 年至 2014 年 10 月的人民币跨境收付与人民币汇率关系进行数据统计发现,人民币汇率长期存在较强的单边升值预期,因此人民币跨境收付逆差(净流出)规模不断扩大。然而,在 2012 年 4 月至 2012 年 10 月以及 2014 年 1 月以来,人民币汇率贬值预期升温,双向波动趋势凸显,人民币跨境收付逆差大幅收窄,甚至出现了长达半年的人民币跨境收付大规模顺差。这说明在人民币汇率贬值预期下,境外持有人民币资产的动力减弱,人民币跨境净流出的规模自然会缩水。中国香港、中国台湾、新加坡、伦敦和卢森堡五大人民币离岸市场中存款与人民币汇率波动,同样存在高度相关性。①

人民币在国际跟单信用证市场上的运用也说明了这一困境的存在。目前,人民币是国际市场上跟单信用证交易上的第二大最常用货币,2015 年 1 月,在跟单信用证的活动占有率为 9.43%,但作为全球支付货币的排名在第 5 位,市场占有率仅为 2.06%。② 这潜在反映

---

① 参见张妍、黄志龙:《境外人民币兑基础货币的影响》,载《中国金融》2015 年第 7 期,第 62 页。
② 参见《人民币已成为跟单信用证交易第二大最常用货币》,http://rmb.xinhua08.com/a/20150226/1460283.shtml,2015 年 6 月 15 日访问。

了在国际结算中，很大一部分信用证被作为融资手段，基于人民币升值预期和境内外利率差异，成为没有实际贸易支撑的套利工具。而以贸易结算为主要形式的人民币国际化，放大了这种套利。问题的关键还在于，套利带来的人民币国际化的虚假繁荣不可持续，在最近美国退出量化宽松、美元不断升值的背景下，这种本就和人民币国际化无关的现象将会消退。

此外，就资本市场而言，投资者是否愿意持有特定货币资产，一个极为重要的影响因素是流动性，即投资者能否高效地在金融市场上出售和变现这种资产。由于我国对资本项目实行较为严格的管制，离岸市场的人民币金融资产的流动性取决于离岸人民币资金池的大小，与国内金融市场隔离开来。与国内金融市场的相互隔离及人民币离岸市场规模的局限性制约了人民币作为投资货币的职能。

第三节 人民币在国际货币体系中的地位提升

蒙代尔认为，贯穿货币发展史的一个主题是处于金融权力顶峰的国家总是拒绝国际货币改革，因为这会降低它自身的垄断力量。[①] 人民币国际化在客观上是中国影响力的全球扩张，但其根源却是现行国际金融秩序不合理，以及发展中国家对推动国际金融秩序改革的强烈愿望，与改革受到美国为主导的既有秩序领导者和受益者阻挠的矛盾。美国作为国际货币金融霸权国家，拒绝改革冷战结构而坚持让其他国家效仿自己的道路，它不仅没有避免全球的不稳定，反而助长了

---

① 参见〔美〕罗伯特·蒙代尔、保罗·扎克：《货币稳定与经济增长》，张明译，中国金融出版社2004年版，第21页。

这种不稳定。① 同时，就国际货币秩序的稳定而言，多种货币的竞争—合作关系能够改善国际货币体系的可持续性，这种治理结构可以减轻单个国际货币发行国为了提供储备资产而面临的财政压力，即多国财政能力都可以被用于作为发行国际货币的抵押物的情形更加适应世界经济持续增长的需要。

一、人民币在国际金融组织地位的提升

在官方领域，货币国际化还体现在价值尺度上，它意味着该国货币被用来衡量另一货币的价值，如成为实行盯住汇率制国家被盯住的货币，或成为 IMF 特别提款权的组成货币。

（一）我国在 IMF 中持有份额比例和投票权的提升

在 20 世纪 80 年代中国恢复 IMF 成员国身份时，虽然在该组织内持有份额比例仅次于几个西方发达国家，但中国并未寻求在该组织发挥核心作用。② 这一时期中国的关注点集中在理解和认识国际规范与机制，而非影响和改制。③ 在改革开放初期，中国曾向基金组织借用两笔贷款，用于弥补国际收支逆差，支持经济结构调整和经济体制改革。到 20 世纪 90 年代初，中国全部偿还基金组织贷款，并通过基金组织参与针对发展中国家的减贫增长贷款和重债穷国减债计划。此后，中国一直是基金组织的债权国，在亚洲金融危机期间，中国参与

---

① See Chalmers Johnson, *Blowback: the Costs and Consequences of American Empire*, Henry Holt, 2004, p. 214.
② See Harold K. Jacobson & Michel Oksenberg, *China's Participation in the IMF, the World Bank, and GATT: Toward a Global Economic Order*, University of Michigan Press, 1990, pp. 109-110.
③ 参见蒲晓宇：《中国与国际秩序的再思考：一种政治社会学的视角》，载《世界经济与政治》2010 年第 1 期，第 26 页。

基金组织业务，出资 25 亿美元。① 2008 年美国金融危机以后，国际社会对于改革现行国际货币体系弊端的呼声日益高涨。2009 年 3 月，中国人民银行行长周小川撰写了《关于改革国际货币体系的思考》一文，倡议用超主权储备货币替代美元，表明发展中国家改革国际货币体系的意愿。虽然各国政府关于国际货币体系改革尚未达成一个官方协议，但是在中国和其他新兴经济体的积极倡议下，新兴国家在国际货币基金组织和世界银行的份额得到了提升，发展中国家经济实力提升得到了反映。2016 年 1 月 27 日，IMF 份额改革正式生效，中国份额占比从 3.996% 上升至 6.394%，成为仅次于美国和日本的 IMF 第三大份额国。②

（二）人民币纳入 SDRs 货币篮子与人民币国际地位的提升

SDRs 是基金组织在 1969 年创设的国际储备资产。SDRs 最初创设的目的之一是支持布雷顿固定汇率体系。参加这一体系的国家需要官方储备，即政府或中央银行持有的黄金和广为接受的外币。这些储备可用于在外汇市场上购买本国货币，以维持本国货币汇率。但两种主要储备资产（黄金和美元）的国际供给不足以支持当时的世界贸易扩张和金融发展。因此，国际社会决定在基金组织支持下创造一种新的国际储备资产，用来补充其成员国的官方储备。然而，在 SDRs 创造后仅仅几年，布雷顿森林体系崩溃，主要货币转向浮动汇率制度。此外，国际资本市场的增长便利了有信誉的政府借款。这两个变化降低了对 SDRs 的需求。但最近，总额为 1826 亿 SDRs 的 2009 年 SDRs 分配在向全球经济体系提供流动性以及补充全球金融危机期间各成员

---

① 参见《国际货币基金组织》，http://www.pbc.gov.cn/goujisi/144449/144490/144541/783610/index.html。

② 参见傅苏颖：《IMF 份额改革正式生效，中国投票权升至第三》，载《证券日报》2016 年 1 月 29 日，第 A02 版。

国的官方储备中发挥了关键作用。①

SDRs 的价值最初确定为相当于 0.888671 克纯金，与当时的 1 美元价值相等。1973 年布雷顿森林体系崩溃后，SDRs 被重新确定为一篮子货币。基金组织每五年审查一次 SDRs 篮子估值方法，以确保其反映主要货币在世界贸易和金融体系中的相对重要性，旨在加强 SDRs 作为储备资产的吸引力。同时，每五年，基金组织会审查 SDRs 中货币的地位，以确保它反映各种货币在世界贸易和金融体系中的相对重要性，并为纳入新的货币提供机会。

通常，纳入货币篮子的货币由货物和服务出口价值最大的成员国或货币联盟发行，并被基金组织定义为"可自由使用"。出口标准旨在确保有资格纳入篮子的货币是由那些在全球经济中发挥核心作用的成员国/货币联盟发行的。而"可自由使用标准"则在 2000 年加入，以体现金融交易对 SDRs 篮子估值的重要性。《国际货币基金组织协定》对"可自由使用"货币的定义为：在国际交易支付中被广泛使用及在主要汇兑市场中被广泛交易。2015 年 11 月，国际货币基金组织宣布，自 2016 年 10 月 1 日起，人民币被认定为可自由使用货币，并将作为第五种货币，与美元、欧元、日元和英镑，共同构成 SDRs 货币篮子。国际货币基金组织总裁拉加德表示："执董会关于将人民币纳入 SDRs 货币篮子的决定是中国经济融入全球金融体系的一个重要里程碑。它是对中国在过去多年来在改革其货币和金融体系方面取得成就的认可。中国在这一领域的持续推进和深化将推动建立一个更加充满活力的国际货币和金融体系。"② IMF 判断人民币符合加入货币篮子的标准包括：作为世界第三大出口国（按照过去 5 年出口衡量），

---

① 参见《特别提款权（SDR）》，http://www.imf.org/external/np/exr/facts/chi/sdrc.pdf。

② 《欢迎国际货币基金组织的决定——人民币获批加入特别提款权货币篮子》，载《人民日报》2015 年 12 月 1 日第 3 版。

符合第一项加入标准；IMF 决定，人民币从 2016 年 10 月 1 日起被认定为可自由使用货币，达到加入货币篮子的第二项标准。同时，我国已经采取一系列广泛的措施促进人民币业务，IMF 及其成员国和 SDRs 的其他使用方有充分渠道进入在岸市场，开展与 IMF 有关的交易和储备管理交易，不存在显著障碍。

IMF 还采纳了决定 SDRs 篮子货币权重的新公式，以解决 1978 年以来采用的公式一直存在的问题。新公式是 2010 年特别提款权定值方法审议时提出的两个备选方案之一。在新公式下，货币发行国的出口和综合金融指标具有相同的权重。金融指标包括，非货币发行国的货币当局持有的以货币发行国（或货币联盟）货币计值的官方储备，以该货币计值的外汇市场交投总额，以及以该货币计值的国际银行负债和国际债务证券总余额，上述三个指标所占比例相同。根据按新公式确定的以下权重，决定 2016 年 10 月 1 日生效的新 SDRs 篮子中的五种货币中的每一种的数量：美元 41.73%（2010 年审议时的权重为 41.9%），欧元 30.93%（2010 年审议时的权重为 37.4%），人民币 10.92%，日元 8.33%（2010 年审议时的权重为 9.4%），英镑 8.09%（2010 年审议时的权重为 11.3%）。① 人民币被纳入 SDRs 的象征性意义在于，人民币的国际地位获得 IMF 的认可，从而有利于人民币在全球金融中地位的不断提升。而在实质性的意义方面，它意味着人民币可以和美元、欧元、英镑和日元一样，成为所有 IMF 成员国持有的主要全球储备资产之一。2016 年 12 月，IMF 在网站上发布了截至 2016 年 12 月的"官方外汇储备货币构成数据"，首次单独列出人民币的持有情况。其中，各国共拥有 845.1 亿美元计价的人民

---

① 参见《关于 2015 年特别提款权审查的问题与解答》，http://www.imf.org/external/np/exr/faq/sdrfaqc.htm。

币储备,在 8 种货币中排在第 7 位。①

二、人民币国际化与人民币承担的国际责任

人民币国际化要与其所承担的国际责任相辅相成。这个责任即向全球提供公共品。公共品既包含政治层面的和平安全,还包括能够维护和建立一套稳定的可持续的经济体系。在这套体系中,涉及贸易、投资和国际援助。在贸易领域,中国对外贸易已经形成较成熟的跨境网络;但在投资领域,即使在国际上,也缺乏通行的国际规则(WTO 体系下的 TRIMs 只涉及与贸易有关的投资规则,ICSID 适用于解决国家与他国国民间的投资争端,MIGA 则仅就在发展中国家的投资提供政治风险保险),因此,中国需要推进新的国际投资规则的达成,为国际提供公共品;最后,为了推进各国接受人民币,还需要建立有效的国际援助体系,不仅包含平常的经济支持,还包括发生危机时的援助,为这些国家和地区使用人民币提供安全和稳定。因此,从中短期而言,人民币应立足于区域化,建立广泛使用人民币的货币区域,为区域国家提供新的金融稳定机制,构建金融安全帽,防范区域的金融风险。从长期而言,人民币国际化则应突破政治、经济、文化等多种复杂因素的约束,获得更广袤范围上的流通和货币职能的全面发挥,实现从传统的国际经济治理的参与者和受惠者向规则和秩序的制定者和设计者转变。

---

① "官方外汇储备货币构成"(COFER)是基金组织统计部管理的一个数据库,在单独列出人民币储备信息后,该数据现已包括美元、欧元、人民币、日元、英镑、澳元、加元、瑞士法郎等 8 种货币。其他所有货币则被包含在"其他币种"项下,不作区分。参见《基金组织发布包括人民币持有情况的外汇储备货币构成数据》,http://www.imf.org/zh/news/articles/2017/03/31/pr17108-imf-releases-data-on-the-currency-composition-of-foreign-exchange-reserves。

第三章

自贸试验区—"一带一路"战略与人民币国际化的法律制度构建

2013年3月，李克强总理在上海浦东外高桥保税区调研时，提出试点建立自由贸易试验区的建议，以推动政府职能转变，以及金融制度、贸易服务、外商投资和税收政策等多项改革措施的建设。2013年9月，国务院发布《关于印发中国（上海）自由贸易试验区总体方案的通知》，上海自由贸易试验区正式挂牌成立。2014年12月，国务院决定新设广东、天津和福建三个自贸试验区，并扩大上海自贸试验区的范围。2015年4月，国务院印发通知，批准天津、福建、广东自贸试验区进一步深化改革开放方案。其中，自贸试验区金融业务的发展是对人民币国际化的有力支持，可使我国对外投资者获得国内银行的金融支持，保障其在对外交往中的资金安全和投融资便利，获得国际市场的低成本资金和金融产品，同时也可为外国投资者提供更加便利的投融资和结算服务。

另一方面，古丝绸之路曾经是欧亚之间贸易交往的主要通道，对当时社会发展起到了巨大的推动作用。2013年，习近平主席在哈萨克斯坦访问时提出建设丝绸之路经济带的战略构想，随后又在上海合作组织成员国元首理事会第十三次会议上提出，建设丝绸之路经济带要"加强政策沟通、道路联通、贸易畅通、货币流通、民心相通，以点带面，从线到片，逐步形成从中国、中亚到西亚及欧洲的区域大合作"。党的十八届三中全会也明确提出"推进丝绸之路经济带建设，形成全方位开放新格局"。① 其中,货币流通是"一带一路"战略的重要组成部分,通过对国际合作及全球治理新模式的积极探索,将对以发达国家为主导的传统国际货币秩序形成制衡。

第一节 自贸试验区与人民币国际化法律制度的构建

回顾过往三十余年,我国法律体系大致经历了三次较大的变革。第一次是改革开放初期;第二次是20世纪90年代市场经济的地位被确认之后;第三次大的法律制度变革发生在21世纪初期,由我国加入WTO引发。自贸试验区则将引领我国法律体系的第四次大规模变革。② 与我国改革开放初期所采用的"政策优惠型"模式不同,自贸试验区的目标并非形成"政策洼地",而是先行先试,促进制度创新。但我国的立法体系长期以来是自上而下的固化结构,地方立法不能僭越中央的立法,自贸试验区作为自下而上的制度改革探索,需要法律化的规则为相应的制度变革的正当性与合法性提供法律上的解释与支撑。

一、自贸试验区的制度创新——"重大改革,与法有据"的改革脉络

从立法角度看,过去立法大都是为了总结和巩固改革经验,通常

---

① 将中国的"一带一路"计划与马歇尔计划相类比并非偶然,二者都是崛起的力量试图利用经济手段实现对外政策目标,当然也包括支持国内经济发展的基本目标。但马歇尔计划作为战后美国对西欧的援助计划,首先是政治和安全战略,具有明显的排他性和谋求势力范围的特征,通过有附加条件的对欧援助,实现对欧洲经济和政治的双重控制,遏制苏联社会主义影响,是两大阵营形成的转折点,冷战的起源之一。

② 参见黄韬:《自贸区试验与国际金融中心建设的法制变革需求》,载《上海交通大学学报(哲学社会科学版)》2014年第3期,第14页。

是先试点,总结经验之后上升为法律,立法是为了总结和巩固改革经验。而自贸试验区先行先试的事项,如海关、金融、外资、外贸等都涉及国家事权,现行法律、法规均有明确的规定,不是在无法可依、无章可循的情况下要求国家立法机关赋予地方制定地方性法规的权力。因此,自贸试验区如希望进行制度创新,为全国新一轮改革开放探索新路,就必须依法停止现行法律、法规的部分规定,取得在自贸试验区各项先行先试事项推进过程中相关法律、法规调整的可能性。①习近平主席在2014年2月28日召开的中央全面深化改革领导小组第二次会议中强调,"凡属重大改革都要于法有据。在整个改革过程中,要高度重视运用法治思维和法治方式,发挥法治的引领和推动作用,加强对相关立法工作的协调,确保在法治轨道上推进改革。"② 同时,十八届四中全会审议通过的《中共中央关于全面推进依法治国若干重大问题的决定》也指出,必须坚持立法先行,发挥立法的引领和推动作用,实现立法和改革决策相衔接,做到重大改革于法有据,立法主动适应改革和经济社会发展需要。重要改革举措需要得到法律授权,让改革按法律程序进行,确保一切改革举措都在法治的轨道上推进。

为解决有关法律规定在三个新设自由贸易试验区以及上海自由贸易试验区扩展区域的调整实施问题,国务院向全国人大常委会提交了《关于授权国务院在中国(上海)自由贸易试验区等国务院决定的试验区内暂时停止实施有关法律规定的决定(草案)》的议案。2013年

---

① 参见丁伟:《中国(上海)自由贸易试验区法制保障的探索与实践》,载《法学》2013年第11期,第108页。

② 习近平:《凡属重大改革都要于法有据》,http://news.xinhuanet.com/fortune/2014-03/01/c_126207261.htm。

8月30日，十二届全国人大常委会第四次会议通过了《关于授权国务院在中国（上海）自由贸易试验区内暂时调整实施有关法律规定的行政审批的决定》。[①] 2014年12月28日，全国人大常委会通过《关于授权国务院在中国（广东）自由贸易试验区、中国（天津）自由贸易试验区、中国（福建）自由贸易试验区以及中国（上海）自由贸易试验区扩展区域暂时调整有关法律规定的行政审批的决定》，暂时调整《外资企业法》《中外合资经营企业法》《中外合作经营企业法》和《台湾同胞投资保护法》规定的有关行政审批。

二、自贸试验区的金融创新

金融改革包括人民币国际化属于扩大服务贸易领域开放的内容，同时又与营商环境改革、政府管理方式改革的关系十分密切。从2014年上海自贸区、2015年适用于四个自贸试验区的外商投资准入特别措施的负面清单规定来看，自贸试验区金融业的扩大开放较之《产业目录》极其有限，主要涉及对银行业股东机构类型的要求，对银行业资质的要求，银行业股比限制，外资银行须满足的条件；期货公司、证券公司、证券投资基金管理公司外资占比限制；证券和期货交易限制；保险机构设立和保险业务限制。而自贸试验区的金融创新更多体现在经营阶段。

以上海自贸试验区为例，上海早在2009年就提出上海国际金融中心建设的目标、任务、措施等，力争到2015年基本确立上海的全

---

① 为了提供暂停实施有关法律规定后的保障措施，关于《关于授权国务院在中国（上海）自由贸易试验区内暂时调整实施有关法律规定的行政审批的决定（草案）》的说明指出，国务院有关部门和上海市等有关地方人民政府除及时制定和调整负面清单、完善国家安全审查制度外，还将通过反垄断审查、金融审慎监管等手段，构建风险防御体系。

球性人民币产品创新、交易、定价和清算中心地位，到 2020 年基本建成与我国经济实力和人民币国际地位相适应的国际金融中心。上海自贸试验区成立后，国务院分别于 2013 年 9 月和 2015 年 4 月，印发《中国（上海）自由贸易试验区总体方案》《进一步深化中国（上海）自由贸易试验区改革开放方案》。据此，上海市人大发布《中国（上海）自由贸易试验区管理办法》《中国（上海）自由贸易试验区条例》，上海市会同"一行三会"出台了支持自贸试验区建设的"51 条"意见，① 上海的"一行三局"出台了相应的实施细则，确立了金融支持自贸区建设的总体政策框架。截至 2015 年 12 月，上海自贸试验区金融工作协调推进小组办公室、市金融办会同"一行三局"、市发改委和自贸试验区管委会共同发布自贸试验区五批金融创新案例，鼓励更多金融机构围绕实体经济需求开展金融产品和服务创新。这五批案例均涉及人民币国际化的相关内容，如第一批案例中的支付结算、存款利率市场化和区内金融机构集聚，第二批案例的自由贸易账户开立和相关业务创新、人民币跨境使用范围的进一步拓宽、外汇管理改革措施进一步落实和融资方式的进一步创新，第三批案例的扩大人民币跨境使用的业务创新，第四批案例的分账核算单元建设、自由贸易账户服务功能创新、外汇管理改革创新，第五批案例的利率市场化、金融市场创新、跨境金融服务和监管创新。

---

① 围绕自贸区金融改革任务，"一行三会"先后出台 51 条指导意见，其中央行 30 条意见包括自由贸易账户体系、资本账户可兑换、利率市场化、人民币跨境使用、外汇管理体制改革和风险管理六方面内容；银监会的 8 条措施主要是支持中外资银行入区经营发展，支持民间资本进入区内银行业；证监会的 5 条措施旨在深化资本市场改革、提升我国资本市场对外开放度；保监会的 8 项措施侧重于完善保险市场体系，促进功能型保险机构的聚集。

三、自贸试验区推动人民币国际化的制度创新

在总体方案的基础上,自贸试验区在跨境人民币支付和使用、外汇管理、分账管理等方面推出了一系列新的政策和操作细则。2013年12月,中国人民银行出台《关于金融支持中国(上海)自由贸易试验区建设的意见》(以下简称《30条意见》)。2015年10月,中国人民银行、商务部、银监会、证监会、保监会、外汇局、上海市人民政府印发《进一步推进中国(上海)自由贸易试验区金融开放创新试点 加快上海国际金融中心建设方案》(以下简称《40条意见》),进一步扩大人民币的跨境使用,贸易、实业投资、金融投资三者并重,积极推动资本和人民币"走出去",不断扩大境外人民币进入境内投资金融产品的范围,使人民币可以成为全球主要的支付、清算、储备和定价的货币。2015年12月,中国人民银行发布《关于金融支持(天津)(福建)(广东)自由贸易试验区建设的指导意见》,在总结和借鉴上海自贸试验区成功经验基础上,积极探索准入前国民待遇加负面清单管理模式,简政放权,着力推进人民币跨境使用、人民币资本项目可兑换和外汇管理等领域改革创新,推动市场要素双向流动。

(一)账户管理措施的创新

贸易、投资便利化旨在通过对贸易、投资程序进行简化和协调,加速各种要素的跨境流通,从而为国际贸易、投资活动创造一个更为便利、透明、可预见的环境,其中就包含简化行政审批,取消不必要的费用,尽可能地实现外汇管理措施的便利化。国务院在上海、天津、福建、广东自贸试验区的管理办法中都提及完善人民币涉外账户管理模式,简化人民币涉外账户分类,促进跨境贸易、投融资结算便

利化。账户管理措施的创新包括上海自贸试验区的自由贸易账户模式和天津、福建、广东自贸试验区的投融资账户模式。

1. 上海自贸试验区自由贸易账户模式

2014年2月，中国人民银行上海总部印发《关于上海市支付机构开展跨境人民币支付业务的实施意见》《关于支持中国（上海）自由贸易试验区扩大人民币跨境使用的通知》，对支付机构开展跨境人民币支付业务实行事后备案和负面清单管理，标志着跨境人民币扩大使用相关政策在自贸试验区正式落地。同时，国家外汇管理局上海市分局颁布《关于印发支持中国（上海）自由贸易试验区建设外汇管理实施细则的通知》，大幅简化银行和企业经常项目业务流程。2014年5月，上海自贸试验区跨国公司总部外汇资金集中运营管理试点启动，主要内容包括创新跨国公司账户体系、进一步简化单证审核、便利跨国公司融通资金、资本金结汇采取负面清单管理、加强统计监测防控风险。5月22日，中国人民银行上海总部印发《中国（上海）自由贸易试验区分账核算业务实施细则（试行）》和《中国（上海）自由贸易试验区分账核算业务风险审慎管理细则（试行）》，标志着自贸区风险管理账户体系的政策框架已基本成型，为在试验区先行先试资本项目可兑换等金融领域改革提供了工具和载体。2014年6月，中国人民银行上海总部正式启动自由贸易账户业务。

分账管理的账户体系设置是自贸区金融活动的基础，"分账管理体系"下的"识别和隔离"功能使在上海自贸试验区内进行资本项目开放实验成为可能。自自由贸易账户业务启动之日起，所有符合条件的区内主体和境外机构可在上海市已通过系统接入验收的金融机构开设并使用自由贸易账户。账户类型包括区内机构自由贸易账户、境外机构自由贸易账户、区内个人自由贸易账户、区内境外个人自由贸易账户，以及同业机构自由贸易账户。自贸试验区的自由贸易账户区分居民和非居民两类主体进行规制：(1) 试验区内的居民可通过设立居民自由贸易账户实现分账核算管理，在符合必要条件的前提下开展投融资创新业务，包括：企业跨境直接投资；区内就业个人开展证券投资在内的各类境外投资；区内个体工商户向其在境外经营主体提供跨境贷款；在区内就业的境外个人开展包括证券投资在内的各类境内投资；以及区内金融机构、企业参与证券、期货交易，区内企业的境外母公司在境内发行人民币债券等。(2) 非居民可在试验区内银行开立非居民自由贸易账户，按准入前国民待遇原则享受相关金融服务。居民自由贸易账户与境外账户、境内区外的非居民账户、非居民自由贸易账户以及其他居民自由贸易账户之间的资金可自由划转。同一非金融机构主体的居民自由贸易账户与其他银行结算账户之间因经常项下业务、偿还贷款、实业投资以及其他符合规定的跨境交易需要可办理资金划转。居民自由贸易账户与境内区外的银行结算账户之间产生的资金流动视同跨境业务管理。

通过这种安排，就境内投资者而言，直接在上海自贸区内进行境外投资，有利于丰富居民投资手段，拓宽民间资金的投资渠道，促进居民金融资产保值增值，可以降低民间资金通过非法渠道流向境外的可能，也便于监管机构监控和引导民间资金流向。同时，自由贸易账户还有利于人民币市场的发展。金融机构按照"标识分设、分账核算、独立出表、专项报告、自求平衡"的管理要求，分账核算单元对自由贸易账户提供可兑换服务形成的本外币头寸，原则上要在区内或境外平盘，将促进境外人民币市场的活跃，也有利于人民币汇率形成机制的有效运行。

2. 天津、福建、广东自贸试验区的投融资账户模式

与之不同，《关于金融支持（天津）（福建）（广东）自由贸易试验区建设的指导意见》对天津、福建、广东三个自由贸易试验区则采取投融资账户的模式，即符合条件的区内机构应在自贸试验区所在地外汇分局辖内银行机构开立资本项目——投融资账户，办理限额内可兑换相关业务。在自贸试验区内注册的、负面清单外的境内机构，按照每个机构每自然年度跨境收入和跨境支出均不超过规定限额（暂定等值 1000 万美元，视宏观经济和国际收支状况调节），自主开展跨境投融资活动。限额内实行自由结售汇。其与自由贸易账户的区别在于：首先，自由贸易账户项下，对经常项目业务、偿还贷款、实业投资以及其他符合规定的跨境交易需要可办理资金划转，投融资账户下仅允许货物贸易外汇管理分类等级为 A 类的企业无须对货物贸易收入开立待核查账户，并对直接投资、对外放款等外汇登记手续作了放宽规定；其次，就资本项目可兑换而言，自由贸易账户不存在主体、总额的限制，投融资账户仅适用于境内机构，其限额视宏观经济和国际收支状况调节。

（二）扩大人民币跨境使用、管理的措施

跨境人民币业务从跨境贸易人民币结算试点起步，试点范围和领域不断扩大，目前业务已涵盖货物贸易和服务贸易等经常项下以及直接投资等部分资本项目项下的跨境人民币结算业务。随着跨境人民币业务量的增多，业务品种的不断开拓，如何支持和鼓励企业进行资金管理创新，并加强人民币跨境监管同时提高企业使用人民币的效率是亟待解决的问题。对于跨国集团，更重要的还在于希望运用集团财务结算中心的集中收付能力开展集团内人民币跨境业务。2014 年 2 月，中国人民银行上海总部发布《关于支持中国（上海）自由贸易试验区

扩大人民币跨境使用的通知》，跨国企业集团可以根据自身经营和管理需要，在境内外非金融成员企业之间开展跨境人民币资金余缺调剂和归集业务。在这一框架下，跨境双向资金池可以为集团成员疏通境外人民币资金合规入境渠道，让境外资金合规、便捷地进入境内，降低集团综合融资成本。同时，跨境双向资金池还可以将集团境内外盈余资金归集，提高内部资金运用效率。在资金用途上，参与归集的人民币资金应为企业生产经营活动和实业投资活动中产生的现金流，融资活动产生的现金流暂不得参与归集。此后，跨国企业人民币双向资金池管理扩大到四个自贸区，而在全国，2014年11月中国人民银行《关于跨国企业集团开展跨境人民币资金集中运营业务事宜的通知》和2015年9月《关于进一步便利跨国企业集团开展跨境双向人民币资金池业务的通知》将人民币双向资金池管理在全国推广，但对跨国企业集团的经营时间、年度营业收入和净流入额上限存在限制。就风险防范而言，由于双向资金池管理借助商业银行这一交易中介，且原则上仅设立一个资金池（如确需设立多个资金池，应向人民银行总行备案），有利于银行及时、准确、完整地取得跨境资金信息，在归集账户的基础上监测资金流动，完善事后监管。

  自贸试验区扩大人民币跨境使用的措施还包括自贸试验区内银行业金融机构同业拆借，非银行金融机构和企业从境外借用人民币资金，金融机构和企业在境外发行人民币债券等方面逐步放开，并支持在自贸试验区内设立跨境人民币投资基金，以及开展人民币计价结算的跨境租赁资产交易、人民币境外证券和境外衍生品等投资业务。同时，广东、福建自贸试验区推动人民币跨境流动的措施还包括涉港澳台地区的特殊政策和优惠举措。（见本书附录）

(三) 自贸试验区人民币国际化的监管体系

1. 针对账户管理措施的监管

由于区内与境内区外的资金流转体系彼此独立，自由贸易账户基本实现了"一线放开、二线管住"的要求，便于识别区内主体的各类资本交易项目，使区内与境内资本形成有效隔离。有学者指出，这种隔离虽然可以防范境外和区内金融风险向境内区外传播，但也导致区内市场与境内市场的相互隔离，自贸试验区人民币资本市场更类似于离岸金融市场。[①] 离岸市场的种类可以分为内外混合型、内外分离型、渗透型和避税港型。因为自贸试验区的目标是形成可复制可推广的经验，因此应为渗透型。渗透型离岸金融市场对在岸市场的渗透机制主要有3条途径：账户渗透、产品渗透以及金融机构自身账户之间的渗透。账户渗透是最直接最原始的渗透途径，通过在岸账户与离岸账户之间的借贷来实现资金的转移渗透，将离岸资金注入在岸实体经济。产品渗透指的是在初期的账户渗透之后，通过新型的金融衍生品吸引在岸闲余资金或提供在岸企业风险规避。金融机构自身账户之间的渗透指国际金融机构、跨国公司由于目前外汇管制较为严格，主要在新加坡、中国香港等离岸市场开设账户，当这些金融机构和跨国公司在自贸试验区内的离岸金融市场开设账户并转移资金进来，可以发挥资金的集聚效应。[②]

和其他地方的人民币的离岸市场相比，包括香港的人民币离岸市场相比，上海自贸试验区的人民币离岸金融市场直接处于中国法律管

[①] 参见韩龙：《试验区能为人民币国际化提供资本项目开放的有效试验吗？》，载《上海财经大学学报》2014年第4期，第92—93页；赵大平：《人民币资本项目开放模型及其在上海自贸区的实践》，载《世界经济研究》2015年第6期，第48页。

[②] 参见上海财经大学自由贸易区研究院编著：《赢在自贸区2——经济新常态下的营商环境和产业机遇》，北京大学出版社2015年版，第100页。

辖与政府管控之下。然而，随着自贸试验区金融改革和人民币国际化的推进，这种管控很有可能发展为"一线不完全放开、二线不完全管住"。自贸试验区只要是真正与国际金融市场接轨，先行先试，则其与"区外境内"一定会产生利息差、汇率差。如果两者之间不设置一定的资本流动隔离机制，那么，自贸试验区资本项目下可兑换就会立即变成全国性的人民币可兑换，设置自贸试验区先行先试就会变成多余。如果设置完全阻断的隔离机制，即只允许自贸试验区与境外的资金自由兑换，而与"区外境内"的资金往来却采取完全隔离措施，那么，自贸试验区货币可兑换的溢出价值就不大。[①] 而实际上，设立上海自贸试验区的目的并不是建成一个"飞地"型的离岸中心，而是建成一个引领中国金融体系向更高层次开放的示范区，这就需要在现有自由贸易账户体系基础上进一步进行投融资汇兑创新，增加区内与境内区外资金流动总量管控模式，并逐步放开，以监测资本账户开放对金融稳定的影响。

2. 自贸试验区框架下人民币国际化的风险防范机制

金融创新是自贸试验区最重要的改革领域，自贸试验区强调的是事中事后监管，由于自贸试验区金融业务较之境内传统的金融业务更为开放，如缺乏完整的监管政策制度和法律体系，仅凭业务开放后的事中事后监管，有可能使自贸试验区金融业务处于监管的真空地带，无法发挥监管机构的有效规范作用。

首先，自贸试验区人民币资本项目开放之后，资本自由流动与人民币汇率稳定便难以兼得，即当自贸试验区资本项目对外开放之后，人民币汇率一旦受到国际风险资本的套利冲击将面临大幅波动的风

---

① 参见贺小勇：《中国（上海）自由贸易试验区金融开放创新的法制保障》，载《法学》2013年第12期，第120页。

险。如果人民币汇率在自贸试验区内大幅波动，在区内与境内存在规避监管途径的情况下，自贸试验区内的汇率大幅波动必然导致全国范围的汇率波动。为此自贸区的资本项目开放实验应采用折中方法绕过"三元悖论"陷阱，逐渐放宽汇率、利率波动幅度，以便利率市场化波动和汇率市场化波动共同吸收资本流动带来的价格冲击，换取资本自由流动范围的扩大，增加货币政策的操作空间，以加速推进金融改革，形成有效的人民币汇率、利率市场价格机制，使资本市场的潜在风险不断得到释放。①

其次，自贸试验区对跨境资本流动监管的实现途径主要是银行账户资金管理，对于一般企业难以实现有效监管。而《进一步推进中国（上海）自由贸易试验区外汇管理改革试点实施细则》采用的仍然是《外汇管理条例》第 39 至 51 条的处罚规定，对于金融机构只有在违规或超出批准范围进行外汇操作时才予以处罚。因此，银行只要证明其遵守了"展业三原则"，则无须为企业事后操作中的违规行为负责，而此时，如果企业对于资本项目和经常项目项下资金混同使用，或者擅自改变结汇资金用途等只能通过企业自律。为此，外汇管理局应该加强对企业直接监管的频率，通过对自贸试验区内企业，及其与境内区外或境外关联企业间经常项目和资本项目交易不定期抽查，增加监管威慑力，提高违规成本。

最后，资本项目可兑换的最终实现需要考虑可兑换后跨境资金流动的情况判断，以及从有利于国家抵御外部冲击风险的角度着手，使各项改革既能释放制度红利，更能推动金融支持实体经济的发展。自贸试验区进一步放开资本项目后，在行政监管方面，对基本可兑换项

---

① 参见赵大平：《人民币资本项目开放模型及其在上海自贸区的实践》，载《世界经济研究》2015 年第 6 期，第 52 页。

目,如直接投资等从事前审批转变为事中和事后监管,而存在限制的项目,如跨境融资、跨境证券投资等从数量限制、结汇资金使用等方面进行限制,日常交易和汇兑则通过数据监控作为主要内容为跨境资本流动提供基本保障。本书认为,在自贸试验区可以先行尝试价格控制措施,通过增加交易成本限制资本流动,并在情况严重时重新采取临时性的数量限制工具。

第二节 "一带一路"战略与人民币国际化法律制度的构建

货币区域化是指一国货币在其周边一定区域范围内广泛地履行价值尺度、交易媒介和储藏手段等职能。实现这一目标,不仅要求市场需求的支持,同时,还需要政府的积极推动,而人民币区域化的现实性与可行性为区域的需求所决定。我国与周边国家和地区的经贸联系紧密,"一带一路"战略能够促进中国与周边国家的区域经济一体化的发展,为人民币扩大影响力实现区域化提供了扎实的基础。

一、"一带一路"战略与区域经济合作

在经济全球化和区域一体化这一世界经济发展的态势下,单一国家很难脱离全球和区域经济发展的影响。东亚、南亚国家与中、西亚国家缺乏互联互通,已经成为制约亚洲国家合作共赢进而实现亚洲整

体崛起的重要障碍。① 因此，一些国家提出促进区域互联互通的倡议，②如印度的"棉花之路"③"香料之路"④，目的就在于恢复印度在印度洋的贸易和文化优势。而中国提出的"一带一路"战略旨在借用古代"丝绸之路"这一历史符号，以和平发展、互利共赢为宗旨，以加强亚洲国家之间的互联互通为切入点，主动发展与沿线国家的经济合作伙伴关系，从而实现"共同打造政治互信、经济融合、文化包容的利益共同体、命运共同体和责任共同体"这一目标。

"一带一路"战略很快得到沿线国家的支持。2014年5月，哈萨克斯坦总统纳扎尔巴耶夫在同中国国家主席习近平会谈时表示："哈方积极支持和参与丝绸之路经济带建设，拉动经贸、交通和边境口岸基础设施建设、金融等领域合作。"⑤ 乌兹别克斯坦总统卡里莫夫在同习近平主席会谈时表示："乌方决心同中国发展更为紧密的伙伴关系。乌方赞赏中国对中亚国家真诚奉行睦邻友好和互利合作政策，愿意积极参与中方建设丝绸之路经济带和亚洲基础设施投资银行的重要倡

---

① 参见王达：《亚投行的中国考量与世界意义》，载《东北亚论坛》2015年第3期，第56页。

② 美国的"新丝绸之路"战略则具有浓厚的意识形态色彩和明显的地缘政治、地缘经济意图。其主要目的是谋求在中亚地区的长期存在，控制中亚地区丰富的油气资源和矿产资源，建立由美国主导的中亚、南亚新秩序。

③ "棉花之路"源于古代印度在印度洋区域的棉花贸易活动，该计划在2015年3月20日印度外交部智库"发展中国家研究与信息组织"（Research and Information System for Developing Countries）召开的国际会议提出。See To Counter China's New Silk Road, India is Working on Cotton Route, The Economic Times, March 23, 2015, http://articles.economictimes.indiatimes.com/2015-03-23/news/60404017_1_indian-ocean-rim-maritime-trade-silk-road-economic-belt.

④ "香料之路"是古代印尼、印度和斯里兰卡与中东、欧洲之间的香料贸易路线。该计划由印度喀拉拉邦旅游局2008年发起，其重心面向旅游、贸易和文化交流。在中国提出"一带一路"战略后，印度更加重视"香料之路"的规划和宣传，希望以此抗衡"一带一路"。See Rakesh Sharma, China's Ambitious Plan of Merging Its 'Silk Route' with India's 'Spice Route', Indians News, April 7, 2015, http://www.indiansnews.com/2015/04/07/chinas-ambitious-plans-of-merging-its-silk-route-with-indias-spice-route.

⑤ 杜尚泽、郝洪：《习近平同哈萨克斯坦总统纳扎尔巴耶夫举行会谈指出深化中哈战略合作大有可为》，载《人民日报》2014年5月20日，第1版。

议，全力确保中亚—中国天然气管线如期完成。乌方希望进一步扩大双边贸易，欢迎中方企业投资，加强矿业、交通等领域合作。"① 欧盟国家也积极支持和参与"一带一路"战略。2014年3月，《关于深化互利共赢的中欧全面战略伙伴关系的联合声明》指出："中欧双方决定共同挖掘中国丝绸之路经济带倡议与欧盟政策的契合点，探讨在丝绸之路经济带沿线开展合作的共同倡议。"② 2004年，中国与阿拉伯国家共同设立中阿合作论坛，成为中阿关系发展史上重要的里程碑。2014年6月，中国—阿拉伯国家合作论坛第六届部长级会议在北京召开，通过了《中阿合作论坛2014年至2016年行动计划》和《中阿合作论坛2014年至2024年发展规划》，提出，阿方对中方提出的关于建设"丝绸之路经济带"和"21世纪海上丝绸之路"的建议表示赞赏，愿同中方就此进行沟通，以实现双方的共同利益。③

另一方面，受地理区位、历史文化以及地缘政治等多种因素的影响，亚洲国家的经济发展水平普遍较低且差异巨大，经济多样化程度高、一体化程度低。无论从全球还是亚洲地区来看，发展中国家普遍面临着巨大的基础设施投资缺口，而现行国际融资体系所能提供的金融资源显得杯水车薪。按照亚洲开发银行对全球133个国家全球竞争力水平所做的一项排名，南亚国家总体上处在中低端水平，其中斯里兰卡、印度、巴基斯坦、孟加拉国、尼泊尔的排名分别位居第79、49、101、106和125。预计2010—2020年，亚洲发展中国家基础设

---

① 赵明昊：《习近平同乌兹别克斯坦总统会谈——强调携手共建平等互利、安危与共、合作共赢的中乌战略伙伴关系》，载《人民日报》2014年8月20日，第1版。
② 《关于深化互利共赢的中欧全面战略伙伴关系的联合声明》，载《人民日报》2014年4月1日，第2版。
③ 参见李潇：《中阿合作论坛第六届部长级会议闭幕》，载《人民日报》2014年6月6日，第3版。

施建设每年的资金需求为 7,760 亿美元。① 因此，这些国家需要拓展更多的融资平台和渠道，以更加多样、务实的方式满足发展中国家基础设施建设的融资需求。基础设施建设将有效降低贸易成本，使贸易对"一带一路"产生巨大推动作用。但"一带一路"中的基础设施项目大多带有公共产品属性，社会效用较高，投资周期长、经济收益偏低，供给的短期边际成本远远超出长期平均成本，容易造成现金流的严重期限错配。化解这一期限错配的有效途径之一是金融市场，通过发挥开发性金融②的力量，把政府信用与市场化、商业化运作结合起来。

因此，就国内而言，首先我国应加大开发性金融机构资本金投入，进一步完善国家开发银行、中国进出口银行等开发性金融机构的资本金补充机制，利用外汇储备充实资本金，提高以上缴税收、利润作为资本金再投入的比例。其次要引导商业银行与开发性金融机构开展合作。以定向宽松、税收优惠等手段，鼓励商业银行与开发性金融机构紧密合作，采用银团贷款、委托贷款等方式支持"一带一路"基础设施项目投资。就国际而言，我国则应利用已有的国际开发性金融机构、建立崭新的代表发展中国家利益的开发性金融机构作为融资平台，成为亚洲各国互联互通的突破口和主要路径。

二、人民币在"一带一路"沿线国家跨境流动的现状

在"一带一路"沿线国家，无论是贸易结算货币、银行间外汇市

---

① See Biswa Nath, Bhattacharyay, Estimating Demand for Infrastructure in Energy, Transport, Telecommunications, Water and Sanitation in Asia and the Pacific: 2010-2020, ADBI Working Paper Series, No. 248, September 2010, at http://www.adb.org/sites/default/files/publication/156103/adbi-wp248.pdf.

② 开发性金融是介于政策性金融和商业性金融之间的金融形态，在实现政府与市场两种机制的有效连接、克服"政府失灵"和"市场失灵"方面有其独特优势。

场的交易货币还是主要储备货币,均以美元为主。在"海上丝绸之路"上,与我国领土相邻、商业和人员往来异常密切的东盟诸国成为人民币流通最集中的区域。越南近年与我国的边境贸易额十分可观,在边贸结算中人民币结算占比很大,人民币在越南边境的使用已经合法化。在老挝,人民币几乎可以在全境进行消费、结算和计价等。但在陆上"丝绸之路经济带"上,我国与中亚的双边贸易目前以可自由兑换的美元为主要结算币种,较少使用人民币作为结算货币。例如,哈萨克斯坦对人民币认同程度较低,流通十分有限,实现人民币结算存在较多障碍。阿勒泰地区吉木乃口岸与哈萨克斯坦的迈哈布齐盖口岸相距不到 2 公里,吉木乃县与斋桑县相距仅 84 公里,但人民币和坚戈汇路并不畅通,由于哈萨克斯坦在宗教、文化、生活习性与我国存在较大差异性等,人民币在斋桑县流通并不普遍,贸易往来以及日常生活仍以美元现钞结算为主。①

但这种情况逐渐发生改变。目前,中国人民银行陆续与越南、蒙古、老挝、尼泊尔、俄罗斯、吉尔吉斯斯坦、朝鲜、哈萨克斯坦等国家的中央银行签订了双边边贸本币结算协定,允许在我国与周边国家的边境贸易结算中使用双方本币或人民币。在这些国家中,第一类是人民币在该国或边境地区已被广泛接受,承担了边贸支付和结算货币的职能,如越南、蒙古、老挝等。第二类是人民币在对方国家被广泛接受的基础尚未形成,但双方从便利和促进边境贸易的角度出发愿意推动本币结算。这些边境贸易双边本币结算协定都包括以下主要内容:允许两国本币(或只是人民币)用于两国边境贸易的结算;允许商业银行互相开立本币账户为边境贸易提供银行结算服务;允许商业

---

① 虽然哈国和我国相距不远,但直到 2011 年才正式推出人民币对坚戈直接汇率项下的现汇业务,2014 年 2 月在我国塔城地区实现现钞直接兑换业务。参见汪春林:《坚戈可以兑换人民币了》,http://www.tcxw.cc/html/2014/tachengyaowen_0219/2048.html.

银行在海关备案后跨境调运两国本币现钞;允许商业银行在边境地区设立两国货币的兑换点。

三、"一带一路"战略与人民币国际化

(一)"一带一路"战略对人民币国际化的推动作用

影响货币国际化的因素不仅包含地缘政治、货币联盟和条约等国际制度因素,还包含国内的政治根源。货币国际化涉及的国内金融体制和对外经济政策改革,需要政府部门的支持和对市场主体的引导。人民币国际化要求提高跨国交易中人民币使用比例和国外资产存量中以人民币计价资本的比例,即人民币在国际货币制度中的作用以及在经常交易、资本交易和外汇储备中地位的提升。实践中,自发的市场演进带来的货币国际化成果容易受到经济和市场环境变化的影响,而货币发行国通过政策推动,并通过明确的国际制度安排锁定,才能形成持久和稳定的国际货币使用习惯,确立和巩固国际货币地位。

2015年5月8日,国务院发布中国版工业4.0规划的《中国制造2025》,指出:"全球产业竞争格局正在发生重大调整,我国在新一轮发展中面临巨大挑战。国际金融危机发生后,发达国家纷纷实施'再工业化'战略,重塑制造业竞争新优势,加速推进新一轮全球贸易投资新格局。一些发展中国家也在加快谋划和布局,积极参与全球产业再分工,承接产业及资本转移,拓展国际市场空间。我国制造业面临发达国家和其他发展中国家'双向挤压'的严峻挑战。"在这种情势下,在贸易方面,重塑制造业竞争新优势并借助"一带一路"战略发展贸易有利于人民币国际化在贸易方面的进展。而且,我国通过"一带一路"加快实施"走出去"战略,加强与其他国家,特别是亚洲国家的经济、金融合作。在资本输出的过程中增加对外直接投资,能够

实现向全球产业链上游的扩张,一方面增加中国企业在国际经济贸易往来中的话语权,另一方面推动人民币计价功能的实现。同时,资本输出会带来后续的回流,这种回流既包括物质形态的原材料、中间品和最终产品,更重要的是金融形态以人民币或可兑换货币定值的投资回报、债务本息。

(二)"一带一路"组织机制对人民币国际化的推动作用

"一带一路"战略的展开,依托于既存的世界秩序这一外部约束条件,并与世界秩序之间存在相互建构的关系。"一带一路"并不排斥原有的合作机制,如上海合作组织(SCO)、中国—东盟"10+1"、亚太经合组织(APEC)、亚欧会议(ASEM)、亚洲合作对话(ACD)、亚信会议(CICA)、中阿合作论坛、中国—海合会战略对话、大湄公河次区域(GMS)经济合作、中亚区域经济合作(CAREC)等现有多边合作机制,而是在现有合作机制上促进经济要素有序自由流动、资源高效配置和市场深度融合,推动沿线各国实现经济政策,协调,建构一个更加包容的合作框架,深化合作程度。

同时,中国在"一带一路"区域国家也发起了新的一系列重大倡议及行动,包括亚投行、丝路基金、应急储备安排等,其实质是希望以这些带有区域公共产品性质的新机制和举措,激发、创造出能够为发展中国家,尤其是周边国家与中国共同分享的长期利益,从而培育出以扩散型互惠为基本特征的国际经济合作。与既有机制相比,新机制同样是基于市场规则、开放的多边机制,只是它更专注于长久以来既有机制忽视或运转失灵的领域,以互惠合作来创造共同利益。①

首先,与IMF决策机制中份额分配由GDP(权重为50%)、开放

---

① 参见孙伊然:《亚投行、"一带一路"与中国的国际秩序观》,载《外交评论》2016年第1期,第16页。

度、经济波动性以及国际储备等加权平均不同,亚投行"成员股本分配的基本参数为成员经济体量在全球经济总量中的相对比重,并在域内和域外两个类别中按照此原则分别进行计算。成员在全球经济中的比重按照国内生产总值(GDP)计算"。① 采用 GDP 作为股本分配的唯一标准,较之 IMF 更加客观,更能体现新兴市场国家、发展中国家的利益。

其次,20 世纪 90 年代后期,以俄罗斯为代表的转型国家和非洲、拉丁美洲的许多发展中国家的世行项目并没有促进经济增长和可持续发展,其结果导致世行项目被称为"治理的危机"。为应对这些批评,世界银行扩大经济调整项目的范围,推出"新贷款条件",将影响经济组织发展的非经济因素纳入考虑之中。世界银行的目标并非是恢复国家在经济中的角色,而是认为国家应该提供规制和监管的框架,这一框架涉及发展具有独立司法权的法律机构,使用专业监管者对宏观经济发展进行监管,强调人权,以及开展社会基础设施建设。"新贷款条件"对成员国体制、法律和监管结构发展的影响,使得人们开始质疑这是否属于干预成员国内政,从而超出《国际复兴开发银行协定》第 4 条第 10 款所规定的范围。实际上,世界银行前法律总顾问希哈塔(Shihata)在一份报告中谈到这个问题。他建议世界银行在向成员国推荐项目类型时要谨慎行事,尤其当这些项目涉及该国法律条例、司法、经济管理和广泛的体制改革时,因为这可能会使世界银行违反第 4 条第 10 款关于不得干涉成员国政治事务的规定。② 而对亚投

---

① 参见《亚洲基础设施投资银行协定的报告》。该报告为与会代表在协定谈判过程中,认为对文本的某些表述所形成的共同理解,纳入亚投行基本文件,用于解释协定时备查。
② See Tung Ko-Yung, The Rule of Law: From Rule Based to Value Based Paradigm, Unpublished Paper, The London Forum, March 12, 2003. 转引自〔英〕克恩·亚历山大、拉胡尔·都莫、约翰·伊特威尔:《金融体系的全球治理——系统性风险的国际监管》,赵彦志译,东北财经大学出版社 2010 年版,第 104 页。

行而言，其治理目标是"精简、廉洁和绿色"，其中，"绿色"指亚投行将促进经济的发展，信贷政策能够遵循绿色可持续发展的原则，在技术、金融、环境和社会等方面是可持续的。在亚投行发布的《环境和社会保障框架》中，"环境和社会政策"是其主体部分，规定了13项具体的业务要求，并对亚投行业务按照是否对环境和社会产生影响及影响的大小分类，并要求客户事先就如何规避环境和社会负面影响提交评估报告和管理计划。亚投行这样的安排不仅突出利益相关方的参与要求，同时能够通过有效磋商，推动亚投行项目的设计和实施。

最后，无论是丝路基金或者亚投行贷款，目前均以美元计价。但它们都按照市场化、国际化、专业化的原则开展投资业务，将运用股权、债权、基金、贷款等多种方式提供投融资服务，并与国际开发机构、境内外金融机构共同设立投资基金。[1]一方面，它能够在最大程度上争取国际社会的理解和认同，促进丝路基金、亚投行贷款等与国际金融组织、商业金融机构的合作；另一方面，商业贷款、基金或发行债券可采用人民币计价和发放，并不局限于采用美元等国际货币。它还能增加国际投资者手中的人民币资产的投资渠道，促进人民币在国际范围内的价值贮藏职能。

现行国际货币体系没有充分体现广大新兴市场国家快速发展对世界经济格局造成的深刻影响，金砖银行、亚投行的出现将在很大程度上弥补这个缺陷。由于在现行国际货币体系中所处地位的相似性，政治、外交等方面的共同诉求，金砖银行、亚投行不仅将大大提高中国

---

[1] 参见《丝路基金投资方式》，http://www.silkroadfund.com.cn/cnweb/19854/19858/index.html。而《亚投行协定》第16.7条规定，根据理事会通过的信托基金框架，在信托基金的目标与银行宗旨和职能一致的前提下，银行可接受其他相关方的委托，成立并管理该信托基金。同时，参见《楼继伟谈亚洲基础设施投资银行筹建情况》，http://www.mof.gov.cn/zhengwuxinxi/caizhengxinwen/201404/t20140411_1066633.html，2015年6月30日访问。

在国际货币体系改革中的话语权与影响力,还将使广大新兴市场国家的利益在新国际货币体系中得到较好体现。亚投行与世界银行以及地区性开发银行间,从短期来看,是传统开发性金融机构的潜在竞争对手,但也是可能的合作伙伴。从中长期看,在与这些机构互动的过程中,将对传统开发性金融机构的变迁产生影响,并影响全球金融治理结构的改革与重塑。①

---

① 本节部分内容曾发表于《国际经济法学刊》第23卷第2期。参见陈欣:《"一带一路"战略背景下人民币国际化法律制度的完善》,载《国际经济法学刊》2016年第2期,第195—213页。

第四章
人民币国际化与金融安全
——基于国内法律机制完善的考量

在 1870—1914 年金本位制下，全球化主要表现为商品的跨境交易，资本流动服务于商品贸易。此后，跨国公司在全球范围内进行投资，全球化主要体现为直接投资和国际借贷等形式的资本流动。而 20 世纪 90 年代至今，金融衍生工具的迅速发展导致资本流动借助各国金融市场交易平台和衍生品的杠杆效应，成为金融风险产生的重要因素之一。货币国际化会给发行国的宏观经济管理带来监管难题，例如，货币政策需要考虑境内外两方面的需求。在本国货币国际化的过程中，货币发行国从紧的货币政策，必将导致以本国货币表示的国际资本大规模回流；在实施宽松的货币政策时，利差也会导致以本国货币表示的资本流出，一国货币当局对境内本币的控制能力将被削弱。货币当局在本币国际流通的背景下，如何灵活运用货币政策工具，保障国内货币政策的实施，将面临前所未有的挑战。再如，20 世纪 90 年代以来，全球屡次出现由于资本恣意流动引起的国际资本投机和国际金融危机等问题，但国际社会却缺乏对国际资本在全球范围内自由流动的监控机制，也缺乏有效的预防和应对金融危机的措施。因此，人民币国际化过程必须关注资本流动所带来的安全问题。

第一节　人民币国际化与金融安全

一、国际上金融安全观的产生

从第二次世界大战到冷战时期，国家安全主要强调的是军事、国防和政治。例如，1947年美国《国家安全法》的主要内容是通过设置国防部、陆军部、海军部、空军部并通过这些部门与政府其他部门的协调促进国家安全，强调的是保卫国家主权，免受外国攻击。当时，由于国际货币体系受制于两极对峙格局，货币金融力量和权力在国际关系中的作用并不突出。冷战结束后，军备竞赛相对弱化，货币金融力量日益演变成重要的政治和战略权力，货币金融领域竞争日益成为国际政治和经济斗争的主战场，并在一定程度上成为新一轮国际政治体系转型过程中地缘政治冲突的根源。[①] 保护国家主权的斗争，增加了货币金融领域的内容，大国纷纷采用金融手段推行对外战略。同时，各国越来越频繁地围绕货币金融安全问题展开外交，用外交手段防范和化解国际金融风险。因此，当今国际关系体系的显著特征是：货币问题成为影响各国社会政治生活的基本因素，也是造成某些发展中国家政治危机和社会动荡的直接原因。同时，随着各国经济相互依存、相互影响日益加深，一国货币对外部经济环境的敏感性和脆弱性不断增强。

---

① 例如，美元以全球金融危机和欧盟主权债务危机为切入点，打压欧元货币权力板块的空间；同时以强逼人民币升值的方式和以"重返亚洲"的姿态来延阻人民币周边化与国际化进程。参见林宏宇：《货币权力之争是地缘政治冲突之源》，载《中国社会科学报》2011年12月15日第15版。

二、我国国家安全观的发展与金融安全观的产生

同样地，随着国际背景、时代主题的转变，我国的国家安全战略也相应不断调整。1949年至20世纪70年代，国家安全的着眼点是政治和军事领域，对内旨在保证社会主义革命和建设的胜利，对外防止帝国主义可能的侵略和颠覆。此后，1978年底，十一届三中全会召开，作出实行改革开放的决策，国家的工作重点转移到社会主义现代化建设。对外开放带来发展机遇的同时，文化、信息和经济等非传统安全开始引起关注。20世纪90年代后，国际局势从对抗走向相互渗透与合作，十四大确立了社会主义市场经济体制的建设目标，国家安全的主要内容是在社会主义市场经济发展进程中确保国家安全和稳定。[①]

进入21世纪，我国处于从大国走向强国的过程中，面临对外维护国家主权、安全、发展利益，对内维护政治安全和社会稳定的压力。在与国际体系的互动中，传统安全威胁虽然仍是主要威胁，但非传统安全威胁上升迅速，且应对经验相对缺乏，可能对国家安全构成严峻的挑战，并极大地增加维护国家利益的难度。2002年，十六大明确提出要"加强国家安全工作"，2007年十七大报告指出"局部冲突和热点问题此起彼伏，全球经济失衡加剧，南北差距拉大，传统安全威胁和非传统安全威胁相互交织"。与传统的安全观不同，2013年11月，十八届三中全会决定成立中央国家安全委员会，完善国家安全体制和国家安全战略。2014年4月，习近平主席主持召开中央国家安全委员会第一次会议，首次全面阐述"国家安全观"，指出我国国家安

---

① 参见胡洪彬：《中国国家安全问题研究：历程、演变与趋势》，载《中国人民大学学报》2014年第4期，第148—150页。

全内涵和外延比历史上任何时候都丰富,既重视传统安全,又重视非传统安全,构建集政治安全、国土安全、军事安全、经济安全、文化安全、社会安全、科技安全、信息安全、生态安全、资源安全、核安全等于一体的国家安全体系。[①] 2015年7月通过的《国家安全法》以人民安全为宗旨,以政治安全为根本,以经济安全为基础,以军事、文化、社会安全为保障,以促进国际安全为依托,维护各领域国家安全,因此包含非传统领域的安全,其在"维护国家安全的任务"一章第20条规定,"国家健全金融宏观审慎管理和金融风险防范、处置机制,加强金融基础设施和基础能力建设,防范和化解系统性、区域性金融风险,防范和抵御外部金融风险的冲击"。后金融危机时代,在多极格局下,金融控制力和主导权的争夺决定着利益博弈的走向,而攻击一国金融体系、对一国进行金融制裁往往比直接军事打击更容易取得明显效果,因此,霸权国家更加注重金融权力的争夺和金融战争的运用,而通过金融渠道进行防御和反制,是迫在眉睫的选择。

三、人民币国际化与金融风险

(一) 汇率制度与金融风险

汇率制度与金融安全的关系集中在汇率制度安排对于金融风险传递、金融全球化背景下的货币安全等方面。在封闭条件下,由于不发生对外经济交往,因此也就不存在汇率以及由汇率衍生出来的诸如国际冲击传递、内外经济失衡等宏观风险。在开放经济条件下,一个国家的各种经济变量的状况最终都将在汇率上得到不同程度的体现,而汇率的调整(包括汇率制度、汇率水平、汇率政策等方面)又会在宏

---

① 参见《习近平主持中央国安委第一次会议——强调坚持总体国家安全观,走中国特色国家安全道路》,载《新华每日电讯》2014年4月16日第1版。

观和微观、内部和外部等方面对经济的运行产生多种层次的影响。汇率的低估会招致其他国家有关贸易保护的指责,[①] 而汇率高估有可能是经济危机的诱因。在阿根廷金融危机中,固定汇率下阿根廷比索的高估(从 1991 年开始,阿根廷比索和美元的汇率固定在 1∶1)以及过多的以外币计价的对外债务是造成危机最主要的原因。由于汇率高估并长期被固定在过高的水平,阿根廷的出口萎缩,进口增加。贸易的不平衡使得政府无力获取足够的外汇以支付外债。阿根廷甚至需要借入外币以支付利息,这使得外债越变越多。当阿根廷政府开始违约、比索贬值后,虽然贬值的比索能够促进阿根廷出口,在短时间内却导致了大范围的破产。因为许多企业借入美元,比索贬值后,这些企业无力偿还债务陷入破产。同时,企业的破产对银行经营造成巨大影响,阿根廷的商业银行也纷纷破产。[②]

因此,在人民币国际化战略的实施过程中,必须充分评估人民币国际化对人民币汇率,进而对内外均衡的影响。[③] 当一国采取浮动汇率制时,在国际资本全球流动、各国金融市场一体化的背景下,虚拟经济中高度复杂的金融创新成倍地扩大了外汇交易量,各种投机交易导致大量套利资金的无序流动,由此产生一个新的问题:外汇市场的供求关系逐渐脱离经济基本面,汇率变化对经济基础的反映越来

---

① 例如,日本在 2008 年美国金融危机后量化宽松政策导致日元贬值,许多评论纷纷指责日本汇率低估的政策。See eg. Bon-Kwan Koo, Abenomics, Finally a Solution to Revive Japan? *SERI Quarterly*, Vol. 6, 2013; Alan M. Field, Japan's Three-Arrow Attack, *Journal of Commerce*, Vol. 14, 2013; Antonia F. Pereira & Silas W. Allard, Recent Development: Looking to Fill an International Regulatory Gap: Brazil Brings the Issue of Exchange Rates and Trade Before the World Trade Organization, *Emory Int'l L. Rev.*, Vol. 26, 2012.

② See Martin Feldstein, Argentina's Fall: Lessons from the Latest Financial Crisis, *Foreign Affairs*, Vol. 81, March/April, 2002, pp. 9-10. See also Charles W. Calomiris, Lessons from Argentina and, *Cato Journal*, Vol. 23, Spring/Summer, 2003, pp. 33-34.

③ 参见沙文兵、刘红忠:《人民币国际化、汇率变动与汇率预期》,载《国际金融研究》2014 年第 8 期,第 18 页。

弱，而实体经济对汇率过度波动的反应会变得麻木，这又反过来使汇率可以更加不受约束地自由波动，从而使得浮动汇率制下的汇率作为价格信号的质量严重受损，即"汇率脱钩"。由于"汇率脱钩"的存在，就会经常性出现汇率的过度波动和错位，汇率的不稳定性成为浮动汇率下汇率运动的基本特征，并加剧国际经济失衡和国际金融风险。而在盯住汇率制下，由于汇率是各国经济实力的相对体现，全球经济发展不平衡会体现在各国货币相对价值的变化上，盯住汇率制则会人为抑制货币相对价值的调整，从而为国际投机性冲击提供实体经济基础。而且，盯住国与被盯住国在经济基本面上存在差异，通货膨胀率及利率水平并不一致，这就导致盯住国的实际汇率与被盯住国的实际汇率的波动并不一致，从而使国外经济冲击得以通过汇率传递到本国。[①]

另一方面，资本项目可兑换要求的一个重要前提条件是合理的汇率水平和汇率形成机制的市场化。合理的市场汇率水平能够调节国际资本的流向与规模，从而使外汇资源配置合理化。汇率机制浮动和资本账户开放都是一个渐进的过程，而且二者互为条件：一方面，资本账户开放进程应该随着经济金融体制的健全、金融市场的完善以及汇率机制向市场化转变而进行调整；另一方面，汇率弹性的增强和市场化的汇率形成机制也有利于应对资本账户开放后的各种外部冲击。[②]其原因在于，增加汇率弹性可以在资本账户可兑换的背景下抑制投机资本流动。澳大利亚央行国际部 Chris Becker 和 Clare Noone 2008 年针对 12 个发达国家和新兴市场国家资本净流入的波动幅度与其他一

[①] 参见王旭：《人民币汇率制度与我国金融安全》，中国经济出版社 2011 年版，第 127—132 页。

[②] 参见孙雅璇：《资本项目开放与人民币汇率政策选择》，载《山西财经大学学报》2006 年第 2 期，第 111 页。

系列自变量之间的关系的实证研究表明，汇率的弹性有助于减少资本流动的波动性。① 其原理在于，如果外国投资者对某国货币有升值或贬值的预期，就会产生逆向操作该货币或以该货币定价的资产的动机。但是，如果汇率弹性大，该汇率会迅速升值或贬值到位，从而消除由于汇率波动产生的资本流动的动机。

(二) 资本账户开放与金融风险

1. 资本账户开放与金融风险

一些学者如 Glick，Guo 和 Hutchison 认为，实行资本管制的国家反而更容易发生危机，原因是这些国家普遍存在宏观经济不均衡，金融体系脆弱，政治不稳定，并且存在制度性问题；相反，"自我选择型"的资本账户开放国家往往具有稳定的宏观经济和政治环境，具备有效的金融体系和制度条件，可以有效地抵御危机的发生。② 但实践中，过早地开放资本项目所导致的大规模国际资本频繁流动，被认为是促成金融危机发生的重要原因之一。

例如，墨西哥金融危机中，资本账户开放导致短期投资增加，本国货币升值，汇率人为高估导致进口增加，出口减少。金融自由化改革过早地开放了国内金融市场，在缺乏政府监管的支持下，外国资产的进入使国内银行业风险陡增。拉美国家对外部市场的不对称依赖使其敏感性和脆弱性同时加剧。在墨西哥金融危机发生前，市场变化之一是，随着资本账户放开，机构投资者取代直接投资，成为金融市场的主体。机构投资者发现，墨西哥市场稳定，对投资者友好，他们提

---

① See Chris Becker & Clare Noone, Volatility and Persistence of Capital Flows, BIS Papers, No. 42, 2008, at http://www.bis.org/publ/bppdf/bispap42f.pdf.

② See Reuven Glick, Xueyan Guo and Michael Hutchison, Currency Crises, Capital Account Liberalization and Selection Bias, Federal Reserve Bank of San Francisco, Working Paper Series (2014-15), pp. 19-22.

高了对墨西哥股权的比例，越来越多的资本进入墨西哥。为了使墨西哥成为更具吸引力的投资场所，墨西哥政府宣布比索对美元仅在事先设置的界限内波动。也就是说，比索以固定的汇率和美元兑换。它将货币兑换的风险从投资者转移到墨西哥政府。而大量的资本涌入对墨西哥的影响是负面的。由于国内货币供应的增加，以及盯住美元的策略，墨西哥无法在增加货币供应的同时，降低比索的币值。由于国内货币供应的增加导致通货膨胀，被高估的比索盯住美元变得愈发艰难。当比索的持有者意识到比索的高估，政府在一段时间内必须使货币贬值，于是将比索换成更加稳定的美元。这种投机的行为掏空了央行的外汇储备，并进入恶性循环。而自由市场策略并不允许墨西哥政府对资本流动进行限制，私人资本市场的资本不断外逃。1994年12月20日，墨西哥政府最终将比索贬值，宣告新的盯住汇率，墨西哥比索兑换美元在 3.4172 到 4.0016 间浮动。但比索持有者并不相信这个汇率能够维持，资本继续逃离，1994 年 12 月，墨西哥政府不得不再次令比索贬值，并让其自由浮动，1995 年，比索兑换美元的汇率为 7.45。随着资本的不断逃离和比索贬值，墨西哥陷入经济危机。①

再如，东南亚金融危机的爆发和迅速蔓延虽然其根本原因是危机国的经济结构和经济基础等基本面因素的恶化所致，国际资本放大了危机的冲击作用，并使危机的救治成本增加。20 世纪 80 年代中期，泰国资本账户已开始开放，经常项目下交易的自由化于 1990 年完成，随之国内银行体系的利率和信贷分配也实现了自由化，1996 年又取消了对资本账户的大部分限制。② 金融自由化直接表现为外部资本的大

---

① See Douglas W. Arner, The Mexican Peso Crisis: Implications for the Regulation of Financial Markets, NAFTA: *Law and Business Review of the Americas*, Vol. 2, 1996, pp. 30-36.

② 参见关伟、范祚军：《从最优货币区理论看 CAFTA 成员国金融政策协调》，载《中国人民大学学报》2005 年第 6 期，第 63—70 页。

量流入与信贷的迅速膨胀,在给亚洲新兴市场国家带去了发展资金的同时,也带去了金融风险。

对此,Bird 和 Rajan 以发展中国家为模型发现:随着资本账户的放开,发展中国家的资本流入增加,其中也包含投机资本,这会给发展中国家带来一段经济繁荣时期。追逐超额利润是国际资本的本性,发展中国家经济的快速增长恰恰为国际资本赢利提供了良好环境。在这期间,出于对经济增长的预期,国际投资者试图通过利率差套利,因此商业银行和其他金融机构也比较容易从国际金融市场获得资金。随之可能发生的却是流动性的泛滥。由于金融资本相对于产业资本在数量上十分巨大,流动比产业资本灵活,数额巨大与快速流动相结合,能够使市场在短时期内产生较大的突发性流动风险。由于金融监管放松,银行和其他金融机构的信息披露不充分以及一些资金被用于贸易品和非贸易品的过度消费。在经济上升时期,风险难以辨别,资源也容易被分配至相对低效的投资领域,同时,非居民对国内证券市场的投资,进一步加剧了资产价格的膨胀。另一方面,由于发展中国家的本币总是盯住某种国际货币,如美元,就不可避免地存在本币高估的现象,本币实际汇率升值会损害该国的出口竞争力,导致经常账户出现赤字。最终,当市场信心发生逆转时,操纵市场的投机资本会大规模抛售本币,从而带来一般投资者的恐慌,加速资本净流出,从而引发货币危机。① 事实证明,与当时亚洲金融危机国在市场上过度借贷短期外债相比,中国积极引进外商直接投资、严格控制短期外国投资资本进入的政策是明智的。

此外,资本账户开放加大国际资本短期流动,短期资本流入会增

---

① See Bird Graham, Rajan Ramkishen S., Coping with, and Cashing in on, International Capital Volatility, *Journal of International Development*, 13, 2001, pp. 1-23.

加基础货币的供应，从而成倍地创造货币供应量。同时，短期资本流入意味着流入国的国外资产增加，发展中国家如果要维持汇率稳定，必须采取对冲措施，被动在外汇市场投放大量本币，形成巨额的外汇占款，这也会增加货币供应量。短期内货币供应的大量增加，导致经济过热和通货膨胀。一旦外部条件和投资者信心发生逆转，随之而来的大规模的资本流出会导致货币供应量的迅速下降和实体经济的衰退。另一方面，2008年美国危机的教训之一是影子银行体系在风险传播上起到推波助澜的作用。同样，我国国内影子银行体系也不断膨胀。在资本账户未开放的封闭体制下，资本在境内影子银行体系"闭循环"而难以流到境外，外资也无法进入国内影子银行体系，使其资金供给来源相对稳定，系统性风险发生可能性低；而实行资本账户开放将导致国际资本进出便利化，导致资产价格波动，使得影子银行体系的资金供给稳定受到影响，一旦资金链断裂，大量依赖影子银行融资的实体项目将出现钱荒和经营危机，或出现连锁性经济萧条，影响金融市场运作和宏观经济运行。①

2. 资本账户开放与金融风险防范

如第二章所述，对资本交易实施管制包括直接管制和间接管制措施。直接管制是指通过完全禁止、明显的数量限制或批准程序来限制资本交易及与之相关的资金支付和转移，包括数量限制和汇兑限制；间接管制是指采取征税、外汇头寸限制、无息存款准备金要求或当局征收罚息等建立在价格基础上的措施，来影响资本交易及与之相关的资金支付和转移。② 这些宏观审慎的监管手段可以提高资本频繁流动

---

① 参见马晔：《上海自贸区试点资本账户开放背景下的金融监管模式选择》，载《价格理论与实践》2015年第3期，第97页。

② See Peter J. Quirk and Owen Evans, Capital Account Convertibility: Review of Experience and Implications for IMF Policies, IMF Occasional Paper, No. 131, 1995.

的成本，防止本国货币当局为了应对短期资本流动而牺牲国内经济稳定和发展的目标。这些方式遏制短期国际资本流动是建立在短期国际资本流动具有外部性的基础上。其目的并不是禁止各类资本进出，而是将其纳入可控范围，尽量避免资本流动引起的风险。它们最重要的功能在于增加投机成本，抑制投机交易，从而解决调节金融市场失灵与防范系统性风险的难题。

在我国，由于征税属于法制手段，程序复杂，① 而政府外汇储备干预为行政手段，简单易行，所以目前稳定国内人民币汇率主要靠政府外汇储备干预。但行政手段更多体现为"一刀切"地限制资本流动，在禁止投机交易行为的同时遏制正常的金融交易行为。资本项目开放之后，政府外汇储备干预应该慎用，以免扭曲外汇市场价格，代之以对短期资本投机征收托宾税的市场价格手段调节可能是较好的选择。② 对此，我国国家外汇管理局在 2014 年 2 月 25 日发布了《2013 年中国跨境资金流动监测报告》，其中"金融交易税的国际应用和启示"指出，金融交易税不直接干涉市场主体的具体操作，属于价格手段，它能够弥补微观审慎监管和传统资本流动管制工具在防范资本流动冲击方面的不足，达到防范系统性风险、逆周期调解的目的。而我国外汇管理局目前在宏观审慎管理方面也倾向于不直接干预银行业务，采取逆周期调节，因此，金融交易税有可能成为我国政策工具选择之一。③

2015 年 8 月，由于银行代客远期售汇签约额的增长（2015 年 8 月为 1—7 月平均水平的 3 倍），中国人民银行紧急下发《关于加强远

---

① 2015 年新修订的《立法法》第 8 条第 6 项规定，税种的设立、税率的确定和税收征收管理等税收基本制度必须制定法律。
② 参见赵大平：《人民币资本项目开放模型及其在上海自贸区的实践》，载《世界经济研究》2015 年第 6 期，第 51 页。
③ 参见国家外汇管理局：《2013 年中国跨境资金流动监测报告》，第 49—50 页。

期售汇宏观审慎管理的通知》，从 2015 年 10 月 15 日起，开展代客远期售汇业务的金融机构（含财务公司）交存外汇风险准备金，准备金率暂定为 20%。金融机构在央行的外汇准备金率冻结期为 1 年，利率暂定为零。① 2017 年 9 月，随着人民币转为强势的升值预期，远期售汇签约缩减，央行下发《关于调整境外人民币业务参加行在境内代理行存放存款准备金政策的通知》和《关于调整外汇风险准备金的通知》，境外人民币业务参加行在境内代理行存放存款准备金取消，外汇风险准备金率也将从 20% 调整为 0。

本书认为，金融投机行为制造出金融市场繁荣的假象，本质是利用投机交易获取利润，对实体经济增长毫无益处。当资本交易超出资本自由流动区间达到政府干预区间时，风险主要表现为资本过度投资，汇率和利率极不稳定。这时可以先考虑用价格手段限制资本投机，如尝试对短期资本投机征收托宾税，对某些投机项目采取更高的资本交易税、累进税，然后再考虑政府直接外汇储备干预。当然，这些价格型手段的采用也只是提供一种缓冲机制，最终还是需要健全的市场和宏观经济政策。例如，存款准备金的征收通过提高银行作为资本流动中介的成本抑制资本流动，但资金仍可能借助其他途径（如券商）进入该国资本市场。而且，如果只针对单一货币，那么市场参与者可以使用衍生工具来规避准备金要求。若离岸人民币需要缴纳存款准备金，但离岸美元存款不受此限。那么，投资者可以在离岸市场持有美元存款，同时签订远期合同卖出美元买入人民币。

---

① 企业通过远期购汇能在一定程度上规避未来汇率风险，但由于企业并不立刻购汇，而银行相应需要在即期市场购入外汇，会影响即期汇率，进而影响企业的远期购汇行为。这种顺周期行为易演变成"羊群效应"，影响市场秩序。在实践中，由于我国经常项目开放，一些企业通过设备进口合同，向银行提出换汇申请，但实际上将兑换的外汇到离岸市场换成人民币，从中套利。而远期购汇的操作对客户而言不需要向银行缴纳保证金，比即成期成本更低。参见徐燕燕：《稳汇率央行或再出重拳 远期售汇交存 20% 风险准备金》，http://www.yicai.com/news/2015/09/4680483.html。

(三) 人民币国际化与系统性风险

系统性风险是指由于一项可能引起经济利益或信心减损的冲击，导致金融体系重要组成部分的不确定性。[①] 人民币国际化通过宏观经济政策途径引致系统性风险传导的作用机制，是"三元悖论"与"米德冲突"效应引致的宏观调控失效。货币国际化风险主要表现为宏观经济内外失衡以及金融系统动荡的风险，这类风险具有系统性风险的主要特征，货币国际化风险与系统性风险之间存在一定的契合性。

1. 货币国际化背景下的"三元悖论"

20世纪60年代，罗伯特·蒙代尔和马库斯·弗莱明认为，在没有资本流动或资本有限流动的情况下，货币政策在固定汇率下能够有效影响一国经济，在浮动汇率下则更为有效；而在资本自由流动的情况下，货币政策在固定汇率下不能有效影响一国经济，但在浮动汇率下则是有效的。20世纪90年代，亚洲金融危机爆发之后，保罗·克鲁格曼用一个三角形清晰地展示了"不可能三角"的内在原理。其中，三角形的三个顶点分别表示资本自由流动、货币政策独立性和汇率稳定，这三个目标不能同时实现，最多只能同时实现其中的两个。[②] 例如，在其他条件一定的情况下，资金会从利率较低的国家流向利率较高的国家，在后者缺乏足够汇率弹性的条件下，会迫使后者降低利率。如果后者为了减少套利行为的发生降低利率，则可能与本国货币政策的其他目标（如抑制通货膨胀、减少资本市场泡沫）背道而驰。

[①] See Gianni De Nicolò and Marcella Lucchetta, Systemic Risks and the Macroeconomy, IMF Working Paper, WP/10/29.

[②] "不可能三角"这一论断是高度抽象的，建立在严格假设条件的基础上，即完全的资本自由流动、完全的货币政策独立性和完全的汇率稳定，而没有考虑中间情形，实践中则存在不完全的资本自由流动等中间情形。

另一方面，英国经济学家米德在其著作《国际收支》中指出，一国经济政策一般以财政政策和货币政策实现内部均衡，以汇率政策实现外部均衡。在固定汇率制度下，汇率工具无法使用。运用财政政策和货币政策同时达到内外部均衡时，其政策取向常常存在冲突。比如，国际收支逆差与国内经济疲软并存，或是国际收支顺差与国内通货膨胀并存时，财政与货币政策都会左右为难，这种情况被称为"米德冲突"。

对于美国、欧盟等大的经济体而言，货币政策的独立性和有效性对于实现物价稳定并以此促进经济增长、就业增加和国际收支平衡至关重要，应当作为政策选择的首要目标。而灵活的汇率制度则有助于增强货币政策的有效性。因此，这些国家和地区一般以调控基准利率作为货币政策的主要手段调节其内部均衡，而由浮动汇率调节其外部均衡。而不成熟的经济体，通常通过资本账户管制和外汇储备调控其外部均衡。当不成熟经济体国家放开资本账户推动货币国际化时，本币在境外不断累积，货币需求函数、货币乘数变得复杂易变，央行的货币数量控制手段将越来越难，如果此时利率市场化和利率传导机制没有建立，那么传统的货币政策失效，新的货币政策又没有建立，很容易导致国内货币政策失控。①

2. 人民币国际化与"三元悖论"

完善以市场供求为基础的、有管理的浮动汇率机制，保持人民币汇率总体稳定，有利于抑制通货膨胀和资产泡沫，也有助于更好地发挥货币政策作用。② 但是，利率、汇率市场化和资本账户的开放的背

---

① 参见石淇玮：《人民币国际化的路径研究——基于美元、德国马克和日元国际化历史的经验分析》，载《上海金融》2013年第10期，第51页。

② 参见高玉伟：《国际金融热词解读：金融政策目标的"不可能三角"》，载《人民日报》2013年3月2日。

景下，三者会相互影响并导致政策效果的相互抵消。具体而言，人民币国际化通过经常项目途径引致系统性风险传导的作用机制，其实质是维持国际货币地位与通过贬值改善贸易条件之间相互矛盾的两难抉择。人民币作为国际货币需要维持其强势地位，但是，为促进国内出口又需要人民币保持其弱势地位，因此，实现人民币国际化必须以国内贸易条件恶化为代价，进而对国内出口部门乃至整个实体经济系统产生负面影响。人民币国际化通过资本项目途径引致系统性风险传导的作用机制，其实质是人民币汇率定价面临的维持币值稳定的义务对国内金融、经济体系产生的负面影响。人民币维持币值稳定的义务，使之无法通过频繁、大幅的汇率调整修正定价扭曲。在开放资本项目①、存在离岸金融市场的条件下，必然存在基于货币投机的巨额资本跨国流动，致使国内金融体系与产业部门动荡。在这一背景下，人民币国际化要求开放资本项目、存在离岸金融市场，以及币值维持稳定条件的"三元悖论"中，必须占据国际资本自由流动与汇率稳定的"二元"，货币政策有效的"第三元"则难以保障。在货币政策失效的条件下，宏观经济政策工具仅剩财政政策，单一的财政政策在达成内外均衡的双重目标时，必然面临二者难以兼顾的"米德冲突"，最终导致内部或外部失衡。②

（四）人民币跨境流动与金融风险

1. 人民币跨境流动与金融风险的关系

随着人民币直接投资、贷款等资本项目管制的放开，大量的人民

---

① 在对资本项目管制相对严格的情况下，中国货币政策贯彻执行的有效性能得到保证。当国内流动性过剩，经济运行通胀压力加大，央行可通过提高利率、准备金率，也可以通过公开市场操作回收经济运行中过多流动性，紧缩银根；反之，当经济运行中流动性不足，央行可采取反向操作。

② 参见杨涛、张萌：《人民币国际化进程中的系统性风险研究》，载《经济问题探索》2014年第5期，第124—127页。

币流出和回流也会直接对国内实际货币供应量造成影响。首先，境内基础货币的供应结构划分为净国外资产和净国内资产两大部分，央行要对境内基础货币规模进行调控就要综合内外两方面的因素。其中净国内资产中的对政府债权、对金融机构债权、发行债券、政府存款、自有资金以及其他负债等都属于中央银行可直接进行调控的因素，而净国外资产则包括了外汇储备、黄金、其他国外资产、国外负债和境外货币发行等因素，人民币的流出和回流直接影响此部分资产的数量。当人民币跨境流通是通过现钞形式直接流入时，相当于境外货币投放的减少，内地货币投放的增加，造成内地基础货币规模上升。当人民币跨境流通是通过中银香港和中国人民银行的结算系统流入时，则会造成央行的国外负债水平下降，但这并不一定对境内基础货币的实际规模造成影响。人民币跨境的流通造成境内实际基础货币投放规模难以确切统计、实际投放规模与目标规模偏差增大，给中国人民银行的货币供应量调控带来额外风险。[①]

其次，在人民币跨境流通使用后，实际人民币需求就要考虑非居民对人民币的需求，央行投放货币面临国内（利率、收入水平和通货膨胀率等）和国外需求两方面，影响货币需求的因素更加不稳定。同时，在投机套利的作用下，央行在实行紧缩或宽松的货币政策时也会引起人民币跨境的反向流通，减弱货币政策的效果。例如，在国内为控制通货膨胀而提高利率时，国际上流通的人民币热钱便通过各种渠道流入，反而增加内地流通的人民币规模，从而部分抵消了央行货币政策的效果，甚至产生了"加息悖论"的效果。

最后，随着人民币跨境流通规模的增加，货币滞留境外有利于人

---

① 参见陈勃特：《人民币国际化进程中的货币跨境流通与金融风险研究》，武汉大学2012年博士论文，第68—69页。

民币国际化和我国对外负债本币化程度的提高，如同美元信用危机一样，过多的人民币外债同样会使人民币面临国际货币信用下降的问题，产生国际市场流动性与持有者信心之间两难的局面。随着跨境人民币业务向纵深发展以及更广泛的流动，国际上对人民币的需求量将会大幅度上升。在这种大幅增长需求的推动下，人民币的发行量可能会大量增加，从而有可能形成通货膨胀的潜在压力，这就是在直接对外负债中人民银行可能面临的"特里芬困境"。

2. 人民币跨境流动与金融风险防范

以属人管辖权为依据，货币发行国监管当局可以要求本国商业银行提供其境外分支机构业务活动与经营管理情况的详细资料，通过并表监管，掌握本国商业银行境外分支机构的本币境外流通情况，在一定程度上，能够对本币的国际流通实施监管。然而，对于通过境外外资经营主体或者通过境外地下途径流通的本国货币，货币发行国很难实施有效监管。再加上本国商业银行的海外分支机构分布地域广阔，货币发行国监管当局获取本币境外流通信息的能力将受到各种不利因素的影响，同时受属地主义原则限制，货币发行国事实上不可能对本国海外金融机构关于本币境外流通实施严格控制，并且货币发行国对本国海外金融机构关于本币流通情形实行并表监管的成效，取决于货币流通国监管的有效性。货币发行国对于境外本币流通监管，更多体现在本币出入境管理上。[①]

（五）人民币反洗钱、反恐融资与金融安全

洗钱的目的在于掩盖和隐瞒非法资金的性质和来源，对于犯罪分子而言是希望对非法所得披上合法外衣，通过赋予合法的理由来逃避

---

① 参见张西峰：《主权货币国际化的法律分析》，载《学术交流》2015年第2期，第72页。

监管部门的制裁,从而将犯罪收益用于其他途径。随着人民币国际化进程加快,跨境资金交易日益频繁,国际上洗钱行为人也会利用人民币从事非法交易活动,利用人民币清算系统洗钱。特别是在资本账户可兑换的背景下,跨境资金交易日益频繁,对非法资金跨境流动监管的难度不断加大,除了地下钱庄,还涉及国内外正规金融中心、离岸金融中心、网络支付等复杂渠道,境外势力或境内违法组织更有可能利用境内账户实现资金在境内外的流转。随着洗钱复杂程度提高,对非法资金跨境流动监管的难度不断加大。

就反恐融资而言,反恐怖斗争关系到国家安全,国际反恐经验表明,追踪涉恐资金流向是发现恐怖网络的有效手段,切断恐怖分子资金来源则是遏制恐怖活动的重要方法。[①] 从国际上看,2001年美国"9·11"恐怖事件后,西方发达国家不断调整国家反洗钱、反恐融资战略,已经将反洗钱、反恐融资提高到维护国家经济安全和国际政治稳定的战略高度,成为维护国家利益的政治工具和实施国际制裁的重要手段。2012年后,反洗钱金融行动特别工作组(FATF)对反洗钱国际标准及其评估方法进行修改,不再局限于技术性事务,而是与国际政治博弈紧密相关。此时,需要通过监控金融账户的异常资金流动为维护国家安全提供预警信号。在行贿受贿的腐败行为、具有针对性的恐怖主义活动中,往往会出现异常资金流动的情况,当重点关注的某个组织、个人或者某类群体、区域的金融账号出现这类信号,就可以提前采取措施避免危害国家安全的事件、行为。

为此,我国在反洗钱立法上应迅速与国际接轨,以奠定反洗钱国

[①] 参见李建文:《基于国家安全的反洗钱研究》,载《中国金融》2014年第20期,第73页。

际协作的基础;① 积极参加有关打击洗钱的国际公约、条约、协定和国际组织,② 加强国际司法协作,如洗钱犯罪证据获取的协助,对犯罪分子的引渡等;加强国际情报信息和反洗钱技术的交流,实现信息互通、资源共享,打击国际洗钱活动;减少边境地区结算渠道不畅,加强我国与周边国家的合作,尽快建立合法通畅的资金汇路,将游离于银行结算体系外的现金交易纳入正规渠道,防止利用现金结算进行反洗钱的经济犯罪。

四、小结

人民币国际化与金融安全③的关系包括两个方面:一是通过人民币国际化促进金融安全;二是避免人民币国际化带来的金融风险。就前者而言,在目前的国际货币体系下,发达国家利用金融霸权控制世界经济,实现对发展中国家的侵略和剥削并对发展中国家的金融安全

---

① 例如,《联合国反腐败公约》和《联合国打击跨国有组织犯罪公约》都要求各缔约国将洗钱犯罪适用于"范围最为广泛的上游犯罪"。FATF认为,凡是隐匿或掩盖犯罪所得的性质、来源、地点或流向,或协助上述非法活动有关人员规避法律责任的都是洗钱犯罪。与此规定相比,我国《刑法修正案(六)》将洗钱罪的上游犯罪规定为毒品犯罪、黑社会性质的组织犯罪、恐怖活动犯罪、走私犯罪、贪污贿赂犯罪、破坏金融管理秩序犯罪、金融诈骗犯罪等七类犯罪,其范围明显偏窄。

② 我国签署的反洗钱方面的国际公约包括:(1)联合国《禁止非法贩运麻醉药品和精神药物公约》;(2)联合国《与犯罪收益有关的洗钱、没收和国际合作示范法》;(3)联合国《制止向恐怖主义提供资助的国际公约》;(4)联合国《打击跨国有组织犯罪公约》,这是世界上第一个针对跨国有组织犯罪的全球性公约;(5)联合国《反腐败公约》;(6)反洗钱金融行动特别工作组《四十条建议》;(7)反洗钱金融行动特别工作组《反恐融资九条特别建议》;(8)巴塞尔银行监管委员会《关于防止犯罪分子利用银行系统洗钱的声明》;(9)埃格蒙特集团《埃格蒙特集团宗旨声明》;(10)埃格蒙特集团《关于金融情报机构间情报交换的最佳实践》。参见《我国政府都签署了哪些反洗钱方面的国际公约》,http://xining.pbc.gov.cn/xining/118296/118312/2998804/index.html。

③ 国家金融安全是指一国能够抵御内外冲击,保持金融制度和金融体系正常运行与发展,即使受到冲击也能保持本国金融及经济不受重大损害,如金融财富不大量流失,金融制度与金融体系基本保持正常运行与发展的状态,并具有维护这种状态的能力和对这种状态与维护能力的信心与主观感觉,并由此获得的政治、军事与经济的安全。参见卢文刚:《论国际金融安全对未来国际关系的影响》,载《暨南大学学报(哲学社会科学版)》2003年第1期,第11页。

产生危害。① 由于国际金融体系处于急剧变动中，人民币国际化可以提升我国金融"软实力"的引领作用，在全球资源配置中掌握有利位置，在全球货币金融博弈中占据主动，并通过这一方式参与制定全球性的货币制度和金融监管规则，在国际货币体系改革和金融秩序重建中争取主导地位，从而在复杂环境中实现国家利益最大化，保障国家的金融安全与经济的可持续发展。就后者而言，货币国际化通常以自由化为先导，并与资本账户可兑换同步放开，国际化后的货币很容易成为一种传导工具，推进国内金融市场和国外金融市场的融通，国际金融市场的波动会更加迅速和多渠道地作用于国内金融市场，使本国金融安全遭受外来冲击。

第二节　人民币国际化与系统性风险的防范

IMF《全球金融稳定报告》指出："系统性风险仍然是世界各地金融市场动荡加剧的主要原因。"② 在由众多相互关联的金融机构组成的一个大型货币支付清算体系中，任一机构无法清算其净负债部分，在机构间相互关联作用下，体系中其他成员将无法完成彼此之间的清算义务，其结果将通过连锁反应影响体系内每一机构，最终导致清算功能失灵，甚至整个金融系统瘫痪的可能性。系统性风险爆发将通过金融机构、产业、商品与资本市场、实体经济与金融系统之间的联系迅速、广泛传播，并将导致整个实体经济系统产生波动，以及金融系

---

① 金融霸权是指霸权国利用其军事、政治、经济的优势和凭借其金融实力在国际货币体系中占据主导地位，并将其意志、原则或规则强行在整个体系推行，从而获得霸权利润的行为。参见卢文刚：《论国际金融安全对未来国际关系的影响》，载《暨南大学学报（哲学社会科学版）》2003 年第 1 期，第 15—16 页。

② IMF：《全球金融稳定报告》(2013)，第 2 页。

统动荡的全局性危机。同时，引起系统性风险的机构有可能是银行、保险公司、证券公司或其他金融机构，它们在一些国家分业监管的体系中并不隶属于同一监管者，带来的问题是，由谁来监管这一机构？

2008年美国金融危机爆发的重要原因之一是缺乏对货币政策与金融稳定关系的宏观考量，和关注单一金融机构经营状况的微观审慎监管，无法构建完整的经济金融运行的安全网。监管者容易关注单家机构的稳健性，却忽略金融市场各构成部分之间因关联性和相互影响而使金融业乃至整个经济体遭受重大损失的系统性风险。通常，一国应对系统性金融风险的策略，一是通过合理的调控政策与监管措施，从宏观上确保整个金融体系的稳健；二是构建坚固的金融安全网（包括审慎监管、最后贷款人职能和存款保险制度），以便及时援助陷于流动性困境的金融机构，缓冲其倒闭产生的冲击。[①] 因此，需要一家机构负责牵头识别和应对金融体系的系统性风险。作为货币政策的制定者、执行者，以及货币的最终供应者，央行负责全国范围的流动性并承担系统性风险的监管职责具有合理性。[②] 由此，危机过后，各国金融监管的重要发展趋势是，强调央行在维护系统性安全、宏观审慎管理方面的作用。

一、美国的监管改革——强化美联储在监管体系中的地位

1. 美联储的主要职能

中央银行最初的法定职能是货币发行，起到发行的银行和政府的银行的职能。随着中央银行的发展，与货币发行相关的货币政策也成

[①] 参见余文建、黎桂林：《中央银行如何防范和化解系统性金融风险：美联储的经验与启示》，载《南方金融》2009年第11期，第49页。

[②] 参见刘庆飞：《系统性金融风险监管的立法完善》，载《法学》2013年第10期，第39—40页。

为中央银行的核心职能。美联储体系包含 5 个组成部分：联邦储备理事会、联邦储备银行、联邦公开市场委员会、成员银行和联邦顾问委员会。美国 1913 年《联邦储备法》规定，联邦储备理事会与公开市场委员会应保持与经济长期增长相适应的货币与信用总量，促进就业最大化、稳定物价与适度长期利率目标的实现。① 因此，理事会的主要职责是制定存款准备金率和批准联邦储备银行提议的贴现率，参加公开市场委员会对公开市场操作的投票等，通过货币政策以调控市场。此外，在宏观经济层面执行货币政策要求其对银行系统有一定的规制权。② 美国的所有全国性银行和部分州立银行都是美联储的成员银行。

美联储通过贴现窗口履行最后贷款人的职能。它的目的并非支持个别银行，而是在经济困难时期避免银行存款的急剧减少和维持金融系统的统一。机构从贴现窗口取得的借款必须提供抵押品，成本高于联邦利率。贴现窗口分为首位信贷、次位信贷、季节性信贷和紧急信贷。首位信贷和次位信贷均为短期信贷，主要适用于满足特定指标的存款性机构。季节性信贷主要针对小型存款性机构应对季节性波动的需要。紧急信贷出现在《联邦储备法》第 13 条第 3 款，授权联储银行在非正常和紧急情况下，为个人、合伙或公司等非存款性机构提供紧急信贷。2008 年，救助美国国际集团（AIG）过程中，曾经运用这一权力。AIG 的资产提供了 850 亿美元贷款的抵押，美国政府获得 79.9% 的权益。美联储认为，AIG 如果破产，可能会对美国金融市场的脆弱性雪上加霜。2010 年《多德-弗兰克华尔街改革和消费者保护

---

① 1977 年美国《联邦储备法》修正案提出："美联储的目标是促进最大限度的就业，价格稳定和保证适中的长期利率。"由于长期利率只有在稳定的宏观经济环境中才能处于低位，因此，这 3 项目标仍被视为双头目标。

② See Neil H. Buchanan & Michael C. Dorf, Don't End or Audit the FED: Central Bank Independence in An Age of Austerity, *Cornell Law Review*, Vol. 102, 2016-2017, p. 13.

法》(Dodd-Frank Wall Street Reform and Consumer Protection Act)（以下简称《多德-弗兰克法案》）则修改了《联邦储备法》第 13 条第 3 款，允许美联储在获得财政部支持的前提下，不仅资助大型机构，同时为更大范围的机构提供资助，而非仅资助特定的几家机构。同时，《多德-弗兰克法案》在借款机构和纳税人获得充分的信息披露权间取得平衡，要求对传统贴现项目下的贷款的细节做为期两年的披露，但允许这一披露延迟两年进行。

2. 美联储金融监管职能的变革（1980—2008 年）

20 世纪下半叶，中央银行的货币政策职能更加受到重视，货币政策作为一种调整社会总需求的长期性宏观经济政策，其首要追求的目标是货币稳定。因担心中央银行兼顾金融监管职能客观上会影响其货币政策职能的实现，因此，一些国家依循中央银行"职能缩小论"的观点，将中央银行金融监管职能剥离。① 例如，美国 1999 年以"混业经营"为取向的《金融服务现代化法》并未改变长期分业经营模式下各职能机构的权限划分，银行监管机构（美国联邦储备委员会、联邦存款保险公司、国家信用社管理局等）、证券监管机构（证券交易委员会、商品期货交易委员会等）和州保险监管机构（美国没有联邦层面的保险监管机构）分别对相应的机构/业务进行监管，包括制定监管规则、进行现场和非现场检查、行使各自的裁决权等。同时，美联储作为"伞形"的监管，拥有协同监管的职责。然而，美联储虽对进行金融混业经营的机构及其业务进行统一、跨行业的监管，它所关注的重点仍然是保护银行作为国内金融稳定器的安全，避免金融风险在市场中跨行业传染。在具体监管中，美联储首先依据的是功能监管者

---

① 参见刘迎霜：《中国中央银行金融监管职能的法制化——以宏观审慎监管为视角》，载《当代法学》2014 年第 3 期，第 121 页。

出具的报告,只有在功能监管者无法提供或美联储已证实金融控股公司的风险管理系统对美联储监管下的银行造成实质风险时,才能要求其提供特别报告并进行直接监管。① 由于缺乏直接的信息和数据,美联储难以及时洞察金融机构的哪些行为会对金融系统产生威胁。②

3. 美国金融危机后美联储职能的变化

金融危机后,2009 年,美国进行"资本评估监督测试"(SCAP)。该测试主要针对宏观审慎,涉及 19 家银行控股公司,每一家的资产均超过 1,000 亿美元,总资产超过美国银行业总资产的 66%。该项目由美联储、联邦存款保险公司和货币监理署组成,是为期两年(2009—2010)的项目。监管者和各机构基于数据进行讨论,并计算出当经济处于下行期,为了保证资本完善所需的资本要求。对于那些经过压力测试、需要额外增加资本的机构给予 6 个月的完善时间。如果银行控股公司不能吸收私人资本,它将通过资本协助计划完成资本注入,或者问题资产免除计划(TARP),或转换成强制性的可转换优先债。但是,美联储在该项目中的地位十分显著,特别是在和这 19 家银行控股机构的讨价还价上。

2010 年,美国《多德-弗兰克法案》明确了美联储在系统性风险管理中的核心地位,将美联储监管范围扩大至所有可能危及金融系统稳定的金融机构,而不仅限于其成员银行和银行控股公司。另一方面,新增设的金融稳定监督委员会由财政部部长担任主席,成员包括财政部部长、美联储主席、全国银行监管局局长、金融消费者保护局

---

① See M. B. Greenlee, Historical Review of "Umbrella Supervision" by the Board of Governors of the Federal Reserve System, *Review of Banking and Financial Law*, Vol. 27, 2008, pp. 408-412.

② See Michele Cea, The Regulatory Powers of the Federal Reserve and of the European Central Bank in the Wake of the Financial Crisis of 2007-2009, *The Journal of Creighton International & Company Law*, Vol. 2, 2011-2012, p. 62.

局长、证券交易委员会主席、商品期货交易委员会主席、联邦存款保险公司主席、联邦住房金融局局长和一个由总统任命经参议院认可的具有保险经验的专业人士以及五位不具有投票权的成员。该委员会拥有收集金融机构相关信息的权力,有责任将新出现的风险提请有权作出响应的监管部门注意。[1] 此外,《多德-弗兰克法案》第一部分包含有反规避条款,用以处罚那些通过机构设置逃避第一部分适用的公司。在这种情况下,美联储可以通过其他监管者获取信息或报告,被赋予监管有可能给美国金融稳定带来威胁的机构的职责。美联储的加强监管意味着该机构具有系统重要性,需要采取严苛的措施,比如对并购的限制,要求其停止某些业务,限制其提供某些金融产品,强制其出售或将资产转移给其他独立实体。由此可见,《多德-弗兰克法案》并非采用美联储去填补目前存在的监管漏洞,而是对美联储目前拥有的权力和地位的延伸。由于美联储的专业性、统一性以及实力,这样的选择十分合理。[2]

二、欧洲系统性风险监管改革

1. 欧洲央行针对系统性风险监管的改革

类似的监管体制改革也发生在欧洲。根据《马斯特里赫特条约》第4条,欧洲央行在1998年7月成立,拥有货币发行权、货币政策的制定权和宏观审慎监管的权力。欧洲央行的独立性来源于《马斯特里赫特条约》第107条,"欧洲央行、各成员国央行或其决策机构的

---

[1] See Dodd-Frank Wall Street Reform and Consumer Protection Act (last visited on Nov. 20th, 2015), at http://www.sec.gov/about/laws/wallstreetreform-cpa.pdf.

[2] See Michele Cea, The Regulatory Powers of the Federal Reserve and of the European Central Bank in the Wake of the Financial Crisis of 2007-2009, *The Journal of Creighton International & Company Law*, Vol. 2, 2011-2012, p.65.

任何成员,不得寻求或接受共同体机构、来自任何成员国政府或其他任何机构的指示。共同体的机构和成员国政府承诺遵守这一原则,不影响欧洲央行或各成员国央行决策并执行其任务"。欧洲央行针对货币政策的目标是致力于价格稳定。[①] 根据《欧共体条约》(TEC)第110条,欧洲央行(ECB)虽然没有监管单一银行的权力,它仍然被赋予一些监管职责。为了履行欧洲中央银行体系(它和欧洲央行的区别在于还包括欧盟其他相关机构)的职责,第110条允许ECB颁布法规、决定、建议或发布意见,包括:决定欧盟的货币政策;要求特定信贷机构在ECB和成员国国内央行中拥有最低数量的储备;保证清算和支付系统的运行。除此之外,ECB还可以对不履行相关法规或决定的主体采取罚款或周期性的处罚措施。总的来说,其目的在于保证ECB能够实现其目标,而无须依赖于欧盟其他机构或者成员方的行为。

欧债危机发生后,2012年9月,欧盟委员会提交立法建议,要求赋予欧洲央行银行业监管权。2013年9月,欧洲议会通过《授予欧洲央行信贷机构审慎监管职能法案》,赋予欧洲央行对系统重要性银行的监管权。欧元区成员国必须加入该监管体系,非欧元区成员国可选择加入。欧洲央行负责监管这些银行牌照的发放或撤销、收集银行信息以及发布监管规定、建议或指南,确保监管在各成员国内的有效和一致。

作为最后贷款人,欧洲央行通过保证金贷款便利向信贷机构提供流动性。但欧洲央行将该权力授予各成员国央行。各成员国央行提供流动性的方式是隔夜回购合同,例如,将财产的所有权转移给贷款人,隔天通过相反合同将财产转回到借款人。为了取得保证金贷款便利,要求信贷机构财务状况良好,例如受到国内称职的监管机构监

[①] 《马斯特里赫特条约》第105条强调,欧洲央行体系的首要目标是保持价格稳定。在不妨碍价格稳定目标的前提下,它将支持联盟的各项经济政策。

管,受到欧洲系统最低准备金机制的规制,能够保证提供一定的抵押品。欧盟在美国进行 SCAP 后不久开始压力测试。从 2010 年开始,欧盟第一轮测试针对 91 家欧洲银行展开,代表 65% 欧洲银行业资产。这次测试采用两套经济方案,并立足于 2010—2011 年的经济状况。一个是基础性假设,建立在公众的预测上;另一个是"更为负面(more adverse)"的假设,ECB 假设了双重触底的经济衰退情况。虽然该测试由欧洲银行业监管者委员会(CEBS)展开,欧盟委员会、欧盟成员国国内监管主体和欧洲央行都参与协调。欧洲央行还提供了所有必备数据以便进行测试。

欧盟 No.1092/2010 法令成立了欧洲系统性风险委员会(ESRB)。ESRB 设立于欧洲金融系统监管委员会(ESFS)中,[①]但欧洲央行行长担任 ESRB 主席,执行委员会作为决策机构,其成员包括欧洲央行行长和副行长,欧盟各成员国央行行长,一名欧盟委员会成员,以及一定数量的无投票权的成员。欧洲央行在 ESRB 中的作用还在于,ESRB 明确其履行职能所需的信息的范围,并对定期信息清单进行调整,这些信息由欧洲央行和 ESA 提供。ESRB 有权针对整个欧盟作为整体提出建议,或仅仅针对 1 个或多个成员国,监测和评估宏观经济和金融体系中的系统性风险。如果 ESRB 认为其建议未被遵守,被点名的一方必须为他们的不作为提供充分的抗辩。[②] 由此可见,欧债危机后,欧洲央行的政策重点得到扩展,在专注价格稳定之外,稳定金融市场这一目标也开始影响其政策的走向。

[①] ESFS 包括作为宏观审慎金融监管机构的 ESRB 和微观审慎监管机构欧盟监管局(ESA),后者协调原有的欧盟银行监管局、欧盟证券与市场监管局和欧盟保险与职业年金监管局。

[②] See Michele Cea, The Regulatory Powers of the Federal Reserve and of the European Central Bank in the Wake of the Financial Crisis of 2007-2009, *The Journal of Creighton International & Company Law*, Vol. 2, 2011-2012, pp. 65-67.

2. 英格兰银行针对系统性风险监管的改革

1997年，英国在经历"金融大爆炸"后，顺应混业经营的趋势，合并原有9类金融监管机构的职能，成立金融服务局，对银行、证券、保险业等各类金融机构实施统一审慎监管，而财政部负责制定金融监管的法律框架，英格兰银行则拥有独立的货币政策制定权，通过货币政策的执行、对系统重要性支付体系的监管、向银行提供流动性支持，以及在特殊情况下最后贷款人职责的发挥来维护金融稳定。

在这一框架下，由于忽略中央银行货币政策和金融市场稳定之间的相互影响和作用，英格兰银行在危机处置上陷于被动。因此，2013年4月生效的英国《2012年金融服务法案》明确和强化了英格兰银行维护金融稳定的职能，要求英格兰银行对整个金融体系的稳定负责。英格兰银行理事会下新设金融政策委员会，负责宏观审慎管理，确保整个金融体系的稳健运行，并对影响英国金融体系稳定的系统性风险采取对策。而从原来金融服务局拆分的审慎监管局成为英格兰银行附属机构，负责对银行、保险公司、大型投资机构的微观审慎监管。由此，英格兰银行在维护系统性安全方面的职责得到强化，审慎监管局作为英格兰银行的附属机构，在进行微观管理的同时，能够与英格兰银行就信息共享和内部协调进行更密切的合作。

三、人民币国际化背景下系统性风险的防范

人民币国际化背景下的系统性风险，主要来源于资本账户管制不断放开前提下，货币政策独立性和汇率稳定的矛盾以及人民币跨国流动带来的金融风险。我国《金融业发展和改革"十二五"规划》明确提出"借鉴国际经验并结合我国国情，进一步构建和完善逆周期的宏观审慎政策框架，有效防范系统性金融风险，保持经济金融平稳较快

发展。"对此，由于中国人民银行的职责包括管理人民币及其流通、完善汇率形成机制、实施外汇管理、维护支付、清算系统的正常运行等与人民币国际化相关的事项，而《中国人民银行法》针对金融稳定问题则规定，中国人民银行是我国的央行，在国务院领导下，制定和执行货币政策，防范和化解金融风险，维护金融稳定，因此，加强中国人民银行防范系统性风险的地位十分重要。从 2005 年开始，中国人民银行每年发布《中国金融稳定》报告，对我国金融体系的稳定状况进行全面评估。2008 年《中国人民银行主要职责内设机构和人员编制规定》在主要职责中进一步强调，中国人民银行完善金融宏观调控体系，负责防范、化解系统性金融风险，维护国家金融稳定与安全。美国金融危机后，我国也开始关注中央银行推行货币政策、维护货币稳定的工具性职能和防范系统性风险的目的性职能的统一。

首先，我国法律对最后贷款人制度并没有明确的界定。1998 年中国人民银行《防范和处置金融机构支付风险暂行办法》[①] 第 22 条规定："对于出现支付风险后必须通过人民银行再贷款方式给予流动性支持的金融机构，应由人民银行省级分行提出方案，报总行审批。"而 1999 年中国人民银行《紧急贷款管理暂行办法》则对中国人民银行为帮助发生支付危机的上述金融机构缓解支付压力、恢复信誉，防止出现系统性或区域性金融风险而发放的人民币贷款的贷款条件、用途、期限和利率以及贷款管理作了规定。2003 修订的《中国人民银行法》没有针对最后贷款人的具体条款，直到 2008 年 7 月，国务院办公厅《关于印发中国人民银行主要职责、内设机构和人员编制规定的通知》第 2 条第 8 款提出，中国人民银行承担最后贷款人的责任，负

---

① 该办法已被中国银监会《关于发布银行业规章和规范性文件清理结果的公告》（银监发〔2011〕1 号）废止。

责对化解金融风险而使用中央银行资金机构的行为进行检查监督。

其次，信息共享是监管协调机制最基础的内容。由于金融市场涉及的主管部门众多，相互之间所掌握的被监管主体的信息角度不同，为综合反映金融经营和财务状况，需要建立信息共享机制。《中国人民银行法》第 33、34、35 条仅规定中国人民银行根据执行货币政策和维护金融稳定的需要，可以建议银监会对银行业金融机构进行检查监督；中国人民银行根据履行职责的需要，有权要求银行业金融机构报送必要的报表和资料，却没有规定对证券业和保险业的检查权。在资本账户不断放开的背景下，证券业和保险业的业务会涉及人民币的跨国流动并可能引起系统性风险。同时，金融统计数据和金融信息的客观、准确，能够确保中国人民银行货币职能的充分发挥，从而保证监管职能的有效行使，确保金融机构的安全稳健运行和金融体系的稳定，这将有助于建立货币政策的传导机制并有效实施货币政策。因此，应对中国人民银行如何获取证券市场和保险市场的运行信息，如何对二者进行监测，给予必要的授权。

再次，行业及部门分割容易导致整体监管效率降低。在一个业务相互交叉的网状金融系统中，需要多个职能部门共同分析、判断与密切协调，承担维护金融系统稳定的职能。[①] 金融监管机构之间的联席会议可以追溯到 2000 年 9 月由中国人民银行、证监会、保监会之间

[①] 例如，互联网金融业务即分属不同部门监管并相互交织。2015 年 7 月人民银行等十部门发布了《关于促进互联网金融健康发展的指导意见》（以下简称《指导意见》），对互联网金融实行分类监管：互联网支付业务由人民银行负责，网络借贷业务由银监会负责，股权众筹融资业务由证监会负责，互联网基金销售业务由证监会负责，互联网保险业务由保监会负责，互联网信托、互联网消费金融业务由银监会负责监管，电信主管部门对互联网金融业务涉及的电信业务进行监管。《指导意见》因此要求各监管部门充分发挥金融监管协调部际联席会议制度的作用。再如，对于 RQFII 制度，证监会负责管理 RQFII 的资格准入及证券投资活动，中国人民银行负责 RQFII 在境内开立人民币账户的管理，外汇管理局负责 RQFII 投资额度的管理，中国人民银行会同外汇管理局对资金汇出入进行监测管理。

建立的金融监管联席会议,并确定其主要职责是研究银行、证券和保险监管中的有关重大问题,业务创新及其监管问题,对外开放及监管交流等。2003年4月银监会成立后,银监会、证监会、保监会在2004年6月签署《在金融监管方面分工合作的备忘录》,明确金融业3个监管部门间的职责分工,建立监管联席会议机制和经常联系机制。但该备忘录对监管联席会议的职责仅简单提及讨论和协调有关金融监管的重要事项、已出台政策的市场反应和效果评估以及其他需要协商、通报和交流的事项。2004年9月,第一次联席会议召开,但第二次例会召开是在2005年3月。此后,一直到2008年金融监管部际联席会议才重新启动。① 2013年8月,国务院发布《关于同意建立金融监管协调部际联席会议制度的批复》,金融监管协调部际联席会议制度的职责在于协调货币政策与金融监管政策,金融监管政策、法律法规之间的协调,维护金融稳定和防范化解区域性系统性金融风险,以及交叉性金融产品、跨市场金融创新的协调。该制度在运行过程中由人民银行牵头,成员单位包括银监会、证监会、保监会、外汇局,必要时可邀请发展改革委、财政部等有关部门参加。可以说,由人民银行牵头组建金融监管协调机制是对2008年美国金融危机后强调央行作用所做的积极回应。

但值得注意的是,对于民间金融和部分新兴金融行业,如股权投资类企业、小微金融等则通过国务院规范性文件的方式授权地方人民政府监管。因此,在组织架构的设计上,需要厘清中央和地方的监管分工,地方政府与驻地国家金融监管派出机构的协调。2015年1月,厦门市人民政府办公厅发布《厦门市金融工作办公室主要职责内设机

---

① 参见卫容之、陈莎莎:《中国第三次重启部际联席会,奥巴马罕见召集十大巨头——中美同日开启"联合式监管"》,载《国际金融报》2013年8月21日第1版。

构和人员编制规定的通知》（以下简称《通知》），明确厦门市金融办负责股权投资类企业、小额贷款公司、融资性担保公司、典当行、融资租赁公司、商业保理公司、地方资产管理公司等机构的市场准入审核和日常监督管理。① 而地方金融办监管的金融机构和金融业务同时也是人民币跨境流动的载体。例如，《中国人民银行关于金融支持中国（天津）（福建）（广东）自由贸易试验区建设的指导意见》均提及融资租赁的人民币业务，其中，《中国人民银行关于金融支持中国（福建）自由贸易试验区建设的指导意见》指出，支持自贸试验区内开展人民币计价结算的跨境租赁资产交易。支持区内租赁公司开展跨境资产转让。支持符合条件的自贸试验区金融租赁公司在境内发行、交易金融债券；支持符合条件的自贸试验区非金融租赁公司在银行间市场发行非金融企业债务融资工具。

因此，对于地方准金融业务而言，近期可行的是针对金融办监管的准金融行业，由金融办牵头组成监管协调机制，并在特殊金融事件处理中整合公安、财政、工商等多部门行政力量，为"一行三会"等部门提供有力的地方资源支持；在中长期，对于银行、证券、保险等传统金融机构及其业务，以及前述包括准金融机构和传统金融机构参与的互联网金融业务，应在"一行三会"的授权下，由"一行三会"驻厦机构主导，吸收金融办参与，加强风险的监测、预警和处置，及时防范系统性金融风险。

最后，应完善国际收支预警应急机制。2008年《外汇管理条例》增加了"建立国际收支应急保障机制"的规定。我国外汇管理局各项监测系统主要按照业务的性质分类，没有专门而完整的短期资本跨境

---

① 《通知》第1条将股权投资类企业、小额贷款公司、融资租赁公司等定义为"地方准金融机构"。但2015年8月，中国人民银行、银监会等印发的《金融业企业划型标准规定》则将金融业企业分为货币金融服务、资本市场服务、保险业、其他金融业四大类。

流动的统计监测体系。由于我国外汇管理局归属于中国人民银行业务领导，因此应由中国人民银行和外汇管理局牵头，统一协调国际收支运行监测、风险预警与跨境资本异常流动的应急处理。在平时，加强投机资本流入和对外商直接投资未分配、未汇出利润等规模较大、逐利性较强资金的限制性措施，利用汇率、利率、存款准备金、出口退税政策及其之间的协调搭配调节国际收支，并根据不同的情景设计不同的政策组合，不断充实财政、货币、金融等宏观经济政策的政策工具和应对措施，引导跨境资金合理流动。在国际收支出现大幅波动时候，制定限制资本流出的政策手段，提供紧急贷款机制和紧急财政援助机制，并提供流动性支持。

第三节　人民币国际化与金融安全审查

2015年1月，商务部发布《外国投资法（草案征求意见稿）》（以下简称《外国投资法（草案）》），国家实行统一的外国投资准入制度，对禁止或限制外国投资的领域依据特别管理措施目录实施管理。2015年10月，国务院发布《关于实行市场准入负面清单制度的意见》，以清单方式明确列出我国境内禁止和限制投资经营的行业、领域、业务等，各级政府依法采取相应管理措施。市场准入负面清单以外的行业、领域、业务等，各类市场主体皆可依法平等进入。2016年4月，《市场准入负面清单草案（试点版）》发布。

一、金融安全审查的作用

采取准入前国民待遇和负面清单管理模式将有利于便利和促进外

国投资，但也会在一定程度上削弱对外商投资风险的控制力度。因此，通过国家安全审查引导外国投资并维护国家利益具有现实意义。国家安全审查是国际社会普遍认可的东道国对外国投资准入的监管措施。早在1992年，世界银行《外国直接投资待遇指南》中明确规定各国有权规范和管理外国私人资本的进入，东道国外资法可以规定基于国家安全的外资准入，或是出于本国经济发展和关乎国家利益的原因，禁止外资进入的领域。国家安全审查是外国投资法的重要组成部分，《外国投资法（草案）》整合和吸收了商务部和国务院办公厅发布的相关国家安全审查文件，[1][2] 第四章"国家安全审查"要求，为确保国家安全，规范和促进外国投资，国家建立统一的外国投资国家安全审查制度，对任何危害或可能危害国家安全的外国投资进行审查。第74条规定，外国投资者投资金融领域的国家安全审查制度，由国务院另行规定。[3] 同时，《关于实行市场准入负面清单制度的意见》第一部分第七项规定，对各类市场主体涉及以下领域的投资经营行为及其他市场进入行为，依照法律、行政法规和国务院决定的有关规定，可以采取禁止进入或限制市场主体资质、股权比例、经营范围、经营业态、商业模式、空间布局、国土空间开发保护等管理措施。其中包含涉及金融安全等国家安全的有关行业、领域、业务。与各国立法相

---

[1] 参见陶立峰：《外国投资国家安全审查的可问责性分析》，载《法学》2016年第1期，第67页。

[2] 我国现行外资国家安全审查制度的基本依据是2006年《关于外国投资者并购境内企业的规定》及其修订版2009年《关于外国投资者并购境内企业的规定》。2011年2月，国务院发布《关于建立外国投资者并购境内企业安全审查制度的通知》，2011年8月，商务部《实施外国投资者并购境内企业安全审查制度的规定》对前述通知的相关内容作了进一步明确和细化。由于《外国投资法（草案）》对外国投资准入除负面清单列明领域外，不再进行一般性的审批，改为实行备案制，包括国家安全在内的各种因素在外商投资企业申请设立过程中未必能得到全面的审查和考量。因此，《外国投资法（草案）》将国家安全审查的领域从外资并购扩展至一切外商投资（包括新设投资），使得审查覆盖的投资更加全面。

[3] 国务院办公厅《关于印发自由贸易试验区外商投资国家安全审查试行办法的通知》第4条第2款同样规定，外商投资金融领域的安全审查另行规定。

似，我国对"金融安全"并没有严格的法律界定，旨在维护审查机关广泛的裁量空间和经济政策的灵活性。

二、我国金融安全审查的完善

《外国投资法（草案）》要求国务院建立外国投资国家安全审查部际联席会议，承担外国投资国家安全审查的职责。国家安全审查部际联席会议由发改委和外国投资主管部门共同担任召集单位，会同外国投资所涉及的相关部门具体实施外国投资国家安全审查。2015年4月发布的《自贸试验区外商投资国家安全审查试行办法》也作了类似规定，即仅列出召集单位，其他部门则视具体情况参加。本书认为，未来构建金融安全审查部际联席会议，应增加中国人民银行为召集单位。

在美国，1988年，美国国会通过《奥姆尼巴斯贸易与竞争法》，第5021节规定"如果有确切证据认为外国人对美国企业进行合并收购或接管所形成的控制明显有害于美国安全，总统有权直接禁止该交易，并授权商务部外资委员会具体实施"。该条款修订了1950年《国防生产法》第721节，此即著名的《埃克森-佛罗里奥修正案》。1991年，为了确保《埃克森-佛罗里奥修正案》的实施，美国颁布《关于外国人兼并、收购、接管的条例》，从而确立自愿申报原则，但对于未申报的外资并购项目依然保留总统禁止的权力。1993年，《伯德修正案》对《埃克森-佛罗里奥修正案》进行修订，增加两种情况下的调查：一是"并购方由外国政府控制或代表外国政府"；二是"并购可能导致在美国从事州与州间贸易的人受到控制并影响国家安全"。

"9·11"事件后通过的2001年《国家安全法》增加了对于美国核心工业在国家安全方面的关注，并将其定义为"对美国至关重要的实体或虚拟的系统和资产，这些系统或资产的功能丧失或毁坏将弱化国家安全、国家经济安全、国家公共健康安全等"，包含电信、能源、金融服务、运输等部门。2007年，美国国会再次对1950年《国防生产法》第721节进行重要修订，通过了2007年《外国投资和国家安全法》，美国财政部在此基础上于2008年颁布《美国外国投资委员会国家安全审查指南》。就金融业而言，安全审查还受到金融业立法的约束。例如，美国对外资银行的监管包含联邦立法以及各州制定的金融监管法案。1991年《联邦存款保险公司改进法》为外资银行在美国境内的经营活动设立了完整的管理架构，授权美联储监督外资银行跨州业务运作，并对在各州注册的外资银行在美国境内的一切业务活动进行监管。

美国国家安全审查机关是由跨部门机构组成的外国投资委员会（CFIUS），由财政部部长担任CFIUS的主席，其他成员还包括国土安全部部长、商务部部长、国防部部长、国务卿、司法部部长、能源部部长等。但在美国，财政部的地位特殊，早在美国金融危机前，财政部下设货币监理署和储蓄机构监管署，负责对国民银行发放执照并进行监管，监管联邦储蓄及放款银行并监督持有这些储蓄及贷款的企业以及部分州政府特许机构，同时财政部对政府债券市场也具有监管职责。在具体并购交易中，国会会要求外国投资委员会主席或牵头机构负责人分别在项目审核、调查阶段提交书面报告，说明委员会在审查、调查中所采取的行动，以及考虑的因素，以保证并购项目最终审核通过且不存在未解决的国家安全问题。按照2007年《外国投资与国家安全法》，提交通知或书面报告的国会成员包括如参议院银行、住房与城市事务委员会主席、众议院金融服务委员会主席等。

在中国，如前所述，财政部并无监管金融市场、维护金融稳定的职责，这些职责主要由中国人民银行履行，因此，增加中国人民银行作为金融安全的召集单位之一,有利于全盘考量外国投资是否可能影响我国经济、金融系统的稳定。

第四节　人民币国际化与政治风险保险

如前所述,我国的对外经济发展战略已逐步从过去引进外资、促进出口增加外汇的发展战略,转向资本输出与产品输出并重的全球战略。这一战略的转变,既增大境外对人民币的资本需求,也是人民币获得更多国际金融市场份额的契机。2014年,中国对外直接投资与中国吸引外资仅差53.8亿美元,双向投资首次接近平衡。2014年末,中国对外直接投资存量8826.4亿美元,占全球外国直接投资流出存量的份额由2002年的0.4%提升至3.4%,在全球分国家地区的对外直接投资存量排名中较上年前进3位,位居第8,首次进入全球前10。对"一带一路"沿线国家的直接投资流量为136.6亿美元,占中国对外直接投资流量的11.1%。[1] 2016年,我国首次成为全球第二大对外投资国,达到1830亿美元,比吸收外资多36%,同时,我国是最不发达国家的最大投资国,投资额3倍于排名第2位的国家。[2] 在这些投资中,人民币占一定的比重并逐渐增加,而全球经济政策的不确定性和地缘政治风险都是阻碍全球外国直接投资的因素。因此,如何防范政治风险,保证在东道国投资的自由汇兑与转移是亟待解决的问题。

---

[1] 参见王珂:《2014年中国对外直接投资全球第三(在国新办新闻发布会上)》,载《人民日报》2015年9月18日第2版。
[2] 参见陈建:《联合国贸发会议报告显示中国首次成为全球第二大对外投资国》,载《经济日报》2017年6月8日第1版。

一、政治风险保险降低人民币国际化风险的作用

针对投资的自由汇兑与转移,一种方法是在离岸市场设立账户,当发生特定事件,如无法将投资从东道国以可兑换货币汇出,则动用该账户的资金。[①]另一种方法是政治风险保险。政治风险保险是保险机构针对投资者在东道国可能遭遇的政治风险提供保险,若承保的政治风险发生,导致投资者遭受损失,则由保险机构补偿其损失的制度。政治风险保险主要包括战争险、征收险和货币汇兑险,其中,货币汇兑险是指可归因于东道国政府的任何措施,限制投保人将其货币兑换成可自由使用的货币或投保人可以接受的另一种货币,转移出东道国境外,包括东道国政府未能在合理的时间内对投保人提出的此类转移要求作出行为。一些新兴市场国家受国内经济波动和外汇储备水平的影响,汇兑限制时有发生。

实践中,政治风险保险可由国内或国际保险机构提供。海外投资保险制度始于美国二战后通过的《经济合作法案》。到了 20 世纪 50 年代,政治风险保险在当时作为新的政策工具运用越来越广泛,并逐渐覆盖战争险、征收险以及政府暴力干涉险。1971 年,美国海外私人投资公司成立,并成为此后发达国家以及国际组织多边投资保险机构的蓝本。此后,多边开发机构也纷纷推出政治风险保险,其担保对象或者面向所有在发展中会员国的投资,或者是与该多边开发机构相关联的贷款或投资。例如,世界银行集团框架下的多边投资担保机构(MIGA)旨在补充国家和区域性的投资担保计划,为私人投资者提供

[①] See Maria Edith Bertoletti, Rodrigo Ferraz P. Cunha, Project Finance in Brazil-Brief Analysis of Political and Collateral Risk Mitigation, *International Business Lawyer*, Vol. 32, 2004, p. 60.

非商业性保险。① 亚洲开发银行同样设立了担保机构,但担保的对象不仅包括非商业性风险,还包括商业性风险。

亚投行和金砖国家新开发银行也致力于政治风险保险的开发。《亚投行协定》第 11.2 条采取了和《建立亚洲开发银行的协定》第 11.4 条类似的措辞,允许亚投行"作为直接或间接债务人,全部或部分地为用于经济发展的贷款提供担保"。本书认为,亚投行在未来运营过程中,应借鉴世界银行和亚开行的机制,建立政治风险保险机构,利用亚投行成员国既是政治风险保险机构的股东也是投资的东道国,规定承保机构的设置、承保范围、保险期限及费率、损失赔偿等内容,并以代位求偿权为基本手段,将海外投资的政治风险防范和事后补偿设定在国家的条约义务的框架下,从而约束东道国的政府行为。而中国信保在 2017 年 6 月积极推动并举办了第三届金砖国家出口信用保险机构(ECA)负责人会议,与新开发银行签署《总体合作谅解备忘录》,有利于围绕金砖国家与其他新兴经济体和发展中国家的可持续发展和基础建设项目的合作,为新开发银行的融资提供保险支持。② 这可以最大限度地降低我国对外贷款、投资(包括人民币贷款、投资)因东道国的资本管制无法自由兑换和汇出的可能性。

二、我国政治风险保险制度的完善

在我国,从事政治风险保险的主要是中国出口信用保险公司(以下简称"中国信保"),2005 年 1 月,国家发改委和中国信保共同发布《关于建立境外投资重点项目风险保障机制有关问题的通知》,国家发

---

① 《多边投资担保机构公约》引言。
② 参见《中国信保成功主办第三届金砖国家出口信用保险机构负责人会议》,http://www.sinosure.com.cn/sinosure/xwzx/xbdt/172554.html。

改委和中国信保共同建立境外投资重点项目风险保障机制，中国信保提供境外投资保险服务，承保境内投资主体因征收、战争、汇兑限制和政府违约等政治风险遭受的损失。[①]

通常情况下，完善政治风险防范的体系包括：国内立法提供法律支持；设立政策性金融机构参与政治风险保险；通过双边或多边条约中的代位求偿权予以保障。我国目前对外投资的立法主要是2014年9月商务部颁布的《境外投资管理办法》，该管理办法涉及的是境外投资的备案和核准、规范和服务以及法律责任，对于政治风险的防范，仅在第27条原则性地提到"商务部会同有关部门为企业境外投资提供权益保障、投资促进、风险预警等服务"。中国信保业务中虽然涉及承保对象、保险范围、险种、合格保险人、损失赔偿比例等的内容，但国内法没有针对海外投资保险的法律规定，而是在中国与多数国家签订的BIT中规定了代位条款："如果缔约一方或其指定的机构根据其对非商业风险的一项担保或保险合同就在缔约另一方领土内的某项投资向投资者作了支付，缔约另一方应承认：1.该投资者的权利和请求权依照缔约一方的法律或法律程序转让给了缔约一方或其指定机构；以及2.缔约一方或其指定机构在与投资者同等的范围内，代位行使该投资者的权利或执行该投资者的请求权，并承担该投资者与投资相关的义务。"[②] 但实践中，多数国家都重视双边投资保护协定与本国对外投资法制的结合，我国也应通过相应的国内法制度同我国签订的BIT相对接，以保证政治风险保险的顺利进行。

---

① 《关于建立境外投资重点项目风险保障机制有关问题的通知》第3.4条。
② 《中国—坦桑尼亚联合共和国政府关于促进和相互保护投资协定》第9条。

# 第五章
人民币国际化与金融安全
——国际合作与协调

进入 21 世纪，特别是美国金融危机之后，我国的国际秩序观呈现为延续中的变化。与前一时期参与及融入世界经济时被动、保守、内向的方式不同，中国在重视自主性的同时，以更为主动、积极、外向的姿态与其他国际行为体展开互动，借此实现自身在国际经济体系中的长远利益。①就构建金融安全网而言，全球金融安全网包含各国基础的国际储备，央行间的货币互换，区域储备基金，以及全球性的多边融资安排。中国一方面参与既有国际金融体系改革，扩大人民币作为国际货币的功能，提升中国在全球金融治理中的地位，另一方面发起和参与创建新的多边金融机构，以带有区域公共产品性质的新机制和举措，与新兴市场国家和发展中国家共同分享长期利益，激发互惠性质的合作。

第一节　货币金融安全的非正式国际机制

与以往相比，近些年来，国际机制的产生、发展与国家间相互依赖的日益加深，世界政治、经济大量涌现的全球或地区公共问题，以及由此而发生的国际社会对国际治理的强烈需求，推动着国际体系对其内部行为体的整体规制能力不断增强，在某些领域出现全球治理的

---

① 孙伊然：《亚投行、"一带一路"与中国的国际秩序观》，载《外交评论》2016 年第 1 期，第 16 页。

趋势。

二战后成立的政府间国际组织，如 IMF、世界银行，其宗旨是促进货币政策的合作，货币可兑换和汇率稳定，以及为战后重建和经济恢复提供贷款。这些组织的权力来源于条约授予，属于永久性的机构，基于成员方的授权以国际组织的名义发布政策。而进入 20 世纪 80 年代，国际金融市场发生转向，政府间的融资逐渐弱化，私营机构和个人成为最主要的市场主体，此时对金融市场的运营而言，更为重要的是保证金融机构和其他金融中介的安全和稳固。① 相较于条约规则占据主导地位的货币兑换、汇率制度稳定等问题，金融市场的规制殊为不易，因为金融领域规则纷繁复杂，且市场赖以运行的宏观经济和监管环境也在不断发生变化。

同时，鉴于金融事项的敏感性，主权国家往往不愿就此承担有约束力的法律义务，导致硬法规则难以形成或者在形成后难以及时变革。② 而非传统领域的治理的显著特点是治理对象的多元性和差异性、治理体系和工具的相关性，以及需要与之匹配的治理结构和治理主体的多级性。③ 与此不同，非正式机制不采取任何强制性措施，取决于成员国之间政治或道德承诺关系，通过定期会晤与磋商，协调成员国对重大国际问题的看法和立场，通过公报作出承诺的意愿。同时，非正式机制可通过与主要国际组织合作，提升自身合法性，将其不具法律约束力的决议付诸实施，保证其协调治理的效果。

---

① See Eric J. Pan, Challenge of International Cooperation and Institutional Design in Financial Supervision: Beyond Transgovernmental Networks, *Chicago Journal of International Law*, Vol. 11, No. 1, 2010, pp. 249-250.

② 参见廖凡:《论软法在全球金融治理中的地位和作用》，载《厦门大学学报（哲学社会科学版）》2016 年第 2 期，第 23—24 页。

③ 参见沈伟:《后金融危机时代的国际经济治理体系与二十国集团——以国际经济法—国际关系交叉为视角》，载《中外法学》2016 年第 4 期，第 1023 页。

一、战略经济对话

战略经济对话是促进未来货币合作的重要措施之一。2002年5月，中国政府向东盟地区论坛高官会议提交了《关于加强非传统安全领域合作的中方立场文件》，对上海合作组织倡导的"互信、互利、平等、协作"新安全观进行了诠释，这是较早正式使用"非传统安全"一词并对非传统安全领域合作提出构想的中国政府文件。其第3条指出，针对非传统安全问题的跨国和跨地区的特点，各国只有加强相互协调，开展国际和地区合作，才能有效应对非传统安全问题带来的新挑战。

而国与国之间，中美战略经济对话也是颇为有效的机制。在其建立之前，中美在经济领域已有一些双边对话和磋商机制，例如中美经济联合委员会、中美商贸联合委员会等，涵盖政治、安全、防务、经济、贸易、科技、人文、能源、环境等领域，但级别较低。而中美战略经济对话机制的主导者是两国国家元首和特别代表，因此是双边对话中级别最高，国家最为重视的对话机制之一，旨在解决中国和美国在双边、地区和全球领域面临的机遇和挑战，对短期和长期战略问题及经济利益进行磋商。[①] 自2009年至今，对话已成功举行了八轮。从首轮中美战略与经济对话伊始，中方就明确核心利益是维护基本制度和国家安全、国家主权和领土完整、经济社会持续稳定发展。在前八轮对话中，关于金融体系方面的磋商内容较稳定，中方承诺主要表现在深化金融体系改革、逐步提高金融体系的对外开放程度方面，美方则承诺加强和完善金融监管，促进金融体系稳定，给予中资金融机构

---

① See U. S. Department of the Treasury, FACT SHEET: U. S. -China Strategic and E-conomic Dialogue, at http://www.treasury.gov/initiatives/Documents/SEDfactsheet09.pdf.

在美同等待遇等。

特别是在第三轮对话期间，中美签署了《关于促进经济强劲、可持续、平衡增长和经济合作的全面框架》，双方承诺深化双边以及在二十国集团、金融稳定理事会和国际标准制定机构的合作，确保金融稳定，加强金融监管。而2015年第七轮中美战略与经济对话中，虽未明确提及货币领域的合作，但双方讨论了国际金融体系相关问题，包括经济政策协调、国际规则、全球经济治理、金融市场稳定与改革的重要性。中方承诺将继续推进汇率市场化和利率市场化改革，增强汇率灵活性，仅在出现无序市场状况时对汇率进行干预，加快推进由市场决定的汇率制度。同时，中方还承诺扩大外国金融服务公司和投资者对债券、证券等资本市场的参与，加强国内市场和国际市场之间的联系。中美两国在金融安全方面的合作主要是共同采取措施保护金融体系，以有效实施金融行动特别工作组打击洗钱、恐怖融资和扩散融资的建议，并承诺进行定期、紧密的工作层和高层接触，共同应对和遏制新兴恐怖主义融资对国际金融体系的威胁。从前几轮谈判看来，虽然由于中美矛盾的复杂性导致战略对话呈现慢热状态，但金融领域等功能性议题是中美利益汇合点，有可能在未来取得切实成果。

二、二十国集团（G20）

二战结束后，美国通过其在世界银行、国际货币基金组织的主导地位，对发展中国家的金融事务进行干预和影响。然而，面对亚洲金融危机的爆发以及新兴经济体的崛起，以美国为中心按照西方国家政治、经济标准选择并构建的七国集团在解决全球问题时显得力不从心。[1] 1999

---

[1] 参见沈伟：《后金融危机时代的国际经济治理体系与二十国集团——以国际经济法—国际关系交叉为视角》，载《中外法学》2016年第4期，第1016—1017页。

年,七国集团财长会议倡议成立 G20,由美国、英国、日本、中国、印度等 19 个国家以及欧盟组成,兼顾发达国家和发展中国家以及不同地域平衡,国内生产总值占全球的 90%,贸易额占全球的 80%。①1999 年,G20 首次会议柏林峰会发布的公报即指出,G20 的成立是为布雷顿森林体系框架下的非正式对话提供新的机制,拓宽主要经济体在关键经济和财政政策问题上的讨论。作为一种非正式对话机制,G20 峰会采用协调人和财金渠道双轨筹备机制,无常设机构,按照协商一致的原则运作。但同时,由于财政部和央行在国内金融治理领域的特殊性,G20 仍反映了强烈的国家意志。从 G20 峰会成果的形式来看,G20 峰会不采用具有法律约束力的条约,而是以政治性宣言的方式,通过领导人之间的政治共识发布报告,从而为协调合作提供更加自由的空间,并有利于对全球金融市场的紧急事件迅速作出回应。

例如,2008 年,美国金融危机后,G20 华盛顿峰会迅速作出回应,强调 IMF 在应对危机方面的重要作用,同时呼吁各国和区域性监管机构,加强他们同金融市场所有层面的协调和合作,其中包括跨国资本流动。2009 年,伦敦峰会同意创立全新的金融稳定委员会(FSB)作为金融稳定论坛(FSF)的继承性机构,FSB 将与 IMF 进行合作,对宏观经济和金融危机风险发出预警,并采取必要行动解决危机。②从原有的相对松散的 FSF 上升为有明确基本运作规则的章

---

① 参见《二十国集团》,http://www.g20.org/gyg20/G20jj/201510/t20151027_871.html。
② FSB 的成立类似于在 G10 集团的倡议下,1974 年成立的巴塞尔银行业监督委员会。他们都是在国家集团网络的政治推动下,通过政治宣言的方式授权成立的非正式的机构,其颁布的规则被各国广泛接受,实际上起到创设、提高金融监管标准的作用。See Eric J. Pan, Challenge of International Cooperation and Institutional Design in Financial Supervision: Beyond Transgovernmental Networks, *Chicago Journal of International Law*, Vol. 11, No. 1, 2010, p. 253.

程，具有更强健组织基础的金融稳定委员会，其正当性①得到提升。

G20在推动国际货币领域合作，维护金融稳定方面的作用主要体现在以下几个方面：

（一）合理的汇率和货币政策，构建良好的国际货币体系及金融安全网

2011年戛纳峰会提出，G20各国已经在增强代表性、稳定性和抗风险能力的国际货币体系改革方面取得进展。2010年首尔峰会公报重申，将向更多由市场决定的汇率制度迈进，提高汇率灵活性以反映经济基本面，避免竞争性货币贬值。发达经济体，包括拥有储备货币的发达经济体，将对汇率过度波动和无序变动保持警惕。这些行动将有助于减轻一些新兴市场经济体面临的资本流动过度波动风险。但在有的国家面临不应有的调整负担的情况下，拥有足够储备和汇率不断高估但灵活的新兴市场经济体采取的政策措施应包括谨慎设计的宏观审慎措施。G20欢迎在同拥有系统重要性金融部门的成员国开展第4条款磋商时，将金融部门评估规划中的金融稳定评估作为经常性和强制性部分。有关汇率问题的承诺出现在伦敦峰会公报、戛纳峰会公报、圣彼得堡峰会公报、杭州峰会公报等。

就货币政策而言，圣彼得堡峰会同时提出，根据央行职能，货币政策将继续以稳定国内物价和支持经济复苏为导向。宽松货币政策包含非常规货币政策虽然对全球经济具有支持作用，但对于延长宽松货币政策实施期限带来的负面外溢效应应保持警惕，实现强劲和可持续增长最终需要回归正常货币政策。戛纳峰会则提出增强全球金融稳定

---

① 正当性问题是指国际金融软法制定机构和机制在透明度、民主性和代表性方面存在的缺陷。与金融稳定论坛不同，金融稳定理事会的成员基础更为广泛，包括G20所有成员和地区，以及西班牙在内。

网的建设，支持 IMF 推行新的《预警与流动性额度》，设立预防性和流动性安排。2012 年洛斯卡沃斯峰会上进一步对较多国家承诺向 IMF 增加临时可用资金表示欢迎，这些承诺的资金通过双边借款或票据购买协议提供给 IMF。

（二）加强国际金融机构的合法性、可信度和有效性

G20 在首尔峰会提出，在戛纳峰会、洛斯卡沃斯峰会、圣彼得堡峰会重申，IMF 应完成份额与治理改革，以公式为基础的份额分配应更好地反映 IMF 成员在全球经济中的相对权重，考虑到富有活力的新兴经济体和发展中国家的经济发展，并保护最为贫穷的成员国的话语权和代表性，从而增强 IMF 公信力、合法性和有效性。在美国国会拖延批准 IMF 改革方案的背景下，2015 年安塔利亚峰会敦促美国尽快通过各国所维护的强有力、以份额为基础、资源充足的 IMF 承诺。

（三）金融监管改革

2013 年圣彼得堡峰会提出，此前各次峰会以国际一致的方式落实金融体系改革，各国已经部分或完全地完成了：执行新的全球性资本标准（巴塞尔协议Ⅲ；建立必要的框架，实现衍生品在交易所或电子平台进行交易、集中清算和报告；识别全球系统重要性银行和保险机构，同意对其实施更高的审慎标准以降低其带来的风险；有序处置大型复杂金融机构，应对影子银行体系对金融稳定带来的潜在系统性风险）。2016 年杭州峰会进一步提出，改善并强化金融体系的指导原则包括：确保金融稳定；支持增长，加强竞争和创新，同时保持审慎目标；确保有利于市场融资的制度框架，同时确保金融稳定并保护投资者；改善并强化传统银行融资和创新融资渠道；防范金融机构活动的内生系统性风险，强化宏观审慎政策框架。

第二节 国际货币金融组织与金融安全

20世纪80年代后,货币体系的不稳定因素包括:频繁爆发的金融危机,持续的经常项目不平衡和汇率失调,资本流动和货币的剧烈波动以及由于经常项目不平衡等原因引起的巨额储备积累。而引起这些不稳定的根源在于:缺乏全球性的调节机制或货币体系中的主要国家未采取审慎策略;无论是资本输出国还是资本输入国都对跨境资本流动缺乏综合的监管框架;系统流动性风险的预防机制不足;以及所谓的安全资产的供给存在结构性的挑战。[①] 从国际金融危机屡屡发生并愈演愈烈看,当前国际金融体系缺乏一个合理而有效的全球金融稳定法律机制。传统各国各自为政的金融治理体系在解决全球金融问题上表现乏力,而国际政府间组织如IMF向国际社会提供公共金融产品的能力也在日渐减弱,提高IMF自身的代表性和危机救助能力成为当务之急。

一、IMF在维护国际金融安全中的作用

近些年来,IMF所处的国际环境迥异于其建立之初。IMF基于"双挂钩"的固定汇率机制处理成员国之间收支平衡问题,已被IMF所面对的世界各国纷繁复杂的汇率制度以及各式各样的金融危机所取代,因而,IMF的角色和手段也在变化。1944年7月,IMF在美国

[①] See The Strategy, Policy and Review Department, in consultation with the Finance, Legal, Monetary and Capital Markets and Research Departments, Strengthening the International Monetary System: Taking Stock and Looking Ahead (Reza Moghadam), IMF Working Paper, March 23, 2011, p. 1.

新罕布什尔州召开的布雷顿森林会议上构想建立,参加这次会议的44个国家试图通过一个经济合作框架,避免再次出现20世纪30年代大萧条时期出现的贸易保护、竞相贬值,并带来全球的不稳定和经济紧缩。按照《IMF协定》第1条第1款,IMF的宗旨是"通过设置一常设机构就国际货币问题进行磋商与协作,从而促进国际货币领域的合作"。《IMF协定》第4条第1款也指出,国际货币制度的主要目标之一是确保金融和经济稳定所必要的有序基础条件得以持续发展。而实践中,推动经济稳定在一定程度上是为了避免经济和金融危机、经济活动的大规模变动、高通胀以及外汇和金融市场的过度波动。因此,IMF成立后,其组成和宗旨体现了各国坚信国内和全球的发展动力还根植于坚实的体制基础,一直致力于向成员国提供有利于促进稳定、降低面对危机的脆弱性、鼓励可持续发展以及提高生活水平的经济和金融政策的有关建议。

1971年后,IMF虽然失去其在国际金融体系安全调节中心的地位,但对于成员国,它仍然通过监督、技术支持和信用提供功能而处于核心地位。[①] 与此同时,金融全球化和技术突破所带来的国际资本流动,使得IMF不仅和成员国政府,还与公共和私人信用来源产生联系。20世纪80年代的拉美债务危机被视为IMF历史上划时代的事件。巨额的资金需求和这些为数众多的发展中国家所遭遇的复杂的经济问题,导致IMF行政性机构的剧增,并奠定了其作为常设的全球性危机管理者和最后贷款人的地位。

实践中,国际最后贷款人提供贷款,需要考虑合作的问题和信息

---

① 每一个加入基金组织的国家都承诺履行将其经济和金融政策接受国际社会监督的义务。基金组织的任务是监督国际货币体系并监测其188个成员国的经济和金融发展形势及政策。另一方面,基金组织通过提供建议和培训,帮助各国加强设计和实施稳健的经济政策。参见《IMF如何推动全球经济稳定》,https: //www.imf.org/About/Factsheets/Sheets/2016/07/27/15/22/How-the-IMF-Promotes-Global-Economic-Stability? pdf=1。

充分性的限制，主要体现在两个方面：降低直接接受救助的国家或间接取得贷款的国际投资者获得最后贷款人贷款的道德风险；缺乏足够的信息决定是否需要以及何时提供紧急贷款。通常，国际最后贷款人对急剧市场下行提供的保证会导致如下道德风险：投资者将大量资金投入监管政策或经济政策风险大的国家，无论投资者还是潜在的紧急贷款的借款人都相信市场下行的一部分会由最后贷款人消化。国内监管者的反应通常是通过资本充足率要求和授权监管者获取银行保密的金融信息，以及及时纠正行动来校正贷款风险不会过大。国际最后贷款人制度的贷款风险会更大，因为缺乏同等的监管工具。较之国内监管者监督银行安全性和有效性的政策工具，国际最后贷款人缺乏取得受援助国家关键金融信息的机制。同时，它也缺乏相应的机制要求主权国家采取风险较低的宏观经济政策。因为，国际最后贷款人最早介入一国监管体制的时间是在危机发生后，该国提取附条件贷款之时。[①]

二、IMF 在金融危机中的救助功能

通常，一国国际收支失衡，将导致该国货币对外汇率剧烈波动，这是一国贸易乃至整体经济发展状况欠佳或运行不良的后果。因此，在金融危机发生之后，当事国政府或国际机构欲稳定币值及纠正国际收支失衡，根本的办法是调整其宏观经济政策包括财政、税收及货币政策。然而，当事国政府很可能因为国内利益团体的反对而无法推进，此时由 IMF 提供救助功能就十分必要。IMF 在处理金融危机时，对受援助成员国经济政策干预的权力主要来源于《IMF 协定》并通过

---

① See Matthew C. Turk, Reframing International Financial Regulation After the Global Financial Crisis: Rational States and Interdependence, not Regulatory Networks and Soft Law, *Michigan Journal of International Law*, Vol. 36, 2014, p. 105.

具体的贷款安排进行。《IMF 协定》第 1 条第 5 款规定:"在具有充分保障的前提下,IMF 有权向成员国提供暂时性普通资金,以增强其信心,使其能有机会在无须采取有损本国和国际繁荣的措施的情况下,纠正国际收支失调。"

通常,应成员国的要求,IMF 在贷款安排下提供资金。根据所使用的贷款工具,贷款安排会明确说明成员国为解决国际收支问题而同意实施的经济政策和措施。安排所基于的经济政策规划由成员国与基金组织协商制定。多数情况下,该规划以"意向书"的形式提交基金组织执行董事会,并在所附"谅解备忘录"中予以更详尽的说明。一旦安排经执董会批准,基金组织的资金通常随规划的实施分阶段发放。除了面向低收入国家减贫与增长信托(PRGT)下的优惠贷款,其他贷款均为非优惠贷款,包括:备用安排(SBA);灵活信贷额度(FCL);预防性和流动性额度(PLL);为满足中期融资需要,通过中期贷款(EFF);向面临紧急国际收支需要的成员国提供紧急援助,通过快速融资工具(RFI)。成员国可向基金组织借款的最高数额称作"贷款限额"。贷款限额因贷款类型而异,但通常是成员国在基金组织份额的倍数。而备用安排、灵活信贷额度和中期贷款没有事先确定的贷款限额。①② IMF 贷款能够补充出现收支危机国家有限的国际储备,增强市场信心,稳定其货币,恢复国际收支支付能力,并辅助以政策调整,改善促进经济增长的条件。

---

① 参见《基金组织的贷款》,http://www.imf.org/zh/About/Factsheets/IMF-Lending.
② 货币市场存在"自我实现的货币危机理论",市场对一国货币预期的改变,会使投资者普遍形成贬值预期并卖出该国货币,投资者的抛售行为又反过来加速货币的贬值,并最终促发货币危机。See Obstfeld M. Models of Currency Crises with Self-fulfilling Features, *European Economic Review*, Vol. 40, 1996, pp. 1037-1047.

(一) IMF 在墨西哥金融危机中的作用

20世纪70年代石油危机后,产油国因为石油保持高价位,累积了大量美元。这些石油美元大量地进入产油国的银行作为资本。许多拉丁美洲国家都受益于石油美元的借贷,但很快就发现无法偿还债务,需要从其他的金融市场参与者那儿取得美元去支付之前的贷款本息。[1] 20世纪80年代,墨西哥经历了债务危机。作为面对墨西哥无法偿还到期债务的应对措施,谈判在墨西哥政府与IMF、世行、美国政府和大量作为贷款人的商业银行间展开。在这些谈判中,商业银行同意新财富贷款(new money loans)并推迟偿还本金的时限。墨西哥政府在一段时期内可以只支付利息,等待经济的恢复。为了获得新财富贷款,墨西哥政府同意在IMF和世行的监督下实行结构调整计划。[2] 20世纪80年代末期,卡洛斯·萨利纳斯(Carlos Salinas)成为墨西哥总统。作为自由市场的支持者,总统将几乎所有墨西哥国有企业私有化。这些新的私有企业发展了墨西哥的股权市场。1986年到1990年,股权投资保持每年54亿元的增长速度,而仅1993年就增长了679亿元。由此,墨西哥摆脱了对信贷市场的依赖,转向股权融资。应该说,萨利纳斯的改革还是十分成功的。和墨西哥此前的政策相比,税率较低。1990年到1993年间,墨西哥保持每年超过3.5%的经济增长率。但是,新兴市场的股权融资,并非没有风险。由于资本账户的开放,大量资本的涌入和逃离导致墨西哥陷入经济危机。

美国与IMF提出拯救墨西哥经济的计划,该计划一共提供500亿

---

[1] 参见江时学:《新自由主义、"华盛顿共识"与拉美国家的改革》,载《当代世界与社会主义》2003年第6期,第30页。

[2] See Douglas W. Arner, The Mexican Peso Crisis: Implications for the Regulation of Financial Markets, NAFTA: *Law and Business Review of the Americas*, Vol. 2, 1996, pp. 30-36.

美元。美国政府提供其中的 200 亿美元，IMF 提供 180 亿美元，银行和其他国家政府提供剩余部分。这项计划最主要的目标是缓解墨西哥流动性危机，将短期债务变成长期债务，避免墨西哥陷入偿付能力的危机（insovency crisis）。[1] 另外，美国还通过短期和中期货币互换协议提供大约 150 亿美元，这些互换协议为期 3 个月至 1 年不等。IMF 还和墨西哥政府签署了备用安排，为墨西哥立刻注入现金。在 IMF 提供的 180 亿美元贷款中，其中 80 亿美元在协议签署完后立刻支付。另外 100 亿美元则附加条件，要求墨西哥政府履行一定的经济承诺，包含减少政府开支，提高利率，以及进一步促进国有企业私有化。最后，墨西哥能够从流动性危机恢复，并未就其债务违约。但是，IMF 施加的条件，以及比索贬值带来的经济动荡，使墨西哥在 1995 年上半年遭遇了艰难的经济形势。为了避免墨西哥、拉丁美洲乃至全世界经济和政治形势陷入混乱，救助包含墨西哥重返国际金融市场的安排。其中，很重要的原因在于，美国和 IMF 希望墨西哥能尽快恢复，从而向世界上的发展中国家证明，墨西哥的自由市场模式是可行的，同时也是值得拥有的。[2] 美国同意为墨西哥在国际金融市场销售的长期债券提供担保，从而提高潜在的债券购买者对墨西哥政府的信心，并使得墨西哥政府能以较低的利率发行债券。但是美国作出该承诺的条件是，如果美国因此需要替墨西哥政府偿还债务，墨西哥政府必须同意用出售石油的收入偿还。[3]

---

[1] See The U.S. General Accounting Office, Mexico's Financial Crisis: Origins, Awareness, Assistance, and Initial Efforts to Recover, p.110, Feb. 1996, at http://www.gao.gov/assets/160/155366.pdf.

[2] See Eric Dorkin, Development, The IMF, and Institutional Investors: The Mexican Financial Crisis, *Transnational Law & Contemporary Problems*, Vol. 9, 1999, p.250.

[3] See The U.S. General Accounting Office, Mexico's Financial Crisis: Origins, Awareness, Assistance, and Initial Efforts to Recover, pp.124-125, Feb. 1996, at http://www.gao.gov/assets/160/155366.pdf.

(二) IMF 在亚洲金融危机中的作用

IMF 在亚洲金融危机中的干预,实际上是"华盛顿共识"的再次实践(墨西哥从 20 世纪 80 年代的经济改革到 90 年代的金融危机后的改革同样体现了"华盛顿共识"的相关政策)。[①] 然而,华盛顿共识既不是经济复苏的充分条件,也不是必要条件,尽管它的政策建议在特定国家的特定时期曾是有意义的。

亚洲金融危机发生之前,亚洲在 20 世纪 80、90 年代显著的经济成就一定程度上得益于金融全球化。由于亚洲国家出口导向的策略,以及宽松、友好的市场环境,全球资本纷纷涌入亚洲。证券投资者纷纷被该地区年平均 7%—9% 的经济增长率所吸引,并给他们带来很高的回报率。但许多亚洲国家采取的盯住美元的策略虽然有利于给投资者带来稳定的回报,对这些国家而言,却要求拥有足够的美元储备以潜在地承诺其具备美元与本国货币自由兑换的能力。一些评论家认为外国投资者主导了这场危机,另一些评论则认为基本经济结构的漏洞以及盯住美元的策略是罪魁祸首。[②] 1997 年亚洲金融危机对亚洲国家来说是场灾难,这些国家受到亚洲金融危机影响的范围非常广。[③] 在

[①] "华盛顿共识"是指 20 世纪 80 年代以来,位于华盛顿的三大机构——IMF、世界银行和美国政府,以新自由主义学说为理论依据,基于国家减少政府干预,促进贸易和金融自由化的经验提出并形成的一系列政策主张,主要包括:(1) 加强财政纪律,压缩财政赤字,降低通货膨胀率,稳定宏观经济形势;(2) 把政府开支的重点转向经济效益高的领域和有利于改善收入分配的领域,如文教卫生和基础设施;(3) 改革税制,降低边际税率,扩大税基;(4) 实现利率市场化;(5) 采用更具有竞争力的汇率制度;(6) 实施贸易自由化,开放市场;(7) 放松对外资的限制;(8) 对国有企业实施私有化;(9) 放松政府的管制;(10) 保护私人财产权。See John Williamson, What Washington Means by Policy Reform, John Williamson (ed.), Latin American Adjustment: How Much Happened? Institute for International Economics, 1990.

[②] See Roman Terrill, The Promises and Perils of Globalization: The Asian Financial Crisis, Transnational Law and Contemporary Problems, Vol. 9, 1999, pp. 281-283.

[③] See John W. Head, Lessons from the Asian Financial Crisis: The Role of the IMF and the U.S., *Kan. Journal of Law & Public Policy*, Vol. 7, 1997, p. 70.

这场危机中,成千上万亚洲人的家庭经济、生意、存款、教育、健康和未来受到影响,他们遭遇了失业、通货膨胀、贫困,得到更好的教育、健康和社会服务的可能性被大大缩减。①

亚洲金融危机最早在泰国初见端倪。此前13年的时间里,泰铢和美元的比率维持在25∶1,然而1997年7月,泰铢贬值50%,到了1998年1月,泰铢和美元的比率跌至55∶1,泰国股票市场的市值下降63%。泰国91家金融机构中的58家关闭,其中56家被清算,另外两家金融机构被要求制订严苛的重整计划,并在90天内进行资产重组。印度尼西亚卢比从1997年中到1998年初贬值超过75%。印度尼西亚股票市场市值在1997年下半年贬值超过75%。韩元在不到1年的时间内贬值70%,韩国股票市场在1997年下半年流失2/3以上的市值。②

IMF针对发展中国家的结构性改革通常包含以下方面:结构性改革的目标在于经济体的开放,使得跨国公司能够获得劳力和自然资源,削减政府的功能和作用,依靠市场力量分配资源和服务,推动穷国融入世界经济。对于陷入经济危机的国家,IMF的首要目标是恢复投资者信心和该国经济短期内的稳定,接着则对该国经济基本面存在的问题提出建议,敦促其达到长期的稳定。IMF针对泰国、韩国和印度尼西亚提出不同的纾困方案(bailout package)。例如,IMF要求泰国降低经常账户逆差,在1998年内降到占GDP 3%以内;紧缩政府开支,严格限制货币政策宽松,结束对陷入破产的机构开放的、无条件的金融支持;为了重新确立国内和国际投资者对泰国金融系统的信

---

① See John W. Head, Global Implications of the Asian Financial Crisis: Banking, Economic Integration, and Crisis Management in the New Century, *William Mitchell Law Review*, Vol. 25, 1999, pp. 939-940.

② See IMF, IMF Bail Outs: Truth and Fiction(Jan. 1998), at http://www.rrojasdatabank.info/imf2.htm.

心,泰国应继续开放资本项目,鼓励兼并,包括注入外国资本进行兼并。① IMF 针对韩国的纾困方案包括:(1)提高利率和税率,裁减预算。虽然这些措施会降低就业率和造成经济增长缓慢,但仍有利于缓解通胀压力。(2)允许韩国银行破产。在韩国当时的监管体制下,政府保证金融机构(及储户)的偿还能力,韩国银行则保证遵守监管者的引导。IMF 的方案则更为西方模式,通过建立存款保险体系、新的披露和审计要求,以及更强有力的监管机构来监督整个金融系统。以此相对应的是,政府取消对入不敷出的商业银行的担保。(3)韩国同意削减或暂停某些额外的劳工保护政策,例如允许并购过程中的裁员。② 发达国家对开放金融市场的偏好经常导致 IMF 未从接受资助国家的立场出发,在该国风险防御体系未健全之前,就敦促该国实现金融自由化。IMF 通常高估发展中国家金融监管机构的能力和效率,以及执法的有效性。IMF 所附条件通常十分具体、有详细的要求且是强制性的,这极大限制了接受援助国家的决策权。

同样地,金融危机刚发生时,马来西亚的经济复苏计划参考了 IMF 的一揽子建议,例如缩减财政政策,减少政府开支。但一段时间后,马来西亚采取了相反的策略,其在 1998 年 7 月推出的国民经济复苏计划与 IMF 南辕北辙,例如增加政府开支以刺激经济增长(马来西亚是亚洲金融危机中第一个推行宽松财政政策的国家),采取资本控制,使得政府更容易管控马来西亚的经济,避免外国资本流出,以及重建国内金融体系。这些政策促使马来西亚的市场逐步稳定,并

---

① See IMF, IMF Approves Stand-by Credit for Thailand(Aug. 20, 1997), at http://www.imf.org/en/News/Articles/2015/09/14/01/49/pr9737.

② 理论上,IMF 推崇均衡的收入增长和促进劳工保护,但其在亚洲金融危机的反应表明,如果这些政策与自由市场操作冲突,IMF 会毫不犹豫地放弃。See Roman Terrill, The Promises and Perils of Globalization: The Asian Financial Crisis, *Transnational Law and Contemporary Problems*, Vol. 9, 1999, pp. 290-295.

重新建构国内金融系统。和其他遭遇危机的国家类似,马来西亚实施存款保险机制并对金融市场予以流动性支持。马来西亚和其他亚洲遭遇金融危机的国家的区别在于,引入资本控制措施,以及将林吉特与美元挂钩。这些政策引入有利于政府采取宽松的货币政策,因为不会带来汇率的波动和资本外逃。资本管制措施的对象包括通过所有途径避免资本流出,12个月之内不允许非居民将股本从马来西亚转出。6个月之后,12个月的限制改为,如果将本金或利息从马来西亚资本市场转出,需要支付一笔离境税。[1] 此后,即使是IMF也认为,资本控制和盯住美元的策略在当时马来西亚的经济环境下是正确的。[2]

中国因为采取固定汇率制和金融管制措施而未受亚洲金融危机影响,马来西亚则拒绝了IMF贷款并对资本流动采取严格的控制,控制了危机毁灭性的影响,并更快地从危机中恢复。而韩国严格地遵循IMF的建议,其经济复苏却较之其他国家更为缓慢。在金融危机中,韩国的一些企业以低于市场的价格卖给西方国家的公司,被称为新帝国主义。由于过度依赖国际金融资本而导致危机恶化以及 IMF 指令的前后不一,同样影响着该地区决策者的选择。许多国家重回亚洲模式,即将增长建立在高国内储蓄率和公私合作上。

(三) IMF在欧债危机中的作用

在亚洲金融危机中,反映出的另一问题是 IMF 与区域性组织的货币合作有待加强,之后,IMF 在欧债危机中与欧盟的合作一定程度上弥补了这一缺陷。美国金融危机中,IMF 日益边缘化与其在亚洲金

---

[1] See Ross P. Buckley & Sarala M. Fitzgerald, An Assessment of Malaysia's Response to the IMF During the Asian Economic Crisis, *Singapore Journal of Legal Studies*, 2004, p. 97.

[2] See IMF: Malaysia: From Crisis to Recovery (IMF Occasional Paper, Aug. 27, 2001), at http://www.imf.org/external/pubs/nft/op/207/index.htm.

融危机中的先锋作用形成鲜明对比，但在欧债危机中，IMF 参与了对主要发生危机国家的援助。2009 年 10 月，新当选的希腊政府将财政赤字预算从占 GDP 3.7% 提高到 12.5%，希腊公共财政赤字的剧增标志着欧债危机的开始。在接下来的几个月，虽然希腊政府出台了改革措施，欧盟也给予更紧密的关注，希腊的财政预算问题仍然愈演愈烈。① 与此同时，德国对援助的合法性提出了质疑，欧洲央行对于降级后的希腊债券作为抵押物的有效性也没有做出明确表态。同时，欧盟还缺乏调整机制可以在超主权的水平上应对危机。金融市场对希腊的债务违约反应激烈。评级机构将希腊的评级从 2009 年 12 月初的 A-降低到 2010 年 4 月底的垃圾债券。其他欧洲国家，例如葡萄牙、爱尔兰、西班牙和意大利的财政赤字也陷入困境，主权债务再融资的成本急剧增加。欧洲地区经济体日益增加的利息负担、担心欧洲地区银行尚未从次债危机中恢复，又将遭到重创，使得欧盟委员会和 IMF 认为有必要联动，作出一致的反应。

1. IMF 对欧债危机的救助

2008 年，席卷全球的次贷危机发生不久，匈牙利与欧盟委员会磋商后，向 IMF 申请备用贷款安排。欧盟委员会同意加入 IMF 的贷款安排，通过其国际收支帮助计划向匈牙利提供额外的财政支持。财政支持计划的金额为 200 亿欧元，其中，IMF 提供 123 亿欧元，欧盟委

---

① 在货币联盟中，各国政府是以"外国"货币发行债务，是其无法控制发行量的货币。因此，政府不能向债券持有者保证能够拿出足够的流动性货币按时清偿债务。这与以本国货币发行主权债务的"独立"国家形成鲜明对比，后者能够充当政府债券市场的最后贷款人，从而提供隐性担保。欧债危机中，希腊出现偿付问题时，债券持有者出于对极端情况的担忧而在其他债务市场抛售债券，便引爆这些市场的流动性危机即是例证。参见〔比〕保罗·德·格罗韦：《欧洲央行的最后贷款人角色》，朱振鑫译，载《国际经济评论》2012 年第 2 期，第 67 页。

员会提供65亿欧元，世界银行提供10亿欧元。① 匈牙利的计划是欧委会和IMF共同提供的第一个资助。在此之前，英国在1976年接受IMF的资助，是最后一个受到资助的欧共体成员国。基于匈牙利计划的经验，欧盟委员会不断发展其内部指导意见，以完善与IMF的合作。他们充分利用两个组织的专家，IMF的专家在处理跨国金融危机方面有充分的经验，而欧盟则根植于内部不同机构的分工，以及希望取得的区域经济目标。2008年12月，IMF批准了拉脱维亚的备用贷款安排，与之配套的是欧盟委员会提供的调整计划，欧洲央行、瑞典和其他北欧国家的代表参与了该计划的执行。② 2009年3月，IMF为罗马尼亚签署了130亿欧元的贷款，该贷款还包括欧盟委员会、世界银行、欧洲重建和发展银行（EBRD），以及其他国际组织提供的财政资助。③

2. 欧盟与IMF的贷款合作

早在2010年5月，当危机开始向欧洲其他经济体蔓延时，欧盟各国就同意建立两个共5000亿欧元的基金，即欧洲金融稳定信贷额度（European Financial Stability Facility，EFSF）和欧洲金融稳定机制（European Financial Stabilization Mechanism），分别能为陷入财政困境的国家提供4400亿欧元和600亿欧元的资助。而IMF则同意额外提供2500亿欧元，从而能为欧洲地区共提供7500亿欧元的经济复苏安排。④ 2011年，欧盟委员会决定在2013年新设立一个永久性

---

① See IMF, IMF Executive Board approves 12.3 billion Stand-By Arrangement for Hungary, Press Release No. 08/275, November 6, 2008.
② See IMF, IMF Executive Board approves 1.68 billion (US$ 2.35 Billion) Stand-By Arrangement for Latvia, Press Release No. 08/345, December 23, 2008.
③ See IMF, IMF announces staff-level agreement with Romania on 12.95 billion loan as part of coordinated financial support, Press Release No. 09/86, March 25, 2009.
④ See Council of the European Union, Establishing a European Financial Stabilization Mechanism, at http://ec.europa.eu/economy_finance/eu_borrower/efsm/index_en.htm.

的救助基金以取代 EFSF，该基金被称为欧洲稳定机制（European Stability Mechanism，ESM）。ESM 可以绕开政府直接向陷入危机的成员国银行注入流动性，其救助条件也适当放宽，只要该成员国已经采取措施努力削减财政赤字和债务就可以获得救助。① 但该基金与"三驾马车"下的附条件的救助计划完全独立。② 欧盟委员会采取和 IMF 联合的原因之一在于，基于欧盟的相关规约，欧盟委员会没有处理成员国财政问题的可信性和经验。欧盟无权要求成员国降低预算赤字。而 IMF 比区域组织更能抵制来源于区域内的政治干预，有权通过贷款条件要求受助国家执行严苛的计划。IMF 的参与和合作有利于推进受助国进行必要改革的进程。由于救援方案的谈判艰巨且耗时，IMF 的参与能够使受助国更迅速和更容易同意救援方案的条款和条件。由于各国的金融市场有溢出效应和传染的风险，多边机构如 IMF 的介入有利于一国接受不仅对其有利，同时是建立在全球利益基础上的宏观经济政策。

三、IMF 的合法性危机与改革

布雷顿森林体系解体后，在缺乏全球汇率制度性安排下，国际金融体系运转主要依靠两个主要支柱：一是国际货币基金组织和世界银行等国际金融机构，行使全球金融治理职能；二是美元作为主要国际货币，是顺差国主要储备资产，也是多数发展中国家和新兴市场的盯

---

① See European Commission, Treaty establishing the European Stability Mechanism (ESM) signed, 11 July, 2011, available at: http://ec.europa.en/economy_finance/articles/financial_operations/2011-07-11_esm_treaty_en.htm.

② "三驾马车"（Troika）指的是 IMF 和欧盟委员会、欧洲央行一起详细制订针对这些经济体的经济调整方案，并通过经济指标的完成紧密监督这些经济体是否取得进步。

住货币。① 基于 IMF 在各成员国中的国际信誉，各成员国要求 IMF 的措施能够产生预期的效果。信誉的累积具有其过程，取决于 IMF 连续不断、高效的实践。然而，IMF 的缺陷及不完善之处在亚洲金融危机中明显地暴露出来，屡次的危机处理不善使之广招诟病，也导致 IMF 之后进行政策输出时备受怀疑，究其根源，在于其内部组织规则和决策程序的不合理。在 1994 年墨西哥金融危机后，IMF 曾宣称将加强对关键金融信息、数据的日常收集，并与各成员国就其所面临的问题进行对话。② 然而，亚洲金融危机和墨西哥危机在发生的原因上具有许多共性，③ 但 IMF 却没有预测到亚洲金融危机的发生。

（一）IMF 的合法性危机

IMF 的决策机制从基金协定法律架构看，主要包括配额分配和投票权行使两大机制。二战后，各国都希望能够建立良性运行的国际秩序，但无论是表决机制还是 IMF 目标的设置，均是各国由于战后所处的政治地位不同，并通过外交博弈和讨价还价的结果，最终还是反映了美国在政治和经济上的优势。当一国加入 IMF 时，会被分配一个初始份额，该份额与经济规模和特征大致可比的现有成员国的份额相当。IMF 利用份额公式评估一个成员国的相对地位。④ 成员国的份额决定了该国与 IMF 的关系：成员国认缴的份额决定了其向 IMF 提

---

① 参见高海红：《布雷顿森林遗产与国际金融体系重建》，载《世界经济与政治》2015 年第 3 期，第 5 页。

② See Michacel Camdessus, Drawing Lessons from the Mexican Crisis: Preventing and Resolving Financial Crises: The Role of the IMF, Address at the 25th Washington Conference of the Council of the Americas (May 22, 1995), at http://www.imf.org/en/News/Articles/2015/09/28/04/53/spmds9508.

③ See Aaron, Tornell, Common Fundamentals in the Tequila and Asian Crises (May 1999), NBER Working Paper No. 7139.

④ 现行份额公式是以下变量的加权平均值，即 GDP（权重为 50%）、开放度（30%）、经济波动性（15%），以及国际储备（5%）。参见《基金组织份额》，http://www.imf.org/external/np/exr/facts/chi/quotasc.pdf。

供资金的最高限额；成员国的投票权由基本票加上每 10 万特别提款权的份额增加的一票构成，因此，份额决定了成员国在 IMF 决策中的投票权。

另外，同样作为布雷顿森林体系的组成机构，IMF 在国际宏观经济政策合作中的角色与定位是与 WTO 大相径庭的。第一，规则不明确，没有明确指出什么是可以做的，什么是不可以做的，任何试图作出规定性方案的努力并不受许多国家的欢迎。第二，第一条导致的结果就是改革需要针对不同的国家具体协商，一般而言，政府都缺乏足够的国内支持以推动他们参与到国际改革协商进程中去。第三，政府没有义务采取具体的改革措施，除非运用 IMF 的贷款安排。这意味着为了实现宏观的国际协调，各国政府必须进行大刀阔斧的改革，但这种改革无疑十分困难，即使从长远看符合本国利益。[①]

由此，实践中，IMF 作为新自由主义政策的推行者，并不能从其机构性质或者目标、宗旨中找到线索。IMF 致力于推行普适的最佳实践实际上限制了发展中国家从金融危机中恢复的可能政策选择，其效果也不如新自由主义给主要工业国家和全球资本带来的利益。IMF 利用国际金融危机作为机会，将新自由主义政策强加于发展中国家作为提取贷款严格的条件。它所采取的一刀切的方法没有考虑不同国家的具体情况，也未允许国内政策的灵活性，最终的结果很可能导致经济复苏的迟缓和社会动荡。对发展中国家而言，与 IMF 提供贷款的可能益处相比，本国自主权削弱所导致的代价要高昂得多。[②]

批评的意见认为，IMF 成为某些主要国家政策的执行者，它们通

[①] See Raghuram Rajan, Can Soft Power Help the IMF Make the World More Stable? *Review of World Economics*, Vol. 147, 2011, pp. 4-6.

[②] See Graham Bird, The IMF and Developing Countries: A Review of the Evidence and Policy Options, *International Organization*, Vol. 50, No. 3, 1996, p. 487.

过加权投票权影响执行委员会的决策,因此,对 IMF 的改革意见集中在加权投票机制。同时,IMF 决策的自主权除了受到来自于外部的干涉,IMF 的管理也受到主要股东如美国非正式的压力。美国国会和行政部门同样能施加大量影响并通过直接或间接的方式影响 IMF 的管理决策。例如,美国国会可以推迟国内立法,授权 IMF 投票权改革,由此影响其他成员国的决策。[①][②]

此外,IMF 的能力不仅体现在硬实力如严格的贷款条件,还包括软实力,如就某些关键事项(如汇率、资本流动)源于机构的声望和信誉发布的广为接受的意见或采取一致行动。虽然没有在条约中写明,但二战后美国和欧洲达成合意,IMF 的总裁是欧洲人,第一副总裁是美国人,而世行的总裁是美国人。而且,实际上,执行委员会作出决定时,正式的表决程序很少被采用,而是采取一致同意的方式,这种方式对于霸权国影响执行委员会决策,以推行其地缘政治利益,维护经济和对外政策利益更为有利。[③] 这同样带来对其在全球代表性的诟病,对新兴经济体而言,这一规则的合法性更是无法得到体现。新兴经济体要求增加 IMF 决策形成和执行的透明度,并希望在其管理中有更广泛的参与,从而增加 IMF 实践的多元化。

[①] 美国国会在 1944 年通过《布雷顿森林协议法》,总统有权任命美国在 IMF 的执行委员会委员,这些委员有义务向财政部阐述其与 IMF 相关的决定。国会有权授权美国通过一般性借款协议(GAB)和新借款协议(NAB)安排向 IMF 提供的贷款,以及涉及 IMF 协议修改时,美国如何行使投票权。See J. Lawrence Broz, The U. S. Congress and IMF Financing, 1944-2009, *The Review of International Organizations*, Vol. 6, Issue 3-4, pp. 341-368.

[②] See Lawrence Broz ve Michael Hawes, Congressional Politics of Financing the International Monetary Fund, *International Organization*, Vol. 60, No. 2, 2006, pp. 367-399.

[③] See Strom Thacker, The High Politics of IMF Lending, *World Politics*, Vol. 52, No. 1, 1999, pp. 38-74; Bessma Momani, American Politicization of the International Monetary Fund, *Review of International Political Economy*, Vol. 11, No. 5, 2004, pp. 880-904.

（二）IMF 的内部治理改革

IMF 存在全球金融治理与国际政治博弈的相互交织，全球治理的内在要求与国际政治博弈的力量不对称状态之间存在矛盾。[①] 未来，IMF 发挥更大作用的前提条件是通过治理结构的完善获得合法性（包括代表性和有效性）。因此，近年来，IMF 致力于塑造在全球金融事务中的良好形象，并首先从组织的全球代表性入手，以取得更多国家的支持和拥护。2010 年 12 月，IMF 理事会批准了基金组织份额和治理的一揽子深远改革计划，并于 2016 年 1 月生效。改革要素包括：份额从约 2385 亿 SDRs 增加 1 倍到约 4770 亿 SDRs，新兴和发展中国家的份额和投票权比重得到重大调整（6% 以上的份额转向具有活力的新兴市场和发展中国家以及代表性不足的国家），中国成为基金组织第 3 大成员国，基金组织份额最大的 10 个成员国中有 4 个新兴市场和发展中国家（巴西、中国、印度和俄罗斯）。此外，2010 年的改革还包括修订《IMF 协定》，推动向更具代表性、全部经选举产生的执董会转变。欧洲成员国将代表欧洲发达国家的执董席位减少两个，以使新兴市场和发展中国家能够相应增加席位。

改革后的份额和执董会构成更好地反映了全球经济现状，赋予包括新兴经济体在内的广大发展中国家在决策机制和执行机制等具体领域更多的话语权，并加强基金组织的合法性和有效性。由此，新兴经济体可以不再被动地依赖于国际金融秩序，而是参与全球金融治理机制的建构。

[①] 参见何知仁、潘英丽：《国际货币基金组织配额改革的基本原则与功能分离》，载《国际经济评论》2014 年第 1 期，第 140 页。

第三节　区域性货币金融合作与金融安全

如前所述,长期以来,发达国家控制了国际货币金融合作的制度安排、标准设定,金融规则的制定主要反映发达经济体的利益诉求。而货币政策的溢出效应,导致我国等发展中国家受发达国家货币政策的负面冲击严重。同时,无论是亚洲金融危机,抑或是欧债危机,区域性危机不断发生,并表现出强烈的"传染性"和"破坏力"。因此,我国应在现有的国际货币体系之外,寻求区域性货币合作并参与建立区域性危机救助机制,作为全球性机制的重要补充,并弱化美元在区域金融体系的作用。

一、亚洲地区货币金融合作机制——《清迈协议》

1945 年全球金融体系建立以来,IMF 和世界银行就一直是这个新金融体系的支柱。但自 1997 年亚洲金融危机以后,这个金融体系所承受的压力越来越大,甚至于它已无法对区域内新出现的经济问题予以协调。从国际关系理论看,在国际公共产品[①]供给严重不足的情况下,地区内国家联合起来提供区域性国际公共产品以维护地区的稳定和繁荣是国际关系发展的重要趋势。同时,区域性金融危机不是单个经济体的问题,如果缺乏协调合作机制,会迅速波及其他国家,对整个地区的经济造成损害。在亚洲金融危机最严峻的时候,日本曾经建议设立亚洲货币基金,为东亚国家提供流动性,但在 IMF 以外,

---

[①] See Inge Kaul et al. eds., *Global Public Goods: International Cooperation in the 21st Century*, Oxford University Press, 1999.

独立建立地区货币援助基金的建议未得到各国以及 IMF 的支持。1997 年 11 月，APEC 副财政部长会议上达成的《马尼拉协议》建议，以区域内国家提供的双边援助，作为 IMF 资金支持之后的第二道防线。之后，2000 年达成的《清迈协议》即采取双边互换的模式。

2000 年 5 月，亚洲开发银行年会在泰国清迈召开，东盟十国和中日韩三国财长在东盟 10 国和中日韩 3 国机制下建立"双边货币互换机制"达成共识，通过了《货币互换协定》，也称《清迈协议》。该协议包含监测资本流动、监测区域经济、建立双边货币互换网络和人员培训等四个方面，其中以双边货币互换网络的构成为其最重要部分。为此，东盟"10＋3"达成共识的原则框架涵盖了融资条款、双边互换合约协调、与 IMF 融资及政策条件的关系。作为一项预防性的融资措施，双边货币互换仅为维护相关国家的国际收支平衡，并防范短期国际资本流动性不足而提供援助，且只是补充现有的国际融资机制，尤其是 IMF 提供的融资项目。

对加入《清迈协议》的东盟成员国而言，大多以本国货币换取美元，中日韩三国间则以本币互换为主。至 2009 年，各国共签署 16 个双边互换协议，总额达 780 亿美元。2008 年金融危机发生后，2010 年 3 月东盟"10＋3"财长会议上，为加强东亚地区对抗金融危机的能力，各国决定将清迈协议进一步升级为清迈多边化协议，统一建立外汇储备库①，解决区域内短期流动性短缺和弥补现有国际融资安排的不足。最初，外汇储备库总额为 1,200 亿美元，2012 年扩大到

---

① 全称为自我管理的外汇储备库安排（Self-managed Reserve Pooling Arrangement），其运作方式是由各成员方央行分别划出一定数量的外汇储备建立区域外汇储备基金，在未出现危机时由各成员方自行管理，危机发生后以贷款的方式集中用于短期资金救助，实际上是由成员方提供的一种资金承诺。参见《10＋3 区域外汇储备库》，http://www.mof.gov.cn/zhuantihuigu/12jiecaizhenghui/caijinghezuochangshi/200904/t20090429_138272.html。

2,400亿美元,并于2014年7月开始实施。与《清迈协议》不同,清迈多边化协议修改了成员国只有在发生经济危机后才可申请贷款的规定,增加在危机发生前予以成员国援助的风险防范机制,并将无IMF融资项目启动情况下的货币互换比例从20%提高到30%。

有学者认为,《清迈协议》存在如下缺陷:第一,《清迈协议》由一系列双边互换协议组成,缺乏一个中间协调管理机构。需要资金的国家不得不通过多轮双边谈判才能获得足够的资金支持,而这可能意味着最佳应对危机时机的丧失。第二,由于缺乏区域内独立监测机构,《清迈协议》不得不依赖IMF的监测机制来防范道德风险。《清迈协议》将80%的资金支持与IMF的相应贷款挂钩,缺乏必要的灵活性与及时性。第三,尽管清迈协议总规模远远超过东盟十国集团互换协议,但每个成员国能够获得的资金规模有限(因为援助仅为双边而非多边),且由于绝大部分资金与IMF贷款挂钩,从而审批起来可能过于缓慢。①

本书认为,基于在亚洲地区还没有可取代与IMF联动的机制,作为有效促进政策调整的手段,《清迈协议》采取与IMF联动的策略具有积极意义:首先,它消除对IMF在亚洲影响力下降的担心。其次,它使参加国从监督经济调整计划的制订及履行中解放出来。② 因为通常情况下,援助国和受助国很难就受助国国内经济改革达成一致,而且,受助国迫于援助国的压力进行改革也会招致来源于国内的压力,而IMF则具有单一援助国不可比拟的优势。最后,东盟的决策及实施是亚洲各国合作的反映,各国更重视自主性和相互协商的非

---

① 参见何帆、张斌、张明:《对〈清迈协议〉的评估及改革建议》,载《国际金融研究》2005年第7期,第19—20页。
② 参见〔日〕金京拓司:《东亚的金融合作:清迈协议的现状与课题》,邵鸣译,载《南洋资料译丛》2011年第2期,第3—4页。

限制性协议,这种情况同样会反映在货币合作上。IMF 所采取的通过严格的贷款条件促进政策调整的方法会遭到强烈的反对。由于亚洲国家在历史、文化、政治经济制度以及国际政治经济关系方面的差异、分歧和利益冲突,亚洲货币金融合作更需要首先通过局部以及各层次的合作,并最终达到地区金融、经济协调发展的目标。

目前,中国拥有巨额外汇储备,从流动性救援的角度,现有规模下的外汇储备库对中国的意义并不突出,然而,在亚洲地区,中国经济规模、发展前景和抗风险能力对于区域金融稳定显得十分重要和突出。在以维护区域经济、金融稳定为目标的亚洲货币合作中,中国有必要也有可能起到举足轻重的作用。同时,外汇储备库的建设有利于中国取得区域内金融话语权,在外汇储备库的建设中推动人民币进一步成为区域主要储备货币,增强与周边国家、贸易伙伴本币互换的规模,扩大人民币作为区域计价货币的适用范围。①

二、金砖国家金融安全合作机制

2003 年,美国高盛公司在全球经济报告《与 BRICs 一起梦想:通往 2050 年之路》中提出了"BRICs"的概念,由巴西、俄罗斯、印度、中国的英文名称首字母组合而成,代表了经济发展潜力较好的 4 个新兴市场国家。金砖国家合作始于 2006 年,中、俄、印、巴四国外长在联合国大会期间举行首次会晤,2009 年,金砖四国领导人在俄罗斯举行首次正式会晤。2010 年底,经各国协商一致,南非加入金砖

---

① 2009 年 5 月,第 12 届《东盟+中日韩财长会联合声明》提出《亚洲债券市场发展倡议》,有利于促进本币(包括人民币)债券市场发展、推动本地区储蓄用于区域债券市场发展。该倡议还支持以多行信托基金的形式建立区域信用担保与投资机制,支持区域内公司发行本币债券。参见《第十二届东盟+中日韩财长会联合声明》,http://www.mof.gov.cn/zhuantihuigu/12jiecaizhenghui/lijieshengming/200905/t20090508_141000.html。

国家合作机制，金砖国家扩大为五国。2015 年，金砖五国国内生产总值约占全球 22.53％，五国在 IMF 的份额为 14.91％。① 安全合作是金砖国家合作的重要内容，同时，从成立伊始，金砖国家就强调在应对金融危机方面的合作、政策协调和政治对话。②

2012 年 6 月，金砖国家领导人于二十国集团峰会期间启动建立应急储备安排的磋商，2013 年 3 月，在德班峰会上达成共识，认为"建立规模 1000 亿美元的应急储备安排是可行的"。2014 年 7 月，巴西、俄罗斯、印度、中国和南非等五国正式签署了《关于建立金砖国家应急储备安排的条约》。2015 年 7 月在莫斯科举行的金砖国家财长和央行行长会议中，金砖国家央行共同签署了《金砖国家应急储备安排中央银行间协议》，为应急储备安排的操作规定了技术细节。目前，《金砖国家应急储备安排条约》已顺利完成金砖各国国内核准程序。该条约共 23 条，分别规定了关于基金出资和治理的问题，应急工具的确定，货币互换及利率问题，申请、审批程序，制裁与争端解决等问题。金砖国家应急储备安排在治理结构上采用双层治理结构，即战略性问题由理事会以共识的方式决定，操作性问题由常务委员会以简单多数票或者共识的方式决定。这项计划和金砖国家发起成立的新开发银行的实体机构一起，既为金砖国家和新兴市场提供基础设施等方面的融资保障，亦可随时应对金砖国家发生的突发性金融事件，阻击金

---

① 参见《金砖国家》，http://www.fmprc.gov.cn/web/gjhdq_676201/gjhdqzz_681964/jzgj_682158/jbqk_682160/。

② 2009 年，"金砖四国"领导人俄罗斯叶卡捷琳堡首次正式会晤联合声明中，首当其冲就指出，"承诺推动国际金融机构改革，使其体现世界经济形势的变化。应提高新兴市场和发展中国家在国际金融机构中的发言权和代表性。强烈认为应建立一个稳定的、可预期的、更加多元化的国际货币体系。一个改革后的金融经济体系应包含：国际金融机构的决策和执行过程应民主、透明；坚实的法律基础；各国监管机构和国际标准制定机构活动互不抵触；加强风险管理和监管实践。"参见《"金砖四国"领导人俄罗斯叶卡捷琳堡会晤联合声明》，http://www.fmprc.gov.cn/web/gjhdq_676201/gjhdqzz_681964/jzgj_682158/zywj_682170/t568224.shtml。

融危机在金砖国家的蔓延。金砖应急储备安排作为一项货币合作框架，建立在金砖五国的多边货币互换基础之上，并借鉴了《清迈协议》下多边化货币合作框架的成功经验。

金砖应急储备安排的主要运作机制是，金砖五国承诺，当金砖国家中的一国或多国出现国际收支困难的时候，其他成员国有义务以多边货币互换的形式提供流动性支持，以帮助其渡过临时性的危机。金砖应急储备安排明确，多边货币互换机制的初始承诺规模为 1000 亿美元，其中中国承诺出资 41%，巴西、俄罗斯、印度分别为 18%，而南非承诺出资 5%。各成员国可以获得的最大借款额与其出资相关，分别是中国可获最大贷款额为其承诺出资额的 0.5 倍，巴西、俄罗斯、印度三国为其出资额的 1 倍，南非为 2 倍。这种安排在基于各国出资的前提下，充分考虑各国经济发展水平、GDP 差距，以及对资金需要程度等因素，既遵循公平原则，又侧重对弱国的保护。借款分为两种：一是挂钩的借款（与 IMF 安排挂钩），金额为最大借款额的 70%；二是脱钩借款，金额为最大借款额的 30%。[①] 与《清迈协议》不同，金砖国家间采取的是美元资金的互换。但随着金砖银行交流合作的加深，如果金砖国家银行采用非美元的本币互换，则可以推动金砖国家间贸易和投资便利化，减少金砖五国对美元、欧元的依赖，并构建以本币为主的金融安全网。

三、小结

全球治理体现为一种秩序性追求，核心是如何在制度上摆脱集体行动的困境。虽然以西方国家为主导的全球治理体系出现变革迹象，

[①] 挂钩借款不仅要满足条约第 14 条规定的条件，还需要提供相关证据证明借款方与 IMF 存在借款安排并满足 IMF 的各项借款条件；脱钩借款则只需满足条约第 14 条规定的审批条件和安全保证。参见《关于建立金砖国家应急储备安排的条约》第 2 条、第 5 条。

但由于受国内政治经济现实的制约和干扰，一些主要大国在全球治理上缺乏长远考虑和全球视野，经济全球化与"政治当地化"矛盾突出，"高效组织集体行动"常面临选择矛盾与逻辑困境。① 随着实力的增加，中国与现有多边主义制度的互动呈现出更为复杂的状态，一方面中国广泛加入多边主义制度，寻求在其中更大的发言权，另一方面中国也尝试参与和创建新的多边制度来实现利益，比如《清迈协议》、金砖国家储备安排。通过联合行动，能够提高金砖国家、发展中国家、亚洲国家在联合国、IMF、世界银行，以及G20体制中的地位及话语分量。金砖国家在全球治理中影响力的提升也激励其内部合作的发展，有助于实现更公平的全球治理。

中国在构建金融安全网中的这些努力，也得到IMF的承认。IMF总裁拉加德2016年3月在中国发展高层论坛的讲话《基金组织观点：加快改革步伐，建立风险防范体系》指出："基金组织以外的领域也取得了进展。比如，金融稳定委员会的成立改善了全球架构；二十国集团推动了全球合作，中国目前正担任二十国集团的主席国；又如金砖银行应急储备安排、清迈倡议以及欧洲稳定机制的创立完善了全球金融安全网。而中国是其中一些此类倡议的主要创建者和推动方。"②

第四节 双边货币互换合作

货币互换早期用于商业活动中，通常是指市场中持有不同币种的

---

① 参见《为全球治理贡献中国智慧——世界格局中的"中国担当"》，载《人民日报》2016年9月7日第5版。
② 《加快改革步伐，建立风险防范体系》，http://www.imf.org/external/ns/search.aspx?hdCountrypage=&NewQuery=%E8%B5%84%E6%9C%AC%E6%B5%81%E5%8A%A8&search=%E6%90%9C%E7%B4%A2&filter_val=N&col=EXTCHI&collection=EXTCHI&lan=chi&iso=&requestfrom=&countryname=&f=。

两个交易主体按事先约定，在期初交换等值货币，期末再换回各自本金并相互支付利息的市场交易行为。后各国央行纷纷将其作为货币政策工具，广泛用于调控货币供给、利率与汇率等。由于货币互换涉及多币种，客观上需要全球化背景下各央行的紧密合作。

一、央行间货币互换协议的历史和现状

与商业性的货币互换不同，央行货币互换的主要目标在于：一是作为应对金融危机的临时措施，通过货币互换，互相提供流动性支持，增强市场信心，维护市场稳定；二是作为金融危机的常设预防机制，通过中央银行间的货币互换，构建预防危机的安全网；三是作为深化双方经济金融合作措施，促进双边经贸和投资往来。①

最早的央行间货币互换可追溯至 20 世纪 60 年代十国集团创建的互惠性货币互换协议。1962 年 5 月，美联储与法国央行签署了第一个双边货币互换协议。截止到 1967 年 5 月，美联储已经同 14 个央行及国际清算银行签署了双边货币互换协议。这些货币互换协议的目的是为了维持布雷顿森林体系下美元—黄金比价以及美元兑其他货币汇率的稳定。例如，该协议的第一次启用，是美联储在 1962 年 6 月用美元换取比利时法郎与荷兰盾，再用后者购买比利时央行与荷兰央行手中的富余美元，以避免这两个央行用美元向美联储兑换黄金。

美国金融危机发生后，为增强其他国家央行在本国范围内向金融机构提供美元融资的能力、缓解全球范围内的流动性短缺，美联储从 2007 年 12 月起，陆续与其他国家央行签署双边美元互换协议。该互换包括两笔交易：当一家外国央行启动互换机制时，它按照当时市场

---

① 参见单宏、孙树强：《提高货币互换资金使用效率》，载《中国金融》2014 年第 11 期，第 75 页。

汇率向美联储出售特定数量的本币以换取美元；与此同时，美联储与该国央行自动达成另一个协议，外国央行有义务在未来特定日期按照相同汇率回购本币。由于第二笔交易的汇率在第一笔交易时敲定，对于外国央行而言，货币互换不涉及汇率风险。外国央行可以利用货币互换得到的美元以固定或浮动利率贷给国内机构，但该协议的约束力仅存在于该国央行和接受款项的机构间。外国央行应在互换交易到期后将美元还给美联储，同时承担上述贷款的信用风险。此外，货币互换结束后，外国央行还须向美联储支付利息，相当于前者向国内机构贷款过程中获得的利息收入。对于美联储而言，美联储不必为换入的外国央行本币资金支付利息，但承诺将这些资金存放在外国央行，而非用于对外贷款或者进行投资。① IMF 在 2009 年《全球经济和金融调查》中指出，货币互换和充足的外汇储备、IMF 的贷款一样，是预防危机的一道防线。②

在 2008 年全球金融危机的冲击下，初期韩国央行采取常规性地抛出外汇买入韩元的方式来缓解和抑制韩元的贬值，但是这样的操作方式大幅降低了韩国央行持有的外汇储备数量，韩国金融市场的恐慌情绪进一步蔓延，韩元贬值的压力不减反增，进入了韩元贬值压力加大——动用外汇储备干预外汇市场——外汇储备大幅下降——市场恐慌情况进一步加大——韩元贬值压力进一步增加的恶性循环。在这种情况下，韩国央行 2008 年 10 月与美联储签署的互换协议，发挥了十分重要的稳定信号效应，有效缓解了韩国金融市场的恐慌

---

① See Fleming Michael & Klagge Nicholas, The Federal Reserve's Foreign Exchange Swap Line, Current Issues in Economics and Finance, Federal Bank of New York, Vol. 16, No. 4, 2010, at http://www.newyorkfed.org/research/current_issues/ci16-4.pdf.

② See IMF, Global Financial Stability Report: Responding to the Financial Crisis and Measuring Systemic Risks, *IMF Publication Services*, 2009, p. xxi.

情绪。①

随后，2013年10月31日，美国、欧洲、瑞士、英国、加拿大和日本等六家央行宣布将原有的临时双边货币互换协议转换成长期、无限额、多边的互换协议，如果市场需要，有流动性需求的央行可按协议规定获得来自其他五家央行的五种货币流动性。至此本轮金融危机以后建立的临时性双边协议实现了机制化、多边化。美联储主导的国际货币互换网络以经济利益为基础，并将政治意图植入其中，借以谋取自身的政治利益。基于此，美联储选择加入国的标准并非完全基于经济水平或金融发展水平，而是与美国的政治战略密切相关。②美联储借助其强大的金融货币权力，同时借助其与相关国家的结盟关系，重新划分国际货币格局，其货币互换网络囊括了世界主要货币，从而形成相互支撑的利益链条，进一步巩固美元的既得利益及其国际地位。美联储主导国际货币互换网络，就其实际效果而言，对一国货币、资产乃至经济发展等都具有重要意义，客观上使国际货币体系逐渐由"牙买加体系"向"大西洋体系"过渡。③由此，美国一方面主导了IMF改革，另一方面通过建立货币互换网络，在一定程度上弱化IMF作为多边机构对国际货币体系的指导监督效力和"最后贷款人"角色。

---

① See Aizenman J. International Reserves and Swap Lines in Times of Financial Distress: Overview and Interpretations. ADBI Working Paper, 2010, p. 192.

② 霸权国提供国际公共产品的方式包括通过国际组织的委托—代理模式和选择性投送的方式。前者由霸权国将特定的权威或职能有条件地授予国际组织。这种模式既能提高国际公共产品的效率，又能够在国际组织"中立性"和专业化的掩盖下，保留霸权国对公共物品一定程度的控制权。后者能够增加灵活性，在双边谈判的对象选择和协议内容上拥有绝对的决定权，可以更为主动地控制公共物品的排他性，货币互换网络即是如此。参见刘玮、邱晨曦：《霸权利益与国际公共产品供给形式的转换——美联储货币互换协定兴起的政治逻辑》，载《国际政治研究》2015年第3期，第82—83页。

③ 参见崔蕾：《美国货币互换体制的法律缺陷及对中国的启示》，载《重庆大学学报（社会科学版）》2015年第1期，第141页。

二、我国双边货币互换协议网络

伴随国际上"去美元化"的呼声,货币互换对我国更深远的意义在于推进人民币在境外贸易、投资和储备功能的发挥。签订人民币与其他货币的互换协议可以看作是我国向其他国家和地区提供流动性支持的一种方式。货币互换协议不仅促进了双方贸易和利用人民币进行计价和贸易结算的发展,还进一步提升了人民币充当官方用途的国际储备的职能。

2008年之前,人民币互换集中在亚洲,包括《清迈协议》下"10+3"的成员国,体现了中国政府对《清迈协议》的履行和对东亚货币合作的支持。此后,货币互换拓展到中东、欧洲、拉美等地区,不仅包括韩国、新加坡、澳大利亚等与中国有密切贸易往来的国家,还有巴西、冰岛、土耳其等地缘上距离较远的国家或地区。货币互换使其账户上持有一定数量的人民币,体现了政府间的货币互信。例如,中国香港、新加坡是人民币的主要集散中心,货币互换可以提供充足的人民币供应。再如,韩国、澳大利亚以中国作为第一大贸易伙伴,而且与中国是贸易盈余关系,这意味着它们在经济上有动力支持人民币的国际使用,并且在日常贸易、投资中,愿意真正启动货币互换。同时,它们都与中国签署或正在商签自由贸易协议(FTA),是一种官方层次的贸易合作关系,是双方政府关系在贸易上的体现。而中国和巴西都是金砖国家成员。2012年,中国成为巴西第一大贸易伙伴,贸易上对中国依赖的加深成为巴西支持人民币国际使用的原始动力。巴西作为中国潜在的货币盟友,一方面基于经济上在整个拉美地区的重要地位以及中巴经济关系的深入发展,另一方面也基于政治上中巴两国在改革国际货币体系、制衡美元霸权问题上所共享的立场。

但从实际效果来看，绝大多数与中国签署货币互换协议的国家的币种都不能与人民币进行自由兑换，而且根据协议，它们也不能用人民币换取其他币种。在这种情况下，其换取人民币的行为几乎不能实现在外汇市场上进行干预或者获取短期流动性的功能。对外国央行而言，它们需要获得美元、欧元等国际性货币才能干预外汇市场、维持本币汇率稳定，而它们的金融机构也需要美元、欧元等国际性货币来解决全球市场上的短期融资问题。因此，它们账户上持有的人民币在维持汇率稳定和保障短期流动性供给方面意义不大。[1] 那么，其意义就在于，一是以后的贸易、资本市场支付需要人民币，可作为技术上的安排；二是政治的考虑。缔结协议的双方政府在货币领域传达的是一种彼此相互支持的信息，是中国政府在人民币国际化进程中对外争取货币盟友的重要步骤。[2] 未来，人民币的双边互换网络的目标在于，实现美联储货币互换网络的同等功能，即向其他国家的金融机构提供必要的流动性支持，维持金融市场稳定、遏制金融危机传染，同时有助于其他国家缓解国际收支失衡。

第五节　人民币国际化与金融安全的其他国际法律安排

货币的跨境流通主要依托于国际贸易、投资等方式，因此仅仅在金融领域或从金融视角防范金融风险是片面的，还需要从贸易与投资的视角。20世纪90年代以来爆发的多次金融危机，尤其是1994年墨西哥、2001年阿根廷金融危机，逐步使一些国家意识到货币金融安全

---

[1] 参见李巍、朱艺泓：《货币盟友与人民币的国际化——解释中国央行的货币互换外交》，载《世界经济与政治》2014年第2期，第133页。
[2] 同上书，第128页。

与国际贸易、投资的密切关联,为此,有必要在国际投资条约、自由贸易协定中纳入金融安全安排,以便与国内法律制度相互支撑,共同防范金融风险威胁。这些安排包括金融审慎例外、资本自由汇兑与转移例外等。

投资条约长久以来被认为是强有力的保护投资者的法律工具,然而,例外条款的存在表明,对投资者的保护不适用处于极端风险中的危机情况或其他特定情形。它为缔约国设置了一种免责机制,缔约国可以在例外情况发生时采取必要措施来维护国家安全和公共利益,而不承担违反条约义务的责任,从而合理平衡投资者与东道国间的权益保护关系。考虑到我国人民币国际化的措施不断展开,金融领域持续扩大开放,金融审慎例外安排具有必要性。

一、投资条约中的金融审慎例外

GATT 1947 体现的是传统的安全观[①],将国家安全限定在军事领域根本性的国家利益。此后,WTO 框架下的 GATS 协议第 17 条虽然延续了 GATT 1947 的安全例外条款,但 GATS 金融服务附件第 2 条第 1 款却引入金融审慎例外条款。金融审慎措施的基本含义是指基于审慎原因所采取或维持的合理措施,包括:(1)保护存款人、金融市场参与者和投资者、投保人、索赔人,或金融机构对其负有信托责任的人的措施;(2)维护金融机构的安全、稳健、完整或其财务责任

---

① GATT 1947 第 21 条安全例外规定:"本协定不得解释为:要求缔约方提供其认为如披露会违背基本安全利益的任何信息,或组织任何缔约方采取其认为对保护其基本国家安全利益所必需的任何行动,如与裂变和聚变物质或衍生这些物质的物质有关的行动,与武器、弹药和作战物资的贸易有关的行动,及与此类贸易所运输的直接或间接供应军事机关的其他货物或物资有关的行动,在战时或国际关系中的其他紧急情况下采取的行动,或组织缔约方为履行其在《联合国宪章》项下的维护国际和平与安全的义务而采取的任何行动。"

的措施；以及（3）确保缔约方金融体系完整性和稳定性的措施。从投资条约的角度看，美国 2004 年 BIT 范本和加拿大 2004 年 BIT 范本率先在双边投资协定中规定了专门的金融审慎例外条款，这一做法逐步影响到包括中国在内一些国家的投资条约实践，构成国际投资法的一个最新发展。

传统的投资条约并未包含专门的金融审慎例外安排。晚近国际投资仲裁实践，尤其是 2001 年阿根廷金融危机诱发的大规模投资仲裁案件表明，被诉东道国通常援引根本安全例外条款作为金融管制措施的抗辩。然而，东道国援引根本安全例外条款经常受到制约，主要原因有二：第一，投资仲裁庭对于根本安全例外条款的解释总体上采取严格解释的做法，导致在类似案件中出现不同的裁决结果。[①] 第二，根本安全例外主要针对特定的、极其严重的国家安全事件或情势，这一点得到所有投资仲裁庭的承认。换言之，根本安全例外条款适用十分严格的标准，而这与东道国在投资自由化进程不断深化，尤其是金融服务成为日益重要的投资形态的背景下，维护金融公共利益（如维护金融市场稳定）的客观需要并不相符合。有效地维护金融公共利益不仅要求东道国在出现严重金融事件或情势时采取有力措施，也许更重要的是，在日常管理中通过审慎措施预防严重金融事件或情势的发生。但在这种情况下，适用根本安全例外显然十分困难。

二、投资条约中的金融审慎例外与金融安全

（一）投资条约中的金融审慎例外

不断发生的金融危机以及阿根廷政府被外国投资者频频诉诸国际

---

① See Asif H. Qureshi, A Necessity Paradigm of 'Necessity' in International Economic Law, *Netherlands Yearbook of International Law*, Vol. 41, 2010, p. 121.

仲裁的惨痛经历，促使一些国家意识到，有必要将金融审慎例外安排引入国际投资条约体制，以便在投资（包括金融服务投资）自由化进程中维护东道国正当的规制权。在此情况下，极力鼓吹投资自由化但同时极为注重维护本国主权的美国，以及在 NAFTA 体制内频频被美国投资者诉诸国际仲裁的加拿大及时地"改弦易张"，在投资条约中率先规定金融审慎例外。

与 1994 年 BIT 范本未针对金融领域的投资制定专门的规则不同，美国 2004 年 BIT 范本规定了金融审慎例外安排，并在 2012 年 BIT 范本中延续了这一做法。美国 2004 年、2012 年 BIT 范本采用将金融服务单列的方式，规定了审慎例外条款、特殊的争端解决方式、严格的透明度要求等。而与美国的做法不同，加拿大 2004 年 BIT 范本将金融审慎例外放在一般例外中，允许缔约方基于审慎原因采取或维持合理措施。也就是说，在加拿大范本中，金融审慎例外已经被延伸到非金融领域，金融审慎措施（如适用于宏观经济的金融调控措施）如果影响到非金融领域投资者的利益，只要这些措施满足金融审慎例外的构成要件，则不会被视作成员方违背依协定本应承担的义务或责任。

（二）我国投资条约中金融审慎例外条款的完善

在我国与其他国家、地区缔结的双边、区域性投资协定中，除中国—哥伦比亚 BIT（2008 年 12 月签订）、中国—加拿大 BIT（2012 年 9 月签订）外，金融审慎例外安排还出现在《中国政府与东南亚国家联盟成员国政府全面经济合作框架协议投资协议》（以下简称《中国—东盟国家投资协定》）、《中国政府、日本国政府及大韩民国政府关于促进、便利和保护投资的协定》（以下简称《中日韩投资协定》）、《海峡两岸投资保护和促进协议》等投资条约或协议中。

中国在投资协议中设置金融审慎例外安排并没有统一的模式，特别是早期，对于是否将金融服务纳入投资协议存在一定的顾虑，这也体现在相关条约或协议签署时用语的语焉不详。例如，《中国—东盟国家投资协定》第 3.5 条规定，投资待遇（公平和公正待遇）、征收、转移和利润汇回、损失的补偿、代位和缔约方与投资者间争端解决，经必要修改后应适用通过商业存在提供的服务贸易，同时，协议第 16.2 条针对金融服务的措施，允许 GATS 关于金融服务的附件第 2 款（国内规制）经必要调整后并入。而《海峡两岸投资保护和促进协议》既无专门的章节涉及金融服务，也未对金融服务的内容作出专门规定。该协议仅在第 2 条（适用范围和例外）第 6 款规定，一方可以基于审慎理由采取或维持与金融服务相关的措施。此外，即使是明确将金融服务纳入调整范围的近期投资条约，规定也不尽相同，分别为中国—哥伦比亚 BIT 在第 13 条中明确指明"金融部门的审慎措施"，《中日韩投资条约》第 20 条的"审慎措施"，并在其具体内容上界定为"涉及金融服务的措施"，以及中国—加拿大 BIT 将金融审慎例外规定在一般例外中。本书认为，虽然单列式条款有利于强调对金融服务纳入双边投资协定保护范围的重视，但人民币国际化带来的金融风险并不仅出现在金融服务领域，因此，宜采用中国—加拿大 BIT 的措施，更有利于东道国政府利用金融审慎例外安排维护非金融领域涉及金融安全的规制权。

三、资本汇兑与转移例外与金融安全

目前而言，绝大多数投资条约通常在资本汇兑与转移条款中强调"缔约方应当允许所有与合格投资有关的资金自由、迅速地汇入或汇出其境内"，"允许以按照市场最高价换算出的自由使用

货币形式进行转移"，①却未包含用于处理严重国际收支失衡问题的例外条款。原因在于，传统上，缔约方政府并不认为限制转移是处理国际储备短缺的最佳选择。在发生危机的时候，对国际转移进行限制反而会加重国外和国内投资者的焦虑情绪，并想方设法去规避这些限制。美国 2004 年、2012 年 BIT 范本甚至强调，金融服务（显然包含金融审慎例外）不影响缔约方在"资本转移"和"实绩要求"项下的义务。②但是，美国 2008 年金融危机使情况发生了变化，一些学者和政府官员建议对资本自由汇兑与转移施加限制。例如，安德森指出，美国 BIT 范本中的相关规定已经过时，严重制约了政府推行维护国家金融体系稳定的政策或导致这些政策的实施不够充分……事实证明，控制资本流动是避免投机资本泡沫和恐慌性资本外流的极少数有效的工具之一。③

而与美国在这一问题上的踯躅不前不同，早在 2004 年，加拿大 BIT 范本已经对金融机构的汇兑转移作出明确的规制。例如，加拿大 2004 年 BIT 范本第 14.6 条规定，为了保护金融机构的安全、稳定、完整及其支付能力，缔约方可以禁止或限制某一金融机构将资金转移给其分支机构或者与该机构相关的人，该措施的适用必须是公平的、非歧视以及善意的。更为详细的规定出现在 NAFTA 第 2104 条，该条要求缔约方政府采取这一工具前应与 IMF 磋商并接受 IMF 的政策建议，满足"不会给其他缔约方带来不必要的负担""避免不必要的损失"等条件，在严重收支失衡的前提下进行暂时性的资本流动限制。

如前所述，我国直接投资领域实现了基本开放，而证券投资领域

---

① 美国 2004 年 BIT 范本、2012 年 BIT 范本第 7 条。
② 美国 2004 年 BTI 范本、2012 年 BIT 范本第 20.2 条。
③ See Sarah Anderson. Comments on the U. S. Model Bilateral Investment Treaty[EB/OL]. [2012-12-12]. http://www.ips-dc.org/reports/the_new_us_model_bilateral_investment_treaty_a_public_interest_critique.

则经历了从无到有的重要时期。从长远来看，中国将实现资本项目的自由汇兑与转移，在此过程中，资本汇兑与转移例外条款的设置十分必要。就目前我国已经签订的国际投资条约看来，早期资本汇兑与转移条款一般仅规定"在满足其法律要求的条件下，各缔约方应允许另一缔约方的投资者以可自由兑换的货币实现款项的汇出，并且不应不合理地迟延"，甚至在2003年中国—德国BIT议定书第5条前瞻性地提出，如果相关手续根据中国法律的规定不再被要求，BIT中的"投资和收益的汇回条款"可以不受限制地适用。2004年5月，中国—乌干达BIT第7.4条首次规定了资本汇兑与转移中的金融审慎例外，允许一旦发生严重的收支平衡困难或外部融资困难或存在这样的威胁，缔约任何一方可以暂时限制资本转移，前提是该限制应被立即通知缔约另一方，与IMF协定的条款相一致，限制在商定的期限内，根据公平、非歧视和诚实信用而实施。此后，中国在部分BIT中陆续加入类似规则。

我国资本汇兑与转移中的金融审慎例外安排，主要针对严重国际收支失衡的情况。[①] 对此，本书认为，在具体措辞上：首先，虽然中国—韩国BIT第6.4条增加了"例外情况下，资本转移引起特别是金融和汇率政策方面的宏观经济管理的严重困难或有上述困难之虞"，但其范围较之加拿大2004年BIT范本仍较为狭窄，因此，特别是资本项目完全放开的初期，我国应将资本汇兑与转移例外放宽到为"保护金融体系的安全、稳定、完整"，扩大其适用范围；其次，在极少数BIT如中国—法国BIT第6条中，资本转移限制措施实施的时间被限制在"任何情况下不得长于6个月"，这样的约束虽然有利于保护投资者在金融危机发生时也能尽快转移其资本，但对于东道国的政策

---

① 例如，中国—加拿大BIT第12条，中国—西班牙BIT议定书（关于第6条）等。

制订显然十分不利,因此,我国未来签订的国际投资条约应尽量采用中国—韩国 BIT 的措辞,即"是临时的并在条件许可时被取消";再次,尽管 IMF 约束的范围仅限于经常项目,但如果东道国采取的外汇管制措施得到基金组织的批准,或基金组织要求成员国为获得基金组织的资金而采取外汇管制措施,将会导致 IMF 协定与 BIT 的冲突。[①] 因此,建议采取中国—加拿大 BIT 的措施,采取或维持限制转移的措施增加"符合 IMF 协定的规定"。[②]

第六节 结 语

当前,以美元为主要储备货币,包含欧元、英镑、日元等的多元化国际储备货币格局缺乏统一、稳定的币值标准,而以 IMF 为主导的汇率监督机制又不具备强制约束力,导致各国汇率波动频繁。新兴市场国家对美元的过度依赖和美元霸权的日渐式微之间的矛盾,以及美国推行的经济政策未考虑其所应承担的国际责任,使得全球货币体系的稳定愈加不可持续。国际货币体系的治理,需要改变目前依靠发达国家,如美国、欧盟对自身"道德约束"的局面,提高新兴市场国家、发展中国家的地位,形成有效的外部约束,并通过各国之间的政策协调,实现国际货币体系的善治。就中国而言,推进人民币国际化,是不屈从于以美元为主导的现行秩序和既有利益分配格局的现实需求,并有助于推动国际货币体系的多元化。与此同时,伴随着贸

[①] See Deborah E. Siegel, Capital Account Restrictions, Trade Agreements and the IMF, in Capital Account Regulations and the Trading System: A Compatibility Review, Pardee Center Task Force Report, Mar. 2013, pp. 67-81.

[②] 本节的部分内容曾发表于《现代法学》2013 年第 4 期。参见陈欣:《论国际投资条约中的金融审慎例外安排》,载《现代法学》2013 年第 4 期,第 131—139 页。

易、投资产生的人民币跨国流动以及国内金融市场的不断开放，中国与世界经济和国际金融市场的联系更加紧密。货币国际化在获得国际秩序话语权、贸易金融发展契机、汇率风险弱化的同时，也面临一系列如货币政策、财政政策、国际收支调节政策的两难选择，导致经济、金融体系暴露在内外失衡的系统性风险中。对此，货币稳定是经济、金融稳定的重要依托，建立行之有效的金融安全机制的必要性、重要性与日俱增。

因此，人民币国际化背景下中国的金融安全体系必然包含多个维度：在国内，推动汇率形成机制市场化、利率市场化，逐步开放资本账户可兑换的同时，应尝试采用价格型调控手段作为应对短期投机资本流动的缓冲机制，并加强央行及金融监管协调部际联席会议在防范系统性风险方面的作用。国际上，针对现有体系存在的明显的制度缺陷，应积极参与国际货币体系改革，提升中国在传统的以 IMF 为代表的全球货币金融治理中的地位，参与创建新型多边金融机构，发挥中国在地区性金融救助机制中的作用，并通过双边货币互换、投资条约等机制，形成金融安全合作网络。

附 录

上海、天津、福建、广东自贸试验区条例关于人民币国际化的相关规定

	上海 (2014.7)	天津 (2015.12)	福建 (2016.4)	广东 (2016.5)
人民币国际化的目标	在风险可控的前提下,在自贸试验区内创造条件稳步进行人民币资本项目可兑换、金融市场利率市场化、人民币跨境使用和外汇管理改革等方面的先行先试。	按照风险可控、服务实体经济的原则,在自贸试验区内稳步开展扩大人民币跨境使用、深化外汇管理改革等试点工作。	自贸试验区内创造条件稳步推进人民币资本项目可兑换、利率市场化、人民币跨境使用和外汇管理等方面的改革创新。	在自贸试验区内开展扩大人民币跨境使用、深化外汇管理改革试点工作。鼓励各类金融机构根据国家规定,在自贸试验区进行金融产品、业务、服务和风险管理等方面的创新。

(续表)

	上海 (2014.7)	天津 (2015.12)	福建 (2016.4)	广东 (2016.5)
本外币账户管理	自贸试验区的建立有利于风险管理的自由贸易账户体系,实现分账核算管理。区内居民自由贸易账户可以按照规定在区内银行开立符合居民非居民分账核算管理要求的本外币账户:非居民可以按照准入前国民待遇原则享受相关金融服务;上海地区内金融机构通过自由贸易账户与境外账户、境内区外非居民机构账户、其他自由贸易账户之间的资金可以自由划转,同一非金融主体的自由贸易账户与其他银行结算账户之间,视同跨境业务管理。办理跨境投融资活动,开展跨境双向人民币资金池业务以及经常项下跨境贸易人民币结算以及货物贸易、服务贸易跨境人民币结算业务。建立自贸试验区发展所需的本外币账户管理体制。简化经常项目单证审核,改进投资项目外汇登记,放宽对外债权债务管理。外币运营管理,完善结售汇综合头寸管理中心外汇管理,便利开展大宗商品衍生品交易。	支持建立与自贸试验区相适应的账户管理体系,投融资结算便利化。在真实合法交易基础上,进一步简化流程,自贸试验区内货物贸易管理分类等级为A类的企业、货物贸易收入无须开立待核查账户,允许选择不同银行办理手续。简化直接投资外汇登记下放银行办理,外商投资企业外汇登记实行意愿结汇。在自贸试验区内注册的、负面清单外的境内机构和自然人自主开展境外投融资活动。限额内实行自贸试验区银行机构开立符合条件的自贸试验区内每个机构每年度跨境投融资额度均不超过规定限额。符合条件的自贸试验区内居民可兑换本金项目—投融资账户,办理投融资业务,发行银行审核真实、合法的电子单证,为企业办理集中收付汇,轧差结算。支持发展总部经济和结算中心。进一步简化跨国公司外汇资金池管理准入条件,放宽跨国公司总部外汇管理,许可兑换集中运营管理业务。	自贸试验区应当探索本外币账户管理新模式,区内机构和个人可以通过本外币账户办理各类本币项下和项内购汇的资本项目经常项目涉外账户分类,促进跨境贸易、投融资便利化。简化人民币跨境结算业务。开展跨境人民币业务创新,推进个人跨境人民币投资业务,发展跨境人民币与投资业务。支持跨境人民币资金池业务。支持金融机构按照有关规定,为跨境电子商务提供跨境本外币支付结算业务。支持自贸试验区中运营管理集中运营管理。	支持建立与自贸试验区相适应的本外币账户管理体系,促进跨境贸易、投融资便利化。应允许自贸试验区内符合条件的自贸试验区内居民办理经常项下的资本项目结算业务。国家允许先行先试业务,经批准的自贸试验区内机构可兑换本金项目,投融资便利化。支持跨境贸易人民币业务。支持开展跨境人民币集团内跨国企业双向跨境需要。开展自贸试验区内跨国企业集中运营的人民币与外币资金池业务,便利人民币跨境投融资双向业务。

续表

	上海 (2014.7)	天津 (2015.12)	福建 (2016.4)	广东 (2016.5)
资本项目可兑换	自贸试验区跨境资金流动按照金融宏观审慎原则实施管理。简化自贸试验区跨境直接投资汇兑手续。自贸试验区跨境直接投资涉及前置核准脱钩，汇兑收付、办理所涉及的跨境收付、汇兑业务。各类自贸主体可以按照规定开展相关的跨境投融资汇兑业务。 区内个人按照规定，办理经常项下和直接投资项下人民币跨境收付业务。开展包括证券投资在内的各类跨境投资。向其他经济组织可以按照规定，从境外借入人民币资金。在区内企业、非银行业金融机构以及其他经济组织可以在境外的母公司可以按照规定在境内资本市场发行人民币债券。区内企业的境外母公司可以按照规定在境内发行人民币债券。区内企业按照规定发行小额外币债券。 简化自贸试验区经常项下以及直接投资项下人民币跨境使用。区内金融机构和企业可以从境外借入人民币资金。上海地区银行业金融机构可以与符合条件的境外企业开展人民币同业往来业务。支持银行业开展合作，提供跨境电子商务主体的人民币结算服务。	在自贸试验区推动跨境人民币业务创新发展，鼓励在人民币跨境使用方面先行先试： 支持自贸试验区内金融机构和企业按宏观审慎原则从境外借用人民币资金，用于符合国家宏观调控方向的领域，不得用于投资有价证券、衍生产品、理财产品，不得用于委托贷款。 支持自贸试验区内金融机构按规定在区内或境外发行人民币债券，从境外同业拆出短期资金。自贸试验区内人民币的境外债券、募集资金可调回区内使用。自贸试验区的企业和境外母公司可按规定在境内发行人民币债券。支持自贸试验区在全国统一的金融基础设施平台的基础上，完善现有的以人民币计价的金融资产、股权产权、航运等要素交易平台，面向自贸试验区内投资者提供人民币计价的交割和结算服务。 境外投资机构按照规定投资自贸试验区内金融市场。区内开放对外开放的整体部署为境外机构投资我国金融市场业务。支持自贸区内符合条件的生产品企业开展衍生品业务。按规定开展人民币对外汇即期和衍生品业务。 允许自贸试验区公司依托自贸区跨境人民币计价结算的融资租赁要素交易平台，开展计价结算业务。允许自贸试验区租赁公司在境外开立人民币账户用于跨境人民币租赁业务。支持租赁公司在境外开立人民币账户用于跨境人民币租赁业务。 研究在自贸试验区内就业并符合条件的境外个人按规定开展各类符合条件的境内投资。	自贸试验区内银行业项目可兑换，符合条件的区内机构可以在限额内自主开展直接投资，符合条件的企业，金融类投资并跨境投融资活动。 提高自贸试验区投融资便利化水平，统一内外资融资管理，建立健全区内跨境融资宏观审慎管理。推动自贸试验区内人民币境外放贷，支持企业开展双向融资业务，债务工具，金融衍生品交易，统一内外债政策，提高融资便利化水平。支持企业开展国际商业贷款等各类境外融资活动。	自贸试验区应当在风险可控的前提下，探索以资本项目可兑换为重点的外汇管理改革；试行资本项目限额内可兑换，符合条件的区内机构在限额内自主开展投资，并具备跨类金融投资等跨境投融资活动； 提高自贸试验区投融资便利化水平，统一内外资融资管理，建立健全区内跨境融资宏观审慎管理制度。推动自贸试验区内人民币计价和结算。鼓励自贸试验区内银行机构增加对企业外项目的人民币信贷投放，允许自贸试验区个体工商户根据实际业务需要对其境外经营主体提供跨境人民币支持。 探索外资股权投资管理机构，外资创业投资管理机构在自贸试验区内发起管理人民币股权投资和创业投资基金。

（续表）

	上海 (2014.7)	天津 (2015.12)	福建 (2016.4)	广东 (2016.5)
离岸市场			在完善监管法规的前提下,允许自贸试验区内符合条件的金融机构开办外币离岸业务。	在完善相关管理办法和加强有效监管的前提下,支持商业银行在自贸试验区内开展外币离岸业务,自贸试验区内符合条件的中资银行可以试点开办外币离岸业务。
大陆与台湾地区人民币流通			自贸试验区支持两岸金融机构先行先试,开展跨境人民币借贷款、外币兑换和股权交易等业务。境外企业和个人可以开立新台币账户,金融机构之间可以开立新台币同业往来账户,办理多种业务,发展新台币同业市场、区域性银行间市场交易。	

（续表）

	上海 (2014.7)	天津 (2015.12)	福建 (2016.4)	广东 (2016.5)
粤港澳合作				支持符合条件的港澳金融机构在自贸试验区以人民币进行新设、增资或者参股等直接投资活动。 探索自贸试验区内的金融机构与港澳地区同业开展跨境人民币信贷资产转让业务。 自贸试验区内证券公司、基金管理公司、期货公司，保险公司等非银行金融机构可以开展与港澳地区跨境人民币业务。 推动个人本外币兑换特许机构、外汇兑换点发展，便利港元、澳门元在自贸试验区兑换使用。 自贸试验区扩大对"一带一路"沿线国家金融开放，推动设立人民币海外投贷基金，推动人民币作为与"一带一路"沿线国家和地区跨境大额贸易计价和结算的主要货币。

（续表）

	上海 (2014.7)	天津 (2015.12)	福建 (2016.4)	广东 (2016.5)
	本市建立国家金融管理部门驻沪机构、市金融服务部门和管委会参加的自贸试验区金融工作协调机制。本市配合金融管理部门完善金融风险监测和评估，建立应对金融业务发展相适应的风险防范机制；金融管理部门完善自贸试验区与自贸试验区金融业务发展相适应的风险防范机制。开展自贸试验区金融业务的上海地区金融机构和特定非金融机构应当按照规定，向金融管理部门报送相关信息，履行反洗钱、反恐怖融资和反逃税等义务，配合金融管理部门监测跨境异常资金流动。	金融管理部门应当加强对金融业务发展相适应对金融风险的监测与评估，建立与自贸试验区金融业务发展相适应的风险防范机制。开展自贸试验区金融业务的金融机构和特定非金融机构应当按照规定，向金融管理部门报送相关信息，履行反洗钱、反恐怖融资和反逃税等义务，配合金融管理部门监测跨境异常资金流动。	金融管理部门应当完善自贸试验区金融风险监测、评估、防范和处置制度，健全风险监控指标和分类监管规则，建立跨境资金流动风险全面监管机制。	自贸试验区应当建立个人跨境投资权益保护制度，严格对自贸试验区内投资者适当性管理。自贸试验区应当建立健全区内个人投资和特定投资业务的资金流动监测预警和风险防范机制。开展自贸试验区业务的自贸试验区金融机构和特定非金融机构应当按照规定，向金融管理部门报送相关信息，履行反洗钱、反恐怖融资和反逃税等义务，配合金融管理部门监测跨境异常资金流动。

参考文献

一、中文著作

1. 丁一凡:《平衡木上的金融游戏:从债务危机到金融危机》,华夏出版社 2002 年版。

2. 姜波克:《人民币自由兑换和资本管制》,复旦大学出版社 1999 年版。

3. 马骏、徐剑刚等:《人民币走出国门之路:离岸市场发展和资本项目开放》,中国经济出版社 2012 年版。

4. 上海财经大学自由贸易区研究院编著:《赢在自贸区 2——经济新常态下的营商环境和产业机遇》,北京大学出版社 2015 年版。

5. 王旭:《人民币汇率制度与我国金融安全》,中国经济出版社 2011 年版。

6. 吴念鲁、陈全庚:《人民币汇率研究》(修订本),中国金融出版社 2002 年版。

7. 杨国庆:《危机与霸权——亚洲金融危机的政治经济学》,上海人民出版社 2008 年版。

8. 杨希天等编著:《中国金融通史(第 6 卷):中华人民共和国时期 1949—1996》,中国金融出版社 2002 年版。

9. 钟伟:《资本浪潮:金融资本全球化论纲》,中国财政经济出版社 2000 年版。

二、中文译著

1. 〔英〕彼得·高恩:《华盛顿的全球赌博》,顾薇、金芳译,江苏人民出版社 2003 年版。

2. 〔美〕查尔斯·金德尔伯格:《1929—1939 年世界经济萧条》,宋承先、洪文达译,上海译文出版社 1986 年版。

3. 〔英〕克恩·亚历山大、拉胡尔·都莫、约翰·伊特威尔:《金融体系的全球治理——系统性风险的国际监管》,赵彦志译,东北财经大学出版社 2010 年版。

4. 〔美〕廖子光:《金融战争——中国如何突破美元霸权》,林小芳、查君红等译,中央编译出版社 2008 年版。

5. 〔美〕罗伯特·吉尔平:《国际关系政治经济学》,杨宇光等译,上海人民出版社 2011 年版。

6. 〔美〕罗伯特·蒙代尔、保罗·扎克:《货币稳定与经济增长》,张明译,中国金融出版社 2004 年版。

7. 罗平编译:《货币可兑换和金融部门改革——国际货币基金组织的分析框架及作法》,中国金融出版社 1996 年版。

8. 〔美〕唐纳德·J. 马西森、莉莉亚纳·罗哈斯-苏亚雷斯:《资本账户自由化:经验和问题》,王志芳、王晓曹译,中国金融出版社 1995 年版。

三、中文论文

1. 巴曙松:《人民币国际化应走边境贸易之路》,载《中国经济周刊》2003 年第 27 期。

2. 柴瑜:《人民币国际化与拉美作为对象区域的考察》,载《世界政治经济与政治》2013 年第 4 期。

3. 陈德霖:《打造全球离岸人民币中心》,载《中国金融》2014 年第 20 期。

4. 陈高翔:《论托宾税与国际资本流动》,载《税务研究》2005 年第 10 期。

5. 陈学彬、刘明学:《汇率目标区:托宾税、货币投机与货币政策独立性》,载《复旦学报(社会科学版)》2008 年第 6 期。

6. 陈阳、管媛媛、熊鹏:《浮动汇率制度下资本项目开放国际经验与启示》,载《北方经贸》2007 年第 6 期。

7. 崔蕾:《美国货币互换体制的法律缺陷及对中国的启示》,载《重庆大学学报(社会科学版)》2015 年第 1 期。

8. 丁伟:《中国(上海)自由贸易试验区法制保障的探索与实践》,载《法学》

2013 年第 11 期。

9. 高甜甜、陈晨:《英国金融监管改革研究——基于金融消费者保护视角》,载《证券市场导报》2013 年第 9 期。

10. 关伟、范祚军:《从最优货币区理论看 CAFTA 成员国金融政策协调》,载《中国人民大学学报》2005 年第 6 期。

11. 管涛:《协调推进人民币离岸与在岸市场发展》,载《中国金融》2013 年第 17 期。

12. 郭树勇、史明涛:《建设新型国际关系体系的可能——从金砖国家开发银行和应急储备安排设立看世界秩序变革》,载《国际观察》2015 年第 2 期。

13. 韩龙:《试验区能为国际化提供资本开放的有效试验吗?》,载《上海财经大学学报》2014 年第 8 期。

14. 贺力平:《人民币汇率体制的历史演变及其启示》,载《国际经济评论》2005 年第 7—8 期。

15. 贺小勇:《国际金融立法的新趋势与中国金融法的完善》,载《上海社会科学院学术季刊》2002 年第 4 期。

16. 贺小勇:《中国(上海)自由贸易试验区金融开放创新的法制保障》,载《法学》2013 年第 12 期。

17. 胡洪彬:《中国国家安全问题研究:历程、演变与趋势》,载《中国人民大学学报》2014 年第 4 期。

18. 黄仁伟:《当代国际体系转型的特点和趋势》,载《现代国际关系》2014 年第 7 期。

19. 黄韬:《自贸区试验与国际金融中心建设的法制变革需求》,载《上海交通大学学报(哲学社会科学版)》2014 年第 3 期。

20. 姜波克、张青龙:《货币国际化:条件与影响的研究综述》,载《新金融》2005 年第 8 期。

21. 李稻葵、刘霖林:《双轨制推进人民币国际化》,载《中国金融》2008 年第 10 期。

22. 李稻葵、尹兴中:《国际货币体系新架构:后金融危机时代的研究》,载《金融研究》2010年第2期。

23. 李仁真、杨心怡：《中欧货币互换协议的法律分析与政策思考》，载《武汉大学学报》2014年第4期。

24. 李巍：《人民币崛起的国际制度基础》，载《当代亚太》2014年第6期。

25. 李巍、朱艺泓：《货币盟友与人民币的国际化——解释中国央行的货币互换外交》，载《世界经济与政治》2014年第2期。

26. 李维刚：《日元国际化：进程、动因、问题》，载《日本学刊》2001年第2期。

27. 李友星：《民间金融监管协调机制的温州模式研究》，载《社会科学》2015年第4期。

28. 刘道远：《国际金融法制改革现代进路》，载《河南大学学报（社会科学版）》2009年第5期。

29. 刘庆飞：《系统性金融风险监管的立法完善》，载《法学》2013年第10期。

30. 刘瑞：《日元国际化困境的深层原因》，载《日本学刊》2012年第2期。

31. 刘玮：《国内政治与货币国际化——美元、日元和德国马克国际化的微观基础》，载《世界经济与政治》2014年第9期。

32. 〔美〕罗伯特·基欧汉：《竞争的多边主义与中国崛起》，载《外交评论》2015年第6期。

33. 卢文刚：《论国际金融安全对未来国际关系的影响》，载《暨南学报（哲学社会科学版）》2003年第1期。

34. 马光明：《跨境贸易人民币结算对出口的长期作用机制初探》，载《经济问题探索》2015年第4期。

35. 马晔：《上海自贸区试点资本账户开放背景下的金融监管模式选择》，载《价格理论与实践》2015年第3期。

36. 倪明明、王满仓：《丝绸之路经济带区域货币合作与人民币区域化的现实困境及实现路径》，载《人文杂志》2015年第2期。

37. 裴长洪：《中国自贸试验区金融改革进展与前瞻》，载《金融论坛》2015年第8期。

38. 乔依德、李蕊、葛佳飞：《人民币国际化：离岸市场与在岸市场的互动》，载

《国际经济评论》2014年第2期。

39. 单宏、孙树强：《提高货币互换资金使用效率》，载《中国金融》2014年第11期。

40. 沙文兵、刘红忠：《人民币国际化、汇率变动与汇率预期》，载《国际金融研究》2014年第8期。

41. 申现杰、肖金成：《国际区域经济合作新形势与我国"一带一路"合作战略》，载《宏观经济研究》2014年第11期。

42. 石淇玮：《人民币国际化的路径研究——基于美元、德国马克和日元国际化历史的经验分析》，载《上海金融》2013年第10期。

43. 孙梅玉：《稳步拓展自贸区金融业务》，载《中国金融》2014年第3期。

44. 孙南申、彭岳：《国际金融中心法制环境建设的政策与法律措施——以中国金融安全保障为视角》，载《复旦大学学报（社会科学版）》2012年第2期。

45. 孙雅璇：《资本项目开放与人民币汇率政策选择》，载《山西财经大学学报》2006年第2期。

46. 孙伊然：《亚投行、"一带一路"与中国的国际秩序观》，载《外交评论》2016年第1期。

47. 唐永胜、李冬伟：《国际体系变迁与中国国家安全战略筹划》，载《世界经济与政治》2014年第12期。

48. 童香英：《货币职能全视角下的货币国际化：日元的典型考察》，载《现代日本经济》2010年第5期。

49. 涂永前：《人民币国际化中跨境人民币业务的法律问题》，载《社会科学家》2013年第12期。

50. 王达：《亚投行的中国考量与世界意义》，载《东北亚论坛》2015年第3期。

51. 王元龙：《十八届三中全会后的中国金融改革》，载《经济研究参考》2014年第4期。

52. 向雅萍：《人民币国际化的法律路径探析》，载《河北法学》2013年第5期。

53. 许祥云、吴松洋、宣思源：《成本美元定价、东亚生产体系和出口标价货币选择——日元区域化的困境及启示》，载《世界经济研究》2014年第11期。

54. 杨帆:《人民币汇率制度历史回顾》,载《中国经济史研究》2005年第4期。

55. 杨峰、刘先良:《论我国金融交易税收制度的完善——以欧盟法借鉴为中心》,载《法律科学》2015年第2期。

56. 杨涛、张萌:《人民币国际化进程中的系统性风险研究》,载《经济问题探索》2014年第5期。

57. 余颖丰:《化解改革瓶颈:关于上海自贸试验区金融改革思考及政策建议》,载《经济学动态》2013年第11期。

58. 张红力:《金融与国家安全》,载《中国金融》2015年第10期。

59. 张西峰:《主权货币国际化的法律分析》,载《学术交流》2015年第2期。

60. 张贤旺:《离岸金融中心在人民币国际化过程中的角色》,载《山东大学学报(哲学社会科学版)》2014年第5期。

61. 张妍、黄志龙:《境外人民币兑基础货币的影响》,载《中国金融》2015年第7期。

62. 张蕴岭:《地区架构制度性分裂:中国的自贸区战略与复兴APEC》,载《亚太经济》2014年第2期。

63. 赵大平:《人民币资本项目开放模型及其在上海自贸区的实践》,载《世界经济研究》2015年第6期。

64. 赵柯:《货币国际化的政治逻辑——美元危机与德国马克的崛起》,载《世界经济与政治》2015年第5期。

65. 中国人民银行金融稳定局:《英国金融监管改革及启示》,载《金融发展评论》2013年第10期。

66. 宗良、李建军:《人民币国际化的目标与路线图》,载《国际金融》2012年第13期。

四、英文著作

1. B. J. Cohen, *Future of Sterling as an International Currency*, Macmillan, 1971.

2. B. J. Eichengreen, *Exorbitant Privilege: The Rise and Fall of the Dollar*

and the Future of the International Monetary System, Oxford University Press, 2010.

3. B. J. Eichengreen, *Globalizing Capital: A History of the International Monetary System*, Princeton University Press, 1998.

4. B. J. Eichengreen, *Golden Fetters: The Gold Standard and the Great Depression 1919-39*, Oxford University Press, 1992.

5. C. Fred Bergsten, *Dilemmas of the Dollar: The Economics and Politics of United States International Monetary Policy*, 2nd edition, Sharpe Incorporated, 1996.

6. Chalmers Johnson, *Blowback: the Costs and Consequences of American Empire*, Henry Holt, 2004.

7. David E. Spiro, *The Hidden Hand of American Hegemony: Petrodollar Recycling and International Markets*, Cornell University Press, 1999.

8. David M. Andrews, *International Monetary Power*, Cornell University Press, 2006.

9. D. Marsh, *The Euro: the Politics of the New Global Currency*, Yale University Press, 2009.

10. Fred L. Block, *The Origins of International Economic Disorder: A Study of United States International Monetary Policy from World War II to the Present*, University of California Press, 1977.

11. Hubert Zimmermann, Money and Security: Troops, *Monetary Policy, and West Germany's Relations with the United States and Britain, 1950-1971*, Cambridge University Press, 2002.

12. I. McKinnon Ronald, *The Unloved Dollar Standard: From Bretton Woods to the Rise of China*, Oxford University Press, 2013.

13. Joseph Gold, *Interpretation: The IMF and International Law*, Kluwer Law International, 1996.

14. Philipp Hartmann, *Currency Competition and Foreign Exchange Markets: The Dollar, the Yen and the Euro*, Cambridge University Press, 1998.

15. Sebastian Edwards ed. , *Capital Controls, Exchange Rates, and Monetary Policy in the World Economy*, Cambridge University Press, 1995.

五、英文论文

1. Andrew Yianni & Carlos de Vera, The Return of Capital Controls? *Law and Contemporary Problems*, Fall, 2010.

2. Asif H. Qureshi, International Legal Aspects of "Monetary" Relations in Northeast Asia, *Chinese Journal of International Law*, Vol. 16, 2017.

3. Barry Eichengreen, The Dollar Dilemma—The World's Top Currency Faces Competition, *Foreign Affairs*, Vol. 88, No. 5, 2009.

4. Barry Eichengreen, When Currencies Collapse: Will We Replay the 1930s or the 1970s, Foreign Affairs, Vol. 91, 2012.

5. Benjamin J. Cohen, The Benefits and Costs of an International Currency: Getting the Calculus Right, *Open Economic Review*, No. 23, 2012.

6. Bird Graham, Ramkishen S. Rajan, Coping with, and Cashing in on, International Capital Volatility, *Journal of International Development*, Vol. 13, 2001.

7. Biswa Nath, Bhattacharyay, Estimating Demand for Infrastructure in Energy, Transport, Telecommunications, Water and Sanitation in Asia and the Pacific: 2010-2020, *ADBI Working Paper Series*, No. 248, September 2010.

8. Candy K. Y. Ho, RMB Cross-Border Payment Arrangement, *Banking & Finance Law Review*, June, 2010.

9. Charles W. Calomiris, Lessons from Argentina and Brazil, *Cato Journal*, Vol. 23, Spring/Summer, 2003.

10. Deborah E. Siegel, Using Free Trade Agreements to Control Capital Account Restrictions: Summary of Remarks on the Relationship to the Mandate of the IMF, *Journal of International and Comparative Law*, Spring, 2004.

11. Dominick Salvatore, The International Monetary System: Past, Present, and Future, *Fordham Law Review*, Vol. 62, 1994.

12. Dong He & Robert N. McCauley, Offshore Markets for the Domestic Currency: Monetary and Financial Stability Issues, BIS Working Papers, No. 320, Sept. 2010.

13. Douglas W. Arner, The Mexican Peso Crisis: Implications for the Regulation of Financial Markets, *Law and Business Review of the Americas*, Fall, 1996.

14. Duncan E. Williams, Policy Perspectives on the Use of Capital Controls in Emerging Market Nations: Lessons from the Asian Financial Crisis and a Look at the International Legal Regime, *Fordham Law Review*, Vol. 70, 2001.

15. Edieth Y. Wu, Recent Developments in the Currency War: the Euro, the Dollar, the Yen, and the BEMU, *Connecticut Journal of International Law*, Winter/Spring, 2000.

16. Eichengreen B. and M. Mussa, Capital Account Liberalization and the IMF, *Financial Development*, 1998.

17. Eric Dorkin, Development, The IMF, and Institutional Investors: The Mexican Financial Crisis, *Transnational Law & Contemporary Problems*, Vol. 9, 1999.

18. Eric J. Pan, Challenge of International Cooperation and Institutional Design in Financial Supervision: Beyond Transgovernmental Networks, *Chicago Journal of International Law*, Vol. 11, No. 1, 2010.

19. Fleming Michael & Klagge Nicholas, The Federal Reserve's Foreign Exchange Swap Line, Current Issues in Economics and Finance, *Federal Bank of New York*, Vol. 16, No. 4, 2010.

20. Gerard Alexander, Institutions, Path Dependence, and Democratic Consolidation, *Journal of Theoretical Politics*, Vol. 3, No. 13, 2001.

21. Gianni De Nicolò and Marcella Lucchetta, Systemic Risks and the Macroeconomy, IMF Working Paper, WP/10/29.

22. Gloria Patricia Gaviria Blanco & Diana M. Faraclas, Monetary Sovereignty and the Dollarization of Latin-American Economies, *International Trade Law*

Journal, Winter, 2009.

23. H. C. Eastman, Interdependence in the International Monetary System, *International Journal*, Vol. 39, 1984.

24. Jagdish Bhagwati, The Capital Myth: the Difference Between Trade in Widgets and Dollars, *Foreign Affairs*, 1998, Vol. 77, No. 3.

25. J. Aizenman, International reserves and swap Lines in times of financial distress: Overview and interpretations. ADBI Working Paper, 2010.

26. John W. Head, Global Implications of the Asian Financial Crisis: Banking, Economic Integration, and Crisis Management in the New Century, *William Mitchell Law Review*, Vol. 25, 1999.

27. J. Tobin, A proposal for international monetary reform, *Eastern Economic Journal*, Vol. 4, No. 3/4, 1978.

28. Julia C. Morse & Robert O. Keohane: Contested Multilateralism, *The Review of International Organizations*, Vol. 9, No. 4, 2014.

29. Lan Cao, Currency Wars and the Erosion of Dollar Hegemony, *Michigan Journal of International Law*, Vol. 38, 2016.

30. Maria Edith Bertoletti, Rodrigo Ferraz P. Cunha, Project Finance in Brazil-Brief Analysis of Political and Collateral Risk Mitigation, *International Business Lawyer*, Vol. 32, 2004.

31. Martin Feldstein, Argentina's Fall: Lessons from the Latest Financial Crisis, *Foreign Affairs*, Vol. 81, March/April, 2002.

32. Mathieson D. J. and L. Rojas-Suarez, Liberalization of the Capital Account, *Experiences and Issues*, IMF Occasional Paper (1993-103).

33. McCauley R. N. and P. McGuire, Dollar Appreciation in 2008: Safe Haven, Carry Trades, Dollar Shortage and Overhedging, *BIS Quarterly Review*, Vol. 4, 2009.

34. Michele Cea, The Regulatory Powers of the Federal Reserve and of the European Central Bank in the Wake of the Financial Crisis of 2007-2009, *The Journal*

of *Creighton International & Company Law*, Vol. 2, 2011-2012.

35. M. Obstfeld, International Liquidity: The Fiscal Dimension, National Bureau of Economic Research, 2011, Working Paper 17379.

36. M. Obstfeld, Shambaugh, Jay C. Shambaugh and Alan M. Taylor, The Trilemma in History: Tradeoffs Among Exchange Rates, Monetary Policies, and Capital Mobility, *Review of Economics & Statistics*, Vol. 87, No. 3, 2005.

37. Neil H. Buchanan & Michael C. Dorf, Don't End or Audit the FED: Central Bank Independence in an Age of Austerity, *Cornell Law Review*, Vol. 102, 2016-2017.

38. Paul Pierson, Increasing Returns, Path Dependence, and the Study of Politics, *American Political Science Review*, Vol. 94, No. 2, 2000.

39. Peter J. Quirk and Owen Evans, Capital Account Convertibility: Review of Experience and Implications for IMF Policies, IMF Occasional Paper, No. 131, 1995.

40. Prakash Kannan, On the Welfare Benefits of an International Currency, *European Economic Review*, Vol. 53, No. 5, 2009.

41. Rajan, Ramkishen S., Financial Crisis, Capital Outflows and Policy Responses: Examples from East Asia, *Journal of Economic Education*, Vol. 38, No. 1, 2007.

42. Reuven Glick, Xueyan Guo and Michael Hutchison, Currency Crises, Capital Account Liberalization and Selection Bias, Federal Reserve Bank of San Francisco, Working Paper Series, No. 15, 2014.

43. Roman Terrill, The Promises and Perils of Globalization: The Asian Financial Crisis, *Transnational Law and Contemporary Problems*, Vol. 9, 1999.

44. Ross B. Leckow, The International Monetary Fund and Strengthening the Architecture of the International Monetary System, *Law & Policy in International Business*, Vol. 30, 1999.

45. Ross P. Buckley & Sarala M. Fitzgerald, An Assessment of Malaysia's

Response to the IMF During the Asian Economic Crisis, *Singapore Journal of Legal Studies*, 2004.

46. Sadik Unay, The Quest for Rejuvenated Legitimacy: The Rise and Protracted Demise of the IMF as A Global Actor, *Review of International Law & Politics*, Vol. 6, Issue 22, 2010.

47. Shinji Takagi, Internationalising the Yen, 1984-2003: Unfinished Agenda or Mission Impossible? BIS Papers, No. 61, 2011.

48. Souvik Saha, CFIUS Now Made in China: Dueling National Security Review Frameworks as a Countermeasure to Economic Espionage in the Age of Globalization, *Northwestern Journal of International Law & Business*, Vol. 33, 2012-2013.

49. Stephan Haggard & Sylvia Maxfield, The Political Economy of Financial Internationalization in the Developing World, *International Organization*, Vol. 50, No. 1, 1996.

50. Tavlas George S., Ozeki Yusuru, The Internationalization of Currencies: An Appraisal of the Japanese Yen, International Monetary Fund Occasional Paper, No. 90, 1992.

51. Terry E. Chang, Slow Avalanche: Internationalizing the RMB and Liberalizing China's Capital Account, *Columbia Journal of Asian Law*, Winter, 2012.

52. Weitseng Chen, Institutional Arbitrage: China's Economic Power Projection and International Capital Markets, *Columbia Journal of Asian Law*, Summer, 2013.

53. William A. Allen and Richhild Moessner, Central Bank Co-operation and International Liquidity in the Financial Crisis of 2008-9, BIS Working Papers, No. 310.

54. William W. Burke-White & Andreas von Staden, Investment Protection in Extraordinary Times: The Interpretation and Application of Non-Precluded Measures Provisions in BITs, *Virginia Journal of International*, Winter, 2008.

后　　记

写这本书的念头始于 2015 年。彼时,上海自贸试验区不断推动资本项目可兑换,并通过设立自由贸易账户,探索有利于风险监控的分账核算管理体系。福建、广东自贸试验区亦积极开展促进台港澳地区人民币流通的合作。而在海外,"一带一路"战略很快受到沿线国家的支持。货币流通是"一带一路"战略的重要组成部分,对外贸易、直接投资的增加同样推动着人民币国际化的进展。在既有国际货币体系内,IMF 宣布,人民币将被纳入 SDRs 货币篮子,人民币在全球货币市场的话语权不断提升。与此同时,中国倡议并付诸实践的亚投行等金融机构的成立,不仅提高中国以及人民币在区域制度建设中的影响力,还使广大新兴市场国家的利益在区域货币金融体系中得到较好体现。因此,当时本书的结构安排是希望在新的自贸试验区—"一带一路"战略背景下,通过汇率形成、人民币跨境流动、资本项目可兑换、货币合作等领域法律制度的完善,固化、促进人民币国际化的发展。

同样发生在 2015 年,8 月 11 日中国人民银行开启人民币兑美元汇率中间价报价机制的改革,以增强人民币汇率市场化程度和基准性。人民币兑美元中间价报价却较前一日大幅下跌,并持续多日,人民币汇率发生了较为剧烈的波动。此后,人民币进入贬值通道,外汇管理局亦逐步加强人民币跨境流动的监管。IMF 一改 2011 年对人民币作出"严重低估"以及 2012 年"中度低估"的评估,首次作出人民币"未被低估"

的结论。2015年11月,唐纳德·特朗普还是美国共和党总统参选人,其在专栏文章中指责"人民币被低估了15%—40%,使中国的出口商在世界市场上拥有了不公平的价格优势"。美国媒体的普遍反映却是:一个很好的谈论点,但现在,它已经过时了。一时间,风声鹤唳,甚至开始讨论短期资本冲击尚未健全的中国金融市场和监管体系,以及促发货币危机乃至金融危机的可能性。于是,本书找到了更合适的切入点,探讨在人民币国际化具有市场基础和实际需求的前提下,可能威胁国家金融安全的因素,以及如何综合运用国内法和国际法律手段,构建系统、全面的金融安全网。

书稿完成之时,人民币经历了不同寻常的2017年,结束了此前连续3年的贬值趋势。2018年4月16日,人民币兑美元中间价报6.28,创2015年8月11日汇改以来的新高。2017年,美国总统特朗普不顾1995年美国政府向美国国会提交的行政声明,对于涉及WTO协议的事项,启动了"301调查";2018年3月,美国基于"301调查"结果拟对中国商品加征关税。未来,中美经贸纷争是否会涉及人民币汇率问题或金融服务市场开放,以及是否会对中国货币金融系统带来不确定性,我们密切关注。